民法典时代合同法司法解释的

入典、清理与保留

潘 静 / 著

法律出版社 | LAW PRESS

序 言

曹守晔

庚子立春在即，三镇寒冷依旧，风残云愁雪白，新冠病毒肆虐荊楚蔓延华夏，封城闭户，万户萧疏，武汉疫情不期而遇，不可抗力。十三届全国人大三次会议拟定 3 月 5 日开幕，审议合成的《民法典（草案）》，历经 70 年的民事立法司法实践和民法理论研究，几代民法人的民法梦想眼见成真。然而，“近来发生的新冠肺炎疫情，属于突发的重大公共卫生事件。根据有关法律规定，在公共卫生事件发生后，可以采取限制或者停止人群聚集活动的紧急措施”。根据当前疫情形势和防控工作需要，适时推迟全国人民代表大会会议举行时间。[1]这是自 1949 年以来“两会”首次因公共卫生事件而延期。“情势变更”，推迟举办合宪合法。虽然民法典起草

〔1〕 新华社北京 2 月 24 日电（记者杨维汉、陈菲）十三届全国人大常委会第十六次会议 24 日下午表决通过了关于推迟召开十三届全国人大三次会议的决定。决定指出，鉴于近期以来发生新冠肺炎的重大疫情，为了贯彻落实党中央统筹推进疫情防控和经济社会发展工作重大决策部署，继续做好疫情防控工作，切实保障人民群众生命健康安全，十三届全国人大常委会第十六次会议决定：适当推迟召开第十三届全国人民代表大会第三次会议，具体开会时间由全国人民代表大会常务委员会另行决定。全国人大常委会法工委主任沈春耀 24 日上午在向十三届全国人大常委会第十六次会议作说明时表示，当前遏制疫情蔓延、打赢疫情防控阻击战处于关键时期，必须集中力量、全力以赴。沈春耀介绍，经研究，根据当前疫情形势和防控工作需要，适时推迟全国人民代表大会会议举行时间，符合宪法原则和精神，符合有关法律的规定。资料来源：新华每日电讯：http：//www.xinhuanet.com/mrdx/2020-02/25/c_138815990.htm，2020 年 2 月 24 日最后访问。

工作四落五起好事多磨，注定这是民法人只争朝夕、不负春华、辛苦而幸福的民法典时代。

作者潘静和她的这本书赶上了。

凡是过往，皆为序章。2020 年 3 月 1 日一早，欣闻潘静博士的优秀博士后报告即将正式出版，她发微信邀我为其作序并审稿。虽然我近期已经忙得四脚朝天废寝忘食——应法律出版社之邀，牵头编著《民法典合同编条文理解与司法适用》等 6 本民法著作[1]和《破产财产与破产债权效力》，但我欣然接受。因为，一是成果转化博士后报告付梓是我期望的，二是她的博士后项目是博士后工作站 2016 年冬根据《中华人民共和国民法典》（以下简称《民法典》）编纂进程和立法任务设计的，三是该博士后报告是在民事司法解释与立法论的结合点上全国少有的围绕合同法司法解释撰写的。[2]在专职攻读博士后期间，潘静博士主要从事民商法、经济法和网络法研究，先后承担司法部、中国法学会以及博士后科学基金面上资助等多项课题，勤奋努力，刻苦钻研，注重理论与实践相结合，学术生活丰富，学术成果丰硕，2018 年曾经在最高人民法院研究室实习一年，参与最高人民法院民法典编纂研究小组办公室的相关工作，学有所成，研有所获，2019 年 7 月出站答辩时该报告荣获优秀等级。

法典问世，解释登场。本书作为博士后报告的升级版，立足于《民

[1] 还有《民法典物权编条文理解与司法适用》《民法典人格权编条文理解与司法适用》《民法典婚姻家庭编条文理解与司法适用》《民法典继承编条文理解与司法适用》《民法典侵权责任编条文理解与司法适用》。

[2] 这是 2016 年以来全国博士后中唯一以合同法司法解释为中心议题的研究成果。相关的议题，10 多年前我曾经受人民大学张新宝教授之托，作为其民法博士生王伟国（现为中国法学会法治研究所副所长）在最高人民法院研究室的实习导师协助指导他撰写民商事司法解释博士论文。

法典》立法的宏观叙事，较为全面地梳理了《民法典》合同编通过吸纳原合同法司法解释对合同法律制度加以完善；由合同法的哪些解释应该入典的立法论，转向入典的标准探索、规律寻找以及入典以后的法律适用的解释论，跨度大难度也不小，视角独特。虽然司法解释以解决法律在审判工作中应用问题为圭臬，不以入典多少论英雄，但作者研究的这些问题直接涉及《民法典》施行后新规则的适用，无论是立法论还是解释论，都具有一定的理论价值和实践意义。

合同编是源于《合同法》的交易法规则，是规范和组织经济、鼓励交易、创造财富、维护交易安全与交易秩序的重要法律制度。合同编在《民法典》中具有举足轻重的地位，《民法典》条文 1260 条，其中合同编多达 526 条，这也反映出合同编在《民法典》中的重要地位。同样，合同编在民商事审判中具有举足轻重的地位，因为合同纠纷案件数量在民商事纠纷案件中历年来名列第一。合同编通则是民事合同的一般规则，也就是合同编的总则，为与民法总则相区别，物权编、合同编分别使用物权通则、合同通则名称。

结合民法典编纂，合同编通则适用中值得关注的有以下 9 个问题：

（一）合同编适用的广泛性

所谓合同编适用的广泛性，是指合同编在法律适用方面所具有的债法总则的功能。民法典从中国实际出发，不设统辖合同、侵权、不当得利和无因管理的债法总则编，既有立法的惯性，也是司法的习惯使然。立法层面，新中国历来没有债法总则，而仅制定了《合同法》《劳动合同法》《农村土地承包法》等，而且设置债法总则可能导致法律规则叠床架屋，债法总则主要是调整交易的规则，其与民法总则中的民事法律行为制度以及合同法的内容无谓重复。司法层面，考虑到法官法律适用的习惯和便利，不设置债法总则更便于法官适用法律，而设置债法总则可能会给法官找法带来困难，不利于正确理解适用。

《民法典》合同编保持合同法体系的完整性，使其发挥债法总则的功能，也顺应了国际上债法制度以合同法为中心的立法趋势。[1]即将合同制度视为债法制度的核心，同时将合同规则扩展适用于其他债的关系。合同编借鉴英美法和法国法上准合同[2]的概念，将不当得利、无因管理置于合同编后作为第三分编。不当得利可分给付型和侵权型，无因管理、给付型不当得利准用合同编，因为此类债的关系与合同之债类似，都与当事人的意思具有一定的联系；但加害侵权型不当得利，属于侵权行为，虽然也是当事人的意思表示，即侵权行为，因此在准用合同之后，司法实践中如果仍然法律依据不足，则可参照适用侵权责任编的规定。

（二）事实合同的创新和适用

所谓事实合同，是指与口头形式、书面形式并列，以行为表达合意的合同。合同编吸纳了司法解释完善订约方式。根据《合同法》第10条，合同可以采用书面形式、口头形式或其他形式订立。所谓其他形式，主要是指以实际履行方式订约的形式。在实践中，当事人在交易过程中通过协商谈判，没有就合同主要条款达成书面合同或者口头协议，但事后一方当事人向对方作出了实际履行，而对方也接受当事人实际

〔1〕 譬如意大利、西班牙、奥地利等国家以及魁北克省区的民法典，瑞士债法、《欧洲示范民法典（草案）》（DCFR），均将合同规范作为债的基准规范。

〔2〕 所谓准合同，顾名思义准用合同，是指类似于合同的债的关系。准合同的概念起源于罗马法，盖尤斯认为，不当得利、无因管理也在一定程度上体现了当事人的意思，因此是类似于合同的债的关系，这一观点后来被法国法和英美法所吸收。

履行的行为认定合同已经成立。以这种订约方式订立的合同也称为事实合同。《最高人民法院关于适用〈中华人民共和国合同法〉若干问题的解释(二)》(法释〔2009〕5号,以下简称《合同法司法解释二》)第2条对此作出解释。在此解释基础上,《民法典》合同编第490条规定:"……在签名、盖章或者按指印之前,当事人一方已经履行主要义务,对方接受时,该合同成立。""……应当采用书面形式订立,当事人未采用书面形式但是一方已经履行主要义务,对方接受时,该合同成立。"该条不可理解为合同不成立的补正规则,而是从法律上正式明确了事实合同这种完全合法的"其他形式",从而与合同编第469条相呼应。

这里所谓"主要义务",是与合同主要条款密切相连的。合同的主要条款,《合同法司法解释二》第1条第1款规定:"当事人对合同是否成立存在争议,人民法院能够确定当事人名称或者姓名、标的和数量的,一般应当认定合同成立。但法律另有规定或者当事人另有约定的除外。"根据合同的主要条款,如果能够认定一方当事人所履行的义务涵盖了合同的主要条款,并且对方接受该履行的,则应当认定合同已经成立。对方虽然接受履行,同时提出了异议,履行义务的一方能够及时解决问题消除异议的,异议不影响合同成立。

人民法院在判断合同成立时,关键是审查双方是否就合同的主要条款达成合意,达成合意则成立,否则不成立。

(三)预约合同的创新和适用

所谓预约,也称为预备性契约,是指预先达成的未来签约的约定,即当事人达成的在将来一定期限内订立合同的协议。当事人在将来一定期限内所订立的合同为本约。二者区分的标准：一是内容不同。预约的内容是将来订立本约，而本约则是关于合同具体内容的约定。二是后果不同。当事人违反预约合同的，非违约方可以主张违约方订立合同，而当事人违反本约合同时，非违约方可以主张继续履行、赔偿损失等违约责任。

区分预约和本约，主要是为了区分二者的违约责任。有约定的按照约定承担违约责任；没有约定的，则违反预约的如何承担责任，一般不宜强制订约，而应当依据案件具体情况具体处理。违反预约合同的情形下，非违约方只能请求违约方承担为准备订约而支付的各项合理费用的损害赔偿。

《最高人民法院关于适用〈中华人民共和国合同法〉若干问题的解释》(法释〔1999〕19号，以下简称《合同法司法解释一》)规定了缔约过失之后，2012年《最高人民法院关于审理买卖合同纠纷案件适用法律问题的解释》(法释〔2012〕8号，以下简称《买卖合同司法解释》)第2条规定："当事人签订认购书、订购书、预订书、意向书、备忘录等预约合同，约定在将来一定期限内订立买卖合同，一方不履行订立买卖合同的义务，对方请求其承担预约合同违约责任或者要求解除预约合同并主张损害赔偿的，人民法院应予支持。"该条对预约合同以及违反预约合同的违约责任作出了解释。《民法典》合同编借鉴司法解释的规定，用"预约合同"确立预约制度。《民法典》合同编第495条第1款规定："当事人约定在将来一定期限内订立合同的认购书、订购书、预订书等，构成预约合同。"认定预约合同的成立，要求当事人必须明确表达在将来订立本约并受其拘束的意思表示。

（四）未生效合同的创新和适用

所谓未生效的合同，是指依据法律、行政法规应当办理批准才能生效的合同，因当事人尚未申请办理批准手续的合同。未生效的合同是与法律、行政法规明确规定的申请审批义务联系在一起的。外商投资合同，采矿权探矿权的转让合同，从事证券经纪、期货经纪业务、国有企业转让国有资产等合同，依据法律、行政法规必须经过有关部门的批准方能生效。针对实践中的纠纷，《合同法司法解释一》《合同法司法解释二》区分批准与登记的不同效力、对该类合同的效力和违反该合同所约定的申办义务所应承担的损害赔偿责任等作出了解释，《最高人民法院关于适用〈中华人民共和国外商投资法〉若干问题的解释》（法释〔2019〕20号，以下简称《外商投资法解释》）进一步作了补充。《民法典》合同编第502条第2款吸收了上述司法解释作出规定："依照法律、行政法规规定，合同应当办理批准等手续的，依照其规定。未办理批准等手续影响合同生效的，不影响合同中履行报批等义务条款以及相关条款的效力。应当办理申请批准等手续的当事人未履行义务的，对方可以请求其承担违反该义务的责任。"该条对未生效合同的效力作出了规定，弥补了《合同法》规定的不足。

《合同法司法解释一》第9条区分了批准与登记的效力。《物权法》第15条规定："当事人之间订立有关设立、变更、转让和消灭不动产物权的合同，除法律另有规定或者合同另有约定外，自合同成立时生效；未办理物权登记的，不影响合同效力。"据此，合同一经成立，只要不违反法律、行政法规的强行性规定和公序良俗，即可发生效力。当事人未办理登记只是合同标的物不能发生物权变动的效力，但并不影响合同的效力。因此，即便当事人未办理登记手续，也不影响合同的生效。登记只是物权变动的要件，其对合同的效力不应当产生影响。自《民法通则》1987 年 1 月 1 日起施行以来，人民法院在司法实践中区分合同标的物转移与合同效力的思路是清晰而一贯的。在《物权法》施行之前《担保法》施行之后，立法机关针对无抵押登记即放贷的乱象，为防范金融风险将抵押登记规定为合同生效的条件，没有抵押登记合同没有生效，金融机构可以拒绝放贷，故在《担保法》中规定抵押合同自登记时发生效力，最高人民法院根据《担保法》的规定也作出了相应的解释。但是司法实务中发现有些当事人与银行订立房屋抵押合同以后，一旦银行向其发放借款，其以未办理抵押登记为由主张合同未生效，拒绝办理抵押登记，并拒绝承担违约责任。这样反而客观上鼓励一些行为人恶意规避法律，利用房屋买卖抵押等方式逃避责任。因此，《物权法》修改了《担保法》关于抵押合同自登记时发生效力的规定。

《合同法司法解释二》第 8 条将合同中办理申请批准等手续条款视为制约合同生效的关键条款，强化了应当办理申请批准等手续的当事人未履行申办义务的赔偿责任和费用负担义务，《外商投资法解释》则参照合同中的清算条款和仲裁条款，进一步将外商投资合同中办理申请批准等手续条款视为具有独立效力的条款。赋予报批义务条款相对独立性，即便合同尚未经批准，但报批义务仍需履行。如果认定合同中的报批义务在批准前未生效，则当事人并不负有报批的义务，合同履行容易陷入僵局。

《合同法司法解释一》开创性区分未生效合同与无效合同。未生效合同是指因未履行法定或者约定的审批义务，从而使得合同尚未发生效力。其显然与合同内容违反法律、行政法规的强制性规定或违背公序良俗的无效合同不同，未生效合同的内容并不具有违法性，其只是未经过审批，条件尚未成就，程序上存在瑕疵，当事人补办报批手续，则该合同可能生效，而并非确定无效、当然无效。因此，《民法典》合同编采纳《合同法司法解释一》未生效合同的概念，有利于促成合同的生效鼓励交易。

（五）无权处分的修改与完善

所谓无权处分，是指当事人处分其不享有所有权的他人财产。其效力，司法实务主要有合同效力待定、合同有效以及合同无效三种观点。在市场经济条件下，无权处分的出卖行为导致所有权人与买受人利益的冲突。善意买受人的债权利益代表的是交易安全，所有权人的利益则往往事关物权静态安全，当两种利益发生冲突时，需要利益衡量、正义评估，对于利益冲突的肇事者恶意无权处分他人财物与对未来自己物权的处分在利益衡量上应当有所区别。

由于无权处分合同的双方是无权处分人与受让人，在合同当事人意思表示真实并形成合意情形下，应当肯定其效力。《买卖合同司法解释》第3条并非对《合同法》第51条无权处分条款的否定，而是采纳了符合大陆法系通行的不影响合同效力说，[1]对《合同法》第132条第1款作了反对解释，以便与《物权法》善意取得制度相衔接。《最高人民法院关于适用〈中华人民共和国物权法〉若干问题的解释（一）》第21条规定，善意取得的成立以合同有效为必要条件。《买卖合同司法解释》第3条区分物权归属与合同效力，有利于保护善意买受人，当买受人恶意时，

〔1〕 参见《国际商事合同通则》（PICC）第3.3.（2）条规定：“合同订立时一方当事人无权处置该合同相关联之财产的事实本身，不影响合同的效力。”《欧洲合同法原则》（PECL）第4.102条亦然。

标的物所有权人有权主张无权处分人与相对人的“恶意”或者“恶意串通”侵害物权，请求法院认定合同无效。

无权处分问题被学者比喻为“法学上的精灵”[1]，具有独特的理论魅力，但是学界的巨大争议也引发了司法实践的困扰、混乱和关注。《民法典》合同编第597条规定：“因出卖人未取得处分权致使标的物所有权不能转移的，买受人可以解除合同并请求出卖人承担违约责任。法律、行政法规禁止或者限制转让的标的物，依照其规定。”本条实际上是无权处分有效的规定，吸收了《合同法司法解释一》第9条将合同效力与合同标的物所有权转移区别开、《合同法司法解释一》第15条关于所有权不能转移买受人有权请求出卖人承担违约责任的精神和《买卖合同司法解释》第3条[2]规定，即无权处分情形下买卖合同的效力以及违约救济的规定的基础上，对《合同法》第132条正面引导的行为规范[3]加以改造而成（反对规定）。立法机关确立无权处分有效规则的同时，改变了《合同法》第51条的理念，[4]删除了《合同法》第51条所要求的合同有效的前提条件——经权利人追认或者无处分权的人订立合同后取得处分权，否认了理论上将无权处分合同视为效力待定合同的观点。[5]

继《合同法司法解释一》将合同效力与合同标的物所有权转移区别开之后，《物权法》第15条在法律上正式确立了区分原则。根据该原

〔1〕 王泽鉴：《民法学说与判例研究》（第五册），中国政法大学出版社1998年版，第87页。

〔2〕 《买卖合同司法解释》第3条规定：“当事人一方以出卖人在缔约时对标的物没有所有权或者处分权为由主张合同无效的，人民法院不予支持。出卖人因未取得所有权或者处分权致使标的物所有权不能转移，买受人要求出卖人承担违约责任或者要求解除合同并主张损害赔偿的，人民法院应予支持。”

〔3〕 《合同法》第132条规定：“出卖的标的物，应当属于出卖人所有或者出卖人有权处分。法律、行政法规禁止或者限制转让的标的物，依照其规定。”

〔4〕 梁慧星研究员坚持这一观点。《合同法》第51条规定：“无处分权的人处分他人财产，经权利人追认或者无处分权的人订立合同后取得处分权的，该合同有效。”

〔5〕 参见许中缘、夏沁：《〈合同法〉修改：从合同法典回归民法典合同法编》，载《晋阳学刊》2017年第3期。

则，《买卖合同司法解释》第 3 条对于《合同法》第 51 条与第 132 条之间的关系进一步梳理，从司法审判实践角度对第 132 条作出了反对解释，无权处分情形下合同效力以及出卖人责任有了基本一致的认定。

与《合同法》第 132 条正面引导倡导性法律规范相比，《买卖合同司法解释》第 3 条在性质上实际是裁判规范，诉讼上主要适用于买卖合同的买受人以合同纠纷为案由，以解除合同和无权处分的出卖人承担违约责任为诉讼请求的案件。

在该条的适用情形上，一是针对通常出卖自己的物，买卖合同的标的物既可以是现实存在之物，又可以是将来产生之物。实际经济生活中存在大量的期货买卖和以将来财产为标的物之买卖合同，这意味着买卖合同缔约时，标的物尚不存在，只要履行交付义务时能够生产出来就不影响买受人的利益。这种情形并非原《合同法》第 51 条所谓的无权处分，第 51 条所规范的是出卖无所有权之物，甚至是恶意出卖他人之物，虽然其性质为负担行为即债权行为，与通常所谓的无权处分情形在性质上相同，但如果在买卖合同纠纷的实际处理结果完全相同，恰恰使得恶意出卖他人之物的人目的得逞，从而使得真正的所有权人遭受不可预期之损失，其财产安全感遭到摧毁。二是出卖他人之物的买卖合同，如果归入本条款适用的情形，只重交易安全，必将使所有权人的财产面临随时遭到侵夺之虞，物之安全荡然无存。因此，凡以侵犯他人财产所有权为目的出卖他人之物的，人民法院应当坚持诚信原则，抑恶扬善、扶正祛邪。对于无处分权的人处分他人财产，凡未经权利人追认或者无处分权的人订立合同后取得处分权的，人民法院可以依照《民法典》物权编关于民事主体的财产权利不得侵犯的规定，根据权利人的请求认定无权出卖行为无效、无权占有人返还财产。至于合同效力如有争议，则依照《民法典》合同编关于合同效力的规定加以考量。从法律实施的效果考虑，对于无权出卖他人财产且未经权利人追认或者无处分权的人订立合同后取得处分权的，与其既认定合同有效又裁决标的物不转移所有权，倒不如干脆以合同形式掩盖非法目的为由，认定出卖他人财产的行为包括缔约行为无效，以维护财产安全，培养诚实信用良风美俗，弘扬社会主义核心价值观，这样处理也有利于维持法律秩序的连续性，提高司法的公正性和法治的公信力。

（六）情事变更制度的确立与适用

所谓情事变更，是指在合同成立以后，合同履行的客观基础条件发生了重大变化，继续履行对于当事人一方显失公平，则依据诚实信用原则，允许当事人请求变更或者解除合同的制度。《合同法》没有规定情事变更规则，但社会现实并不因为法律缺漏而不存在、不出现，市场交易、司法实践需要，如2008年的亚洲金融危机，更显现出迫切需要。

情势变更制度由《合同法司法解释二》所正式确立。针对合同履行中基础条件的社会环境重大变化，合同基础丧失、目的落空，为避免履行的显失公平结果，平衡当事人之间的权利义务关系，其第26条规定："合同成立以后客观情况发生了当事人在订立合同时无法预见的、非不可抗力造成的不属于商业风险的重大变化，继续履行合同对于一方当事人明显不公平或者不能实现合同目的，当事人请求人民法院变更或者解除合同的，人民法院应当根据公平原则，并结合案件的实际情况确定是否变更或者解除。"这里解决不公平的途径是通过协商分摊损失、分享利益。实践证明，如此解释理论上是正确的，逻辑是严谨的，实践上是可行的，因而入典是适当的。

《民法典》合同编第 533 条第 1 款规定：“合同成立后，合同的基础条件发生了当事人在订立合同时无法预见的、不属于商业风险的重大变化，继续履行合同对于当事人一方明显不公平的，受不利影响的当事人可以与对方重新协商；在合理期限内协商不成的，当事人可以请求人民法院或者仲裁机构变更或者解除合同。”应当说，该规定吸纳了《合同法司法解释二》的成果，值得肯定。从规定的内容来看，立法价值取向并没有发生变化。与司法解释相比，《民法典》合同编第 533 条有两处文字调整，一是总结了司法实务做法，吸收司法政策增加了引导性的协商前置内容：受不利影响的一方可以与对方重新协商。[1]二是条文没有明确排除不可抗力。那么，对于构成情势变更的事件，是否包括不可抗力？有人望文生义，误以为立法“纠正”了司法解释，不再排除在《民法通则》实施以来已经十分成熟、司法人员和社会各界已经十分熟悉的不可抗力。其实不然。实际上，对此应当结合对照《民法典》相关条款系统理解。譬如《合同法》第 117 条第 1 款规定的“不能履行”，显然不能包括合同能够履行但是履行成本过高结果显失公平的情形。因此，从这个角度可以说，在将新冠肺炎疫情确定为属于法律上不可抗力的前提下，对于不能履行的合同，尽管法条上没有与商业风险并列写不可抗力，解释上也不宜直接适用、类推适用《民法典》第 533 条情势变更条款解决合同纠纷；同为受新冠疫情防控措施影响，对于能够履行即使履行成本过高或者存在履行障碍但能够克服的合同，当然可以适用第 533

〔1〕 这是借鉴国际惯例域外经验的结果。依据《商事合同通则》第 6.2.3 条的规定，只有遭受不利影响的一方当事人才能提出协商请求，而没有受到不利影响的一方无权请求继续谈判。

条和《合同法司法解释二》情势变更条款。《合同法司法解释二》不是一部法律，因而没有法律那样的全面系统性，因此第26条中“无法预见的、非不可抗力造成的不属于商业风险的重大变化”，并列写了商业风险和不可抗力，这是根据法律和民法原理把情势变更与不可抗力这两个制度加以区分，以便准确适用。

《合同法司法解释二》第26条当中的不可抗力与情势变更的关系，后者是合同法解释根据立法精神所做的针对司法实践当中急需解决的重大疫情和金融危机问题所做的解释，填补了合同法律制度的空白。有的学者把情势变更和不可抗力所有产生的客观情况“一刀切”、等质化，试图以情势变更覆盖、取代不可抗力，这显然是一种理论倒退。众所周知，不可抗力与情事变更属于不同的法律概念，不可因为许多情形下难以区分就放弃努力知难而退。情势变更和不可抗力所有产生的自然或者人为的客观情况与法律制度相比，一个是社会基础，一个是上层建筑，是反映和被反映的关系。情势变更与不可抗力是民法的两种制度，各有自己调整的范围和对象：不可抗力重在解决合同不能履行怎么办，结论是责任免除；情势变更重在解决能够履行但履行的结果显失公平甚至生存毁灭怎么办，结论是可以协商变更或者诉请法院解除。

不可抗力与情势变更的具体区别：一是适用范围不同。不可抗力可适用于合同纠纷和侵权纠纷，情势变更只适用于合同纠纷。《侵权责任法》第29条规定，因不可抗力造成他人损害的，不承担责任。法律另有规定的，依照其规定。二是表现形式不同。不可抗力的具体情形主要有：自然灾害，如地震、瘟疫、台风、洪水、海啸等；政府行为，如政府当局颁布新政策、法规或行政措施；社会异常现象，如战争、罢工、骚乱等。

情势变更通常表现为意外社会事件，主要有：社会经济形势的急剧变化、物价飞涨、货币严重贬值、金融危机和国家政策的转变等。三是对合同履行的影响程度不同。不可抗力，譬如在新冠肺炎疫情影响下，合同不能履行，《合同法》第 110 条第 1 项规定，当事人一方不履行非金钱债务或者履行非金钱债务不符合约定的，对方可以要求履行，但有下列情形之一的除外：（一）法律上或者事实上不能履行……情势变更，不以不能履行为适用前提，合同本身不存在履行上的根本障碍，只是合同基础发生重大变化后，继续依照原合同履行将对一方明显不公平或使得合同目的落空。如果合同能够履行，就不应当认定为不可抗力。四是法律功能不同。不可抗力系法定免责事由，以全部或者部分免除当事人不履行合同的违约责任为目的；情势变更非法定免责事由，以平衡当事人利益、维护动态公平为目的，适用情势变更的结果是变更或解除合同。二者虽有区别，但也有联系，同一事件在不同案件中会有不同结论。譬如各地政府针对本地新冠疫情采取了相应疫情防控措施，措施不同，对具体合同履行的影响也不同，有的构成不可抗力，有的不构成。

德国民法学者拉伦茨认为，法官在适用法律时，仅仅将法律视为一个固定不变的数据是不够的，必须从需要裁判的具体案情以及该案情所提出的特殊问题出发，不断地对法律中包含的判断标准进行明确化、精确化和具体化。同理，对于当前的新冠疫情对合同的影响，不能满足于一个固定不变的态度，而是应当对具体案件具体分析作出切合案件实际的认定。全国人大常委会法工委新闻发言人 2020 年 2 月 10 日针对受此次疫情影响合同不能正常履行问题回答："当前我国发生了新型冠状病毒感染肺炎疫情这一突发公共卫生事件。为了保护公众健康，政府也采取了相应疫情防控措施。对于因此不能履行合同的当事人来说，属于不能预见、不能避免并不能克服的不可抗力。”因新冠疫情防控属于不可抗力的前提是不能履行。换言之，能够履行的就不属于不可抗力。因政府及有关部门为防控新冠疫情而采取行政措施直接导致合同不能履行，或者由于新冠疫情防控的影响致使合同当事人根本不能履行而引起的纠纷，适用不可抗力处理；由于新冠疫情防控原因，按原合同履行对一方当事人的权益有重大影响的合同纠纷案件，符合《民法典》合同编第533条规定的，可以根据具体情况，适用情势变更。同时把握两个原则：其一，信守合同都是合同法律制度的最重要原则，是保障市场交易能够顺利进行的基础。不可抗力、情势变更作为信守合同原则的例外情形，修正了契约必须遵守的观念。当合同赖以存在的客观情况确实发生巨大变化，致使合同不能履行或继续履行导致明显不公平，适用不可抗力予以免责，或适用情势变更进行调整，以实现实质公平。其二，鼓励交易、尽可能维持交易是合同法律制度的追求目标。不可抗力重在免责，情势变更重在协商变更维持交易。因此，司法实践中具体认定新冠疫情为不可抗力，是以新冠疫情本身或者防控活动与合同不能履行具有因果关系为前提条件的。而认定情势变更则不需要不能履行这个前提条件。因此，是否认定不可抗力，需要根据具体案件合同履行所受影响情况而定。

“不可抗力”意味着首先是不能履行合同。它是在确定不能履行合同之后不履行合同违约责任的全部或者部分免除问题。我国《合同法》在第七章“违约责任”中规定了不可抗力制度。其第117条规定：“因不可抗力不能履行合同的，根据不可抗力的影响，部分或者全部免除责任，但法律另有规定的除外。当事人迟延后发生不可抗力的，不能免除责任。本法所称不可抗力，是指不能预见、不能避免并不能克服的客观情况。"《民法典》合同编第 590 条将《合同法》第 117 条和第 118 条合二为一，坚持不可抗力的前提是"不能履行合同"，行使不可抗力的后果是终止合同并且主张免责。《民法总则》第 180 条规定："因不可抗力不能履行民事义务的，不承担民事责任。法律另有规定的，依照其规定。不可抗力是不能预见、不能避免且不能克服的客观情况。"这里所说的"客观情况"是相对于某一具体的民事义务的履行而言的。其他所有的意外事件，无论战争、罢工、地震、瘟疫等都是一样。在创立不可抗力制度的法国，战争状态原则上并不构成"不可抗力"情况，自然灾害即使有行政上的确认也并不当然具有不可抗力性质，这一切都要放到具体的债权债务关系中确定。

人民法院在适用情势变更原则时，应当充分注意到突发公共卫生事件譬如新冠肺炎疫情、全球性金融危机和国内宏观经济形势变化并非完全是一个令所有市场主体猝不及防的突变过程，而是一个逐步演变的过程。在演变过程中，市场主体应当对于市场风险存在一定程度的预见和判断。人民法院应当依法把握情势变更原则的适用条件，严格审查当事人提出的"无法预见"的主张，对于涉及石油、焦炭、有色金属等市场属性活泼、长期以来价格波动较大的大宗商品标的物，以及股票、期货等风险投资型金融产品标的物的合同，更要慎重适用情势变更原则。[1]

情势变更与商业风险的区别。人民法院要合理区分情势变更与商业风险。商业风险是指在商业活动中，由于各种不确定因素引起的、能

〔1〕 在《民法典》实施以前，鉴于《合同法》付诸阙如，司法解释对情势变更的适用秉持严格慎重态度。最高人民法院《关于正确适用〈中华人民共和国合同法〉若干问题的解释（二）服务党和国家的工作大局的通知》（法〔2009〕165 号）第 2 条规定：严格适用《中华人民共和国合同法》若干问题的解释（二）第二十六条……对于上述解释条文，各级人民法院务必正确理解、慎重适用。如果根据案件的特殊情况，确需在个案中适用的，应当由高级人民法院审核。必要时应报请最高人民法院审核。

够给商业主体带来损失的机会或可能性的一种客观经济现象，属于从事商业活动的固有风险，诸如尚未达到异常变动程度的供求关系变化、价格涨跌等。与商业风险相比，“情势变更是当事人在缔约时无法预见的非市场系统固有的风险。人民法院在判断某种重大客观变化是否属于情势变更时，应当注意衡量风险类型是否属于社会一般观念上的事先无法预见、风险程度是否远远超出正常人的合理预期、风险是否可以防范和控制、交易性质是否属于通常的‘高风险高收益’范围等因素，并结合市场的具体情况，在个案中识别情势变更和商业风险。”〔1〕区分的意义就在于适用不同情形后，受影响的一方应该履行的义务与承担的法律后果有所不同，合同的“归宿”也不一样。如果一种突发的客观情况被认定为商业风险，按照风险自负的原则，遭受损失的一方当事人应当自行承担。

（七）代位权制度的创新与适用

《民法典》合同编在吸收司法解释内容丰富债权人代位权和债权人撤销权两种制度之后，将其从《合同法》合同履行一章中独立成章是完全必要的——第五章合同的保全。这里的“保全”是民法意义实体上的保全，不可理解为仅仅是民事诉讼程序意义上的保全。换言之，这里的“保全”具有保障合同全面履行、保障债权实现的意义。所谓债权人代位权，是指在债务人怠于行使其到期债权，影响债权人债权实现的，债权人可以自己的名义向人民法院请求代位行使债务人债权的权利。所谓债权人撤销权，是指在债务人实施放弃债权、无偿或低价处分财产等行为，影响债权人债权的实现时，债权人可以向法院请求撤销债务人所

〔1〕 最高人民法院《关于当前形势下审理民商事合同纠纷案件若干问题的指导意见》(法发〔2009〕40号)。

实施的诈害债权的行为。然而,《合同法》并没有明确规定债权人在行使代位权与撤销权之后的效力,为弥补这一缺漏,《合同法司法解释一》第 20 条明确规定了债权人行使代位权以实现债权的效力规则。《民法典》合同编第 537 条规定:“人民法院认定代位权成立的,由债务人的相对人向债权人履行义务,债权人接受履行后,债权人与债务人、债务人与相对人之间相应的权利义务终止。……”债权人直接受偿,有利于鼓励债权人积极行使代位权,从而保障债权,激活代位权制度。相对人向债权人清偿债务以后,债权人的债权不能够完全实现的,债务人还有继续清偿不足部分的义务。两个以上对同一被告提起代位权诉讼的,可以合并审理;债务人被执行的,按照执行程序处理;债务人破产的,按照破产程序处理。有的学者主张代位权实现后交付债务人的“入库说”,第一是不合时宜,陈旧老套;第二是不切实际,自带节奏;第三是不合潮流,削足适履。岂不知近年来日本修改债法已经以我国合同法代位权司法解释为师了。

(八)合同权利义务终止的完善

1. 合同履行清偿抵充制度的确立

所谓清偿抵充,是指债务人对同一债权人负担数宗给付种类相同的债务,在债务人或第三人所作出的给付不足以清偿债务人的全部债务时,确定其已清偿哪一部分债务的制度。在清偿抵充中,清偿抵充的顺序可以由当事人约定,清偿人也可以指定清偿抵充的顺序。问题在于,如果当事人既没有约定清偿抵充的顺序,清偿人也未指定清偿抵充的顺序时,究竟应当优先清偿哪一项债务呢?对此,《合同法司法解释二》第 20 条和第 21 条对清偿抵充规则作出了规定,《民法典》合同编第 560 条和第 561 条吸收了司法解释的上述规定。第 560 条规定:“债务人对同一债权人负担的数项债务种类相同,债务人的给付不足以清偿全部债务的,除当事人另有约定外,由债务人在清偿时指定其履行的债务。债务人未作指定的,应当优先履行已经到期的债务;数项债务均到期的,优先履行对债权人缺乏担保或者担保最少的债务;均无担保或者担保相等的,优先履行债务人负担较重的债务;负担相同的,按照债务到期的先后顺序履行;到期时间相同的,按照债务比例履行。”《民法典》对此予以明确,确定清偿抵充顺序的价值取向为保护债权人。

2. 合同解除期限的完善与异议

《民法典》合同编第 565 条规定了合同解除制度,第 1 款规定:“当事人一方依法主张解除合同的,应当通知对方。合同自通知到达对方时解除;通知载明债务人在一定期限内不履行债务则合同自动解除,债务人在该期限内未履行债务的,合同自通知载明的期限届满时解除。对方对解除合同有异议的,任何一方当事人均可以请求人民法院或者仲裁机构确认解除行为的效力。”本款在《合同法》第 96 条的基础上,受《合同法司法解释二》异议期限的启发,改变了原来通知即解除的僵硬条款,增加规定了“通知载明债务人在一定期限内不履行债务则合同自动解除,债务人在该期限内未履行债务的,合同自通知载明的期间届满时解除的规定。”但是,仍然是只规定了有异议没有规定异议期限,也没有规定可以请求确认解除行为的效力的期限,没有规定期限则适用 3 年的一般民事诉讼时效。这样适用对于法院而言没有困难,关键是合同的安定性遭到威胁,交易秩序将长期处于不稳定状态,因为异议人 3 年以内都有权提起确认解除行为无效的诉讼权利。比较起来,《合同法司法解释二》规定的 3 个月异议期限有利于维护合同的安定性,有利于异议权短、平、快行使，成本低、效率高，减轻了双方的讼累。

人民法院在审理案件时，应当审查发出解除通知的一方是否享有约定或者法定的解除权来决定合同应否解除，不能仅以受通知一方在约定或者法定的异议期限届满内未起诉这一事实就认定合同已经解除。当事人根据原《合同法》第96条的规定通知对方要求解除合同的，必须具备原《合同法》第93条或者第94条规定的条件，才能发生解除合同的法律效力。只有享有法定或者约定解除权的当事人才能以通知方式解除合同。不享有解除权的一方向另一方发出解除通知，另一方即便未在异议期限内提起诉讼，也不发生合同解除的效果。[1]

（九）违约损害赔偿制度的完善

《民法典》合同编吸收司法解释司法政策，对违约责任进一步明确。

明确违约责任请求权不排斥精神损害赔偿请求权。对于《合同法》第122条理解上的分歧，司法实践中许多法院在因一方违约导致对方精神损害违约与侵权责任竞合的情形下，支持了精神损害赔偿请求。立法机关在总结经验的基础上，《民法典》人格权编规定了在违约与侵权竞合的情形下，受害人可以主张精神损害赔偿。借贷合同、旅游合同、医疗服务合同等纠纷案，因为一方违约而导致另一方精神损害，法院应否支持精神损害赔偿请求权？持反对意见的学者认为，适用违约责任再适用精神损害赔偿，一是破坏交易中等价交换规则。合同是一种交易关系，当事人应当遵循等价交换的原则。二是违反合同交易可预期性规

〔1〕参见最高人民法院研究室《对〈关于适用《中华人民共和国合同法》若干问题的解释（二）〉第24条理解与适用的请示的答复》；最高人民法院《全国法院民商事审判工作会议纪要》（法〔2019〕254号）。

则，因为违约方要承担多大精神损害赔偿，违约方在订约时往往很难预见，如果在违约的情形下适用精神损害赔偿，将导致违约方的责任超出其订立合同的预期，增加当事人的交易成本，阻碍当事人订约，妨害交易的正常进行。

民法典时代解释论飘然而至，万事开头难。作者在本书中对合同解释的梳理之细致、大数据分析方法之新颖、对合同法解释入典标准和规律的探索之前卫等，说明是用洪荒之力认真撰写的，达到了博士后报告要求的合同法解释哪些入典、为什么入典的标准。然而，在《民法典》颁布之后出版，在报告基础上延伸合同编的适用，这对于作者而言是极具挑战性的，作者知难而进作了初步探索，精神可嘉，在民法大咖看来也许不免稚嫩，有的观点也许尚存在可商榷的地方。虽然《民法典》中涉及了法律适用，但毕竟在法典之中此类条款是凤毛麟角，远远不能够适应司法需要，立法机关立法任务艰巨无暇顾及民法施行法的制定，此情此景下司法解释责无旁贷，因而最高人民法院民法典编纂与实施研究小组即将启动关于适用民法典若干问题的解释起草工作。值此民法典时代到来之际，让我们以饱满的热情、昂扬的风貌，迎接、鼓励民法新人新作，希望更多富有民法研究潜力的年轻有为学者，从立法论及时转轨解释论，走出书斋，深入实践，积极投身到民法典适用的理论与实务研究当中。

目　录

第四章

合同法司法解释的入典条款

第五章

合同法司法解释的清理与保留条款

附 录

第一章　合同法司法解释的类型

《民法典》于2020年5月28日正式颁布，历时五年有余。[1]《民法典》的编纂是新时代法治中国建设中一项具有长远历史意义和广泛国际影响的伟大工程，是非常复杂而系统的过程。在《民法典》编纂前期和中期，将最高人民法院司法解释条文系统梳理、分类并确定哪些条款适合提升纳入《民法典》（以下简称入典），入典的必要性、正当性何在，是最高人民法院民法典编纂研究小组承担的不可或缺的任务；在《民法典》编纂后期，立法机关无暇顾及制定专门的民法施行法的情况下，将最高人民法院历年来制定的有关民法的司法解释集中清理，将与《民法典》不一致甚至冲突的条款及时修改或者废止，是民法典颁布后最高人民法院民法典编纂和实

〔1〕 2015年3月20日，民法典编纂工作正式启动，2017年3月15日，十二届全国人大五次会议审议通过《中华人民共和国民法总则》。2018年8月，十三届全国人大常委会第五次会议对民法典各分编草案进行初次审议。2018年12月、2019年4月和2019年6月常委会会议分别对各分编草案进行第二次审议。2019年8月和10月常委会会议对人格权编草案、侵权责任编草案、婚姻家庭编草案进行第三次审议。2019年12月23日，将民法总则同经审议完善后的各分编草案合并形成完整的民法典草案，提请十三届全国人大常委会第十五次会议审议。草案共7编，依次为总则编、物权编、合同编、人格权编、婚姻家庭编、继承编、侵权责任编及附则，共1260条。2020年5月28日十三届全国人大三次会议审议并通过《中华人民共和国民法典》。

施研究小组[1]所承担的重要任务;民法典时代,如何尽快起草、重新构建民法司法解释体系,应当作为《民法典》应用到司法裁判中的关键任务。这三项任务在民法典的制定、实施中缺一不可,相互关联。

最高人民法院的司法解释作为各级人民法院的裁判依据之一,并不限于纯粹解释法律的层面,还可以作为立法探索和经验积累。按照规定,司法解释的制定要经过立项、起草、审查、协调、公布、备案等事项,实行统一组织、统一协调,其制定程序相当严格,特别是司法解释的立项选择往往聚焦于司法实践中亟待解决的法律适用问题,有明显的释疑解惑、漏洞补充的作用,具有法律施行驱动性和法律应用针对性。可见,司法解释条文对于本次《民法典》编纂起到了举足轻重的作用。

然而,并非所有司法解释条文均对立法起到指引作用,根据条文的不同特性,其在立法、司法实践中分别呈现不同的类型。为了厘清数量繁多的司法解释条文,使其在民法典时代继续有序发挥作用,有必要将其分类并探究各类型之功能。笔者以合同法司法解释为研究对象,将其类型化梳理,分为法律续造类、技术说明类、程序施行类,实践上便于立法吸收和司法解释系统化,理论上具有民法方法论探索意义,为《民法典》的正式施行和适用《民法典》的解释预做理论准备。

---

〔1〕 2015年5月13日最高人民法院专门成立民法典编纂工作研究小组,全力配合全国人大常委会法工委做好民法典编纂工作。笔者在最高人民法院研究室工作期间有机会参与该研究小组的民法典编纂工作,了解到民法典作为人民法院民事审判工作的重要裁判依据,与人民法院工作关系重大,立法机关一直比较重视法院系统的意见,丰富的司法审判实践很大一部分已写入司法解释条文,为本次民法典编纂提供宝贵的立法建议。而后,随着立法工作的推进,在法典编纂后期,民法典编纂工作研究小组的工作中心逐渐增加了民法典实施的内容,进而于2019年该小组更名为"最高人民法院民法典编纂和实施研究小组"。

第一节　法律续造类司法解释

法官在适用法律时需要对法律文本进行解释，解释方法有文意解释、目的解释等。就解释对象而言，若法律文本与法律行为契合则不需要特别的解释，倘若法律规定存在漏洞或遗漏，司法者需要通过自己解释法律，努力缝合现有法律漏洞、弥补法律与不断变化着的社会生活之间日益扩大的缝隙，这一过程便是法律续造的阶段，司法者对于时常需要法律解释的同类法律漏洞或遗漏，总结归纳出规则并发布用于指导类似案件，这一类即是法律续造类司法解释。其中的法律漏洞若是需要司法解释针对法律文本的内部规定进行解释和续造，即属于法条内的续造；若法律漏洞需要司法解释在法律基本原则下，对法律文本创造性地进行法律续造，即归为法条外的续造。

一、法条内的续造

合同法是当下合同关系的一般反映。合同法在立法时需要有超前性，立法者要对合同行为有预期。但由于立法者的局限性和新兴法律客体的不断涌现以及法律关系日趋复杂等客观情况，导致合同法条文存在漏洞。“法律漏洞”不但是法律续造的依据，而且可以作为界限划定法条内的续造与法条外的续造。准确地说，法律存在漏洞是法条内续造的前提，而只在特殊条件下，才允许法院作法条外的续造。[1]例如 1999 年《中华人民共和国合同法》（以下简称原《合同法》）第 44 条规定：“依法

---

〔1〕 参见［德］卡尔·拉伦茨：《法学方法论》，陈爱娥译，商务印书馆 2003 年版，第 249 页。

成立的合同，自成立时生效。法律、行政法规规定应当办理批准、登记等手续生效的，依照其规定。”这一条款只是对于法律、行政法规规定应当办理批准、登记手续而未办理的合同是否成立的规定，其效力如何、法律责任如何承担没有规定，进而《合同法司法解释一》第 9 条[1]对该漏洞进行补充，这就是法条内的续造。

漏洞可释为不圆满性。就合同法而言，法律漏洞不仅涉及个别法条，而且可能涉及整个规则的不圆满，简言之，应该规整的问题欠缺适当的规则可称为“规整漏洞”。如果不将漏洞补充而让司法裁判者直接适用，则与该法律漏洞内容相关的案件事实将不能发生任何法律效果。但是法官面对具体的案件不能因为没有法律规定而拒绝裁判，仍须根据法律的规整意向或目的填补法律漏洞，根据自己对法律的整体理解和解读作出裁判。因此，法律规整的目的在于填补法律漏洞，若在司法案件中频发一方违反义务损害另一方合法权益的行为，即使现行法律条文没有规定，为防止法官在裁决时因根据自己理解和解读作出裁判不统一的情况，最高人民法院对这些规整漏洞须作出法律的续造。

除此之外，法律体系中还存在卡纳里斯提及的“价值漏洞或原则漏洞”，这种漏洞是由于科技、经济的发展或者社会关系的变化而带来的。[2]在制定立法时，原来不重要甚至不存在的生产技术或商业模式本不需要纳入典律规制中，而在科学技术突飞猛进的今日变得普遍和重要，需要加以规制。

〔1〕《合同法司法解释一》第 9 条规定：“依照合同法第四十四条第二款的规定，法律、行政法规规定合同应当办理批准手续，或者办理批准、登记等手续才生效，在一审法庭辩论终结前当事人仍未办理批准手续的，或者仍未办理批准、登记等手续的，人民法院应当认定该合同未生效；法律、行政法规规定合同应当办理登记手续，但未规定登记后生效的，当事人未办理登记手续不影响合同的效力，合同标的物所有权及其他物权不能转移。”

〔2〕参见[德]卡尔·拉伦茨：《法学方法论》，陈爱娥译，商务印书馆 2003 年版，第 307 页。

需要明确的是，立法者固然享有填补法律漏洞权限，因为立法者才能制定要求每个人都须遵守的规范，司法者只能就案件事实根据规范作出裁判，尊重立法者制定规范的权力。然而，事实上立法者因自身局限性并不能完全发挥其规范功能。当司法者直面迫在眉睫需要作出司法裁判的个案时，本着满足最低法律安定性和正义性的初衷，自己去寻求法律规则，通过司法解释的方式展开法律的续造。

二、法条外的续造

正是由于立法条文不可能对法律范畴的所有事实提供毫无疏漏的答案，而法官又不能以此为理由拒绝裁判，为了公正及时地作出司法裁判，在遵循宪法和基本法的原则下，法官需要对法律条文遗漏或者不合理的部分进行创造性续造，这种以司法解释形式出现的法律规则可以称为法条外的续造。这种法的续造不能违背宪法和法律的价值秩序，因此这种法条外的续造仍在“法秩序之内”。[1]根据法律续造的基础差异，又可以将法条外的续造大体分为三类：基于解决交易关系的法律续造、基于追求“事物的本质”的法律续造、基于遵循法伦理原则的法律续造。

1. 基于解决交易关系的法律续造

在合同法领域中，我们不难发现，部分规则在法律中并无规定，而是基于解决交易关系的需要通过司法解释予以确定。例如关于悬赏广告的规定，有关悬赏广告的纠纷案件从无到有、日益增加，除了传统民事领域的失物招领广告以外，悬赏广告还出现在刑事悬赏、证据悬赏、执行悬赏、行政悬赏等多个领域。为了弥补立法漏洞，《合同法司法解

〔1〕 参见［德］卡尔·拉伦茨：《法学方法论》，陈爱娥译，商务印书馆2003年版，第287页。

释二》第 3 条规定了悬赏广告规则，从其体系规则可以判断出司法者对于悬赏广告的鲜明态度是将其作为合同要约来看待。

2. 基于追求“事物的本质”的法律续造

学术界对于“事物的本质”这一概念讨论甚多且尚无定论。追求“事物的本质”要求法律秩序要尊重存在于人类肉体、心灵及精神中的某种基本状态。[1]特别体现在法与正义结合时，要求立法者和司法者根据“事物的本质”对相同事物作相同处理，不同事物作不同处理。例如，依照“事物的本质”，在民事法律行为中，对待未成年人与成年人应作出不同的处理。由此可以推断：根据不同年龄段的一般智力和认知成熟度来确定责任和行为能力，需对儿童的权利和义务作出特殊规定。

若法律条文明显违背“事物的本质”，司法者有时会借助法条外的续造来修正法律规定。例如，《买卖合同司法解释》第 3 条[2]，即无权处分情形下买卖合同的效力以及违约救济的规定。该规则改变了原《合同法》第 51 条[3]的规定，否认了理论上将无权处分合同视为效力待定合同的观点。

3. 基于遵循法伦理原则的法律续造

“法伦理性原则是指示方向的标准，依其固有的说服力，其足以‘正当化’法律性决定。”[4]透过立法，司法者通过具体化原则的程序，将能够

〔1〕 参见［德］卡尔·拉伦茨：《法学方法论》，陈爱娥译，商务印书馆 2003 年版，第 290 页。

〔2〕 《买卖合同司法解释》第 3 条规定：“当事人一方以出卖人在缔约时对标的物没有所有权或者处分权为由主张合同无效的，人民法院不予支持。出卖人因未取得所有权或者处分权致使标的物所有权不能转移，买受人要求出卖人承担违约责任或者要求解除合同并主张损害赔偿的，人民法院应予支持。”

〔3〕 原《合同法》第 51 条规定：“无处分权的人处分他人财产，经权利人追认或者无处分权的人订立合同后取得处分权的，该合同有效。”

〔4〕 ［德］卡尔·拉伦茨：《法学方法论》，陈爱娥译，商务印书馆 2003 年版，第 293 页。

被用作裁判基准的原则转变为规则。这种法条外的续造的场景，正像埃塞尔所言，还没有被实证的法律原则，时常为“借一范例性的事件，突破意识的界阀而进入典律思想之中”。通常是一件或一系列事件，仅仅凭借法律解释或法条内的续造不能获得足以满足法律情感的解决方式，而鉴于某项法伦理性原则而需要法条外的续造。司法实践中会出现这样的情况：某种原则尚未被认识，在司法或学界突然被表达出来，因其内存的说服力逐渐被普遍承认，在不知不觉中成为司法裁判的准则。这些规则的形成过程大体为：发现者意识到这些原则并将其表达出来；接下来借助一些案例清晰界定此原则与其他原则及实证规则之间的适用边界；再利用一些案件类型将其具体化；最后将其扩充为确定的规则。合同法司法解释二十年来发展出以下规则：情势变更、缔约过失责任、雇佣关系中的“照顾义务”、合伙人的“忠诚义务”等。虽然这些规则在民法的诚实信用原则中能找到连接点，但是并不能通过民法原则一概而论地裁判，而是通过司法解释将这些规则具体化，体现了司法解释超越立法条文的续造。

三、法条内的续造与法条外的续造之界限

法条内的续造的前提是存在法律漏洞，司法者依据法律条文的目的，通过类推解释、目的限缩或扩张解释等方式，遵循法律原则，进行漏洞填补。而从事法条外的续造具有三个前提：一是法律问题存在，而非“法外空间”的问题；二是在法律秩序范围内，只凭借法律条文不能解决问题；三是单凭法律解释甚至法条内的续造不能在最低要求下解决法律问题。此等最低要求旨在解决交易关系、追求“事物的本质”或者遵循法伦理原则，而仅仅依靠法条内的续造不能满足前述要求。司法解释原则上不能抵触法律的规定，其例外的司法解释须“存在于法秩序的意义

整体中的理由”[1]。法条外的续造要谨慎为之，否则不但会僭越立法的权威，而且使司法失去公信力。由此可见，法条内的续造与法条外的续造产生的前提、续造规则的程度均有差异。

第二节 技术说明类司法解释

合同法司法解释中有一部分属于对合同法文本进行技术化、细致化解释说明的条款，这类条款存在的目的是细化合同法条文规定，使司法裁判在数额上，或者在程度上，或者概念界定上具体化。

有关法律语境中的“技术”概念也经常被法学学者提及，如著名的美国法学家 E. 博登海默在其著作《法理学：法律哲学与法律方法》的第十八章采用“司法过程中的技术”的表述，“技术”的具体内容包括“宪法之解释”“法规之解释”“遵循先例原则”“案件之判决理由”“司法过程中的发现与创造”。[2]

美国著名法学家庞德则指出，“发展和适用法令的技术、法律工作者的业务艺术与法令本身都是同样具有权威性的，也是同样重要的。”[3]我国台湾学者王泽鉴先生也有“法律技术”的提法，并将其解为“为达成一定政策目的而限制，或扩张侵权责任时而采的手段”，并将“法院如何解释适用法律，以促进侵权行为法的发展”作为技术之一。[4]胡玉鸿教授则将司法实践的过程划分为两个基本的部分：“一是知识的应用；

---

〔1〕［德］卡尔·拉伦茨：《法学方法论》，陈爱娥译，商务印书馆 2003 年版，第 300 页。

〔2〕参见［美］E. 博登海默：《法理学：法律哲学与法律方法》，邓正来译，中国政法大学出版社 2004 年版，第 534~587 页。

〔3〕胡玉鸿：《法律技术的内涵及其范围》，载《现代法学》2006 年第 5 期。

〔4〕参见王泽鉴：《侵权行为法》，中国政法大学出版社 2001 年版，第 15~20 页。

二是技术的采纳。从后者的角度而言，它是通过司法界约定俗成的技术规则，寻求解决案件的方法或手段的一种必经流程。"〔1〕 由此可见，在司法适用中需要通过"法律技术"实现立法条文与案件事实之间的耦合，这种起到耦合作用的常用技术说明类条款就可能通过文字的方式固定下来形成司法规则，以指引司法实践和统一司法适用，反映在我国司法体系中便是司法解释条款。

通过司法解释的技术说明类条款将原本由法官自由裁量的量度区间缩小或者明确。这种技术说明类司法解释从功能上大体可以分为两种：一种是量化程度标准，将某些文字概念通过量化方式确定。如《最高人民法院关于审理商品房买卖合同纠纷案件适用法律若干问题的解释》(法释〔2003〕7号，以下简称《商品房买卖合同司法解释》)第14条规定："商品房面积误差比绝对值在3%以内(含3%)，按照合同约定的价格据实结算，买受人请求解除合同的，不予支持；面积误差比绝对值超出3%，买受人请求解除合同、返还已付购房款及利息的，应予支持。"这就是司法解释确定了比照数值，细化到具体百分比的衡量标准不宜直接规定在立法中，而是通过司法解释的方式限缩法官裁判的自由度。

另一种是厘定条文内涵，部分法律条文表述使用不确定性的词汇，如条文中经常会出现"合理方式""不合理高价或低价""其他""等"表述，在法条理解与适用中产生模糊，在司法裁判中需要将这些不确定性词汇进行厘清。例如，《合同法司法解释二》的第6条规定："提供格式条款的一方对格式条款中免除或者限制其责任的内容，在合同订立时采用足以引起对方注意的文字、符号、字体等特别标识，并按照对方的要求对

〔1〕 胡玉鸿：《法律技术的内涵及其范围》，载《现代法学》2006年第5期。

该格式条款予以说明的，人民法院应当认定符合《合同法》第三十九条所称‘采取合理的方式’。”就是对于“合理方式”的进一步厘定。

第三节　程序施行类司法解释

合同法司法解释中还有一类起到程序法或者施行法作用的条款。程序类条款并非针对实体法规定的漏洞，而是弥补司法裁判中由于程序法供给不足导致的实体法落实障碍的缺陷。例如，《合同法司法解释一》第 14 条规定：“债权人依照合同法第七十三条的规定提起代位权诉讼的，由被告住所地人民法院管辖。”这类具有程序法作用的司法解释弥合了实体性法律条文与司法裁判程序之间的缝隙，此种程序类司法解释也充斥在合同法司法解释中，其数量不在少数。

而施行类条款则是在法律颁布之时，为了顺利适用法律而针对法条施行作出的法律衔接方面安排。正如曹守晔法官所指出的，“每一部新的法律出台都会遇到包括溯及力、新旧法律选择、不同法律部门之间冲突在内等法律适用问题，”[1]需要施行法保证立法的审理实施。

我国没有制定专门的施行法，在法律适用中就难以避免地运用施行类司法解释条款来弥补这一缺陷，新法颁布后施行或者新旧法之间的衔接等问题可以通过司法解释的方式处理。合同法司法解释中有部分条款是为施行原《合同法》而制定的司法解释，旨在落实立法颁布后在审案件的法律适用问题。如《合同法司法解释一》的第 1 条至第 7 条就是这种情况。

〔1〕 曹守晔：《民法总则的精神、施行和适用》，载《人民法治》2017 年第 10 期。

由此可见，程序施行类司法解释其实包容两个小的类型，即程序类和施行类。之所以将这两种归为一大类，是由于施行类所涉及的内容多为新法溯及力、新旧法选择适用、协调部门法律适用冲突等方面的问题，一般也是归入程序的范畴，因此将程序类和施行类司法解释归为一类。

然而，该类型在名称上又将“施行”与“程序”区分出来，是由于施行类有其独特性。一般而言，施行类司法解释是针对立法颁布后，新旧法适用衔接问题的适用方案，在立法实施较长一段时间后这些问题很可能就不复存在了，因此基于此种情况出台的司法解释也就有了适用时限，等到再有更新的法律颁布时这些施行类司法解释也将面临淘汰。如《合同法司法解释二》第 30 条规定：“合同法施行后成立的合同发生纠纷的案件，本解释施行后尚未终审的，适用本解释；本解释施行前已经终审，当事人申请再审或者按照审判监督程序决定再审的，不适用本解释。”这是原《合同法》颁布后出台的有关该法施行的司法解释，但在《民法典》合同编颁布后，该条司法解释必然成为清理的对象。

第四节　合同法司法解释类型化的意义

笔者将司法解释分为法律续造、技术说明和程序实行三类，对于解决司法解释设立时存在的客观局限性，在民法典时代对司法解释进行有效处理，并对民商事司法解释研究提出新视角，都具有重要的理论和实践意义。

首先，司法解释制定的客观局限性，导致条文质量不一，需要类型化的区分对待。我国最高人民法院制定的司法解释作为长期以来审判实践的经验总结和立法补充，不但可以指导全国各级各地法院正确适用法律，作出更为统一、公正的裁判，不断提高审判工作质量，而且也构成立法编纂的源头活水。但是，由于司法解释制定年代不同、制定理论准备和实践总结水平不同、党和国家政策导向影响、市场主体和创新商业模式不断涌现以及起草团队认知局限等多方面条件的约束，解释的层次、角度和方法也不相同，合同法领域不同的司法解释，实施效果也会有差异，对民法理论的创新和民商事审判的指导作用以及对立法的贡献大小不一，需要分门别类、区分处理，因此对合同法领域的司法解释进行类型化研究是有必要的。

其次，司法解释类型化有利于在民法典时代有效处理这些司法解释规则。笔者通过对原《合同法》颁布以来与合同相关的司法解释进行分类，根据类型特征对现有司法解释进行梳理，结合相关立法体系和司法应用，研究司法解释吸纳到立法中的情况，总结出采纳司法解释转化为立法的规律，并梳理未被吸收入典司法解释条款，研判这些条款何去何从。笔者通过 ICOURT 司法数据网，并借助最高人民法院大数据平台，收集合同法司法解释在案例中运用的信息，掌握并分析司法解释在司法判决中的应用领域和效果，对合同法司法解释进行全面梳理和深入研究。由于《民法典》实施后，《合同法》《物权法》《侵权责任法》《婚姻法》《继承法》同时废止，而依托立法制定的司法解释也应该随着基础法律的废止适当地处理。司法解释的条款大体上面临几种处理方式：除了已经“入典”，或者“保留”（作为新的司法解释进行系统化整理后保留在《民法典》司法解释体系中），或者“清理”（将不合时宜的甚至个别冲突的司法解释条款废止）。对司法解释进行类型化研究对民法典时代司法应用有指导意义。

最后，将司法解释分门别类有助于开启司法规则研究的新视角。国内有关民商事司法解释的论文，总体上可以分为三种类型，即对于民商事司法解释规则进行实证方面的研究；对于司法解释制度条文进行研究；对于司法解释程序以及与立法解释、法官解释、公共政策、判例制度、民众参加解释等方面的关系进行研究。综观理论界和实务界对合同法司法解释的研究成果，国内已有研究多集中在司法裁判中司法解释对于立法的解释作用（过于抽象），以及个别学者诟病司法解释僭越立法，司法解释与民商立法的关系也往往禁锢在先有立法而后针对立法适用出台司法解释的逻辑中，对司法解释的解释范围、效力、效果等进行剖析。笔者将合同法司法解释分类，在司法解释类型化基础上重点考察各类型司法解释在司法审判中的应用数据和实际效果，研究续造类司法解释被吸纳到立法中的原理、规律和可行性判断，充分论证立法机关吸收此类司法解释的合理性、正当性和必要性。

除此之外，由于《民法典》已经颁布，被取而代之的《合同法》《物权法》《侵权责任法》《婚姻法》《继承法》终将废止，最高人民法院需要对基于这五部法律出台的大量的司法解释进行适当地处理，除被吸纳入典或需要被废止的以外，三类司法解释中均有体量庞大的司法解释条文依然对于司法裁判具有重要的指导作用。这些司法解释需要保留下来，并纳入新的司法解释中，辅助《民法典》的司法适用。因此，笔者尝试对民法典时代予以保留的司法解释的重构进行探讨，开启司法规则研究的新视角。

第二章 《民法典》合同编、原《合同法》与其司法解释的对比分析

本章笔者针对三类司法解释在《民法典》中变动的具体情况分别进行梳理，通过表格展示原《合同法》对应的十部司法解释条款入典、清理或保留的情况。与此同时，本章的表格亦可作为合同法司法解释的检索工具，在法典颁布而司法解释未作出明确制度安排之前，读者可通过表格轻松查询到司法解释各个条目的状态，有助于总结不同类司法解释状态转化的规律。

第一节 合同法总则部分对比梳理与分析

合同法总则部分所对应的司法解释共有两部，即《合同法司法解释一》和《合同法司法解释二》。两部司法解释共涉及60个条文，这60个条文可以归入第一章所提及的三种类型，见表2-1。

表 2-1 合同法总则司法解释的分类

三种类型	《合同法司法解释一》	《合同法司法解释二》
法律续造类司法解释	第九条、第十条、第二十条、第二十五条、第二十六条	第三条、第五条、第八条～第十条、第十二条、第十五条、第十八条、第二十条、第二十一条、第二十三条、第二十五条、第二十六条
技术说明类司法解释	第十一条～第十三条	第一条、第二条、第六条、第七条、第十一条、第十三条、第十四条、第十九条、第二十二条、第二十八条、第二十九条
程序施行类司法解释	第一条～第八条、第十四条～第十九条、第二十一条～第二十四条、第二十七条～第三十条	第四条、第十六条、第十七条、第二十四条、第二十七条、第三十条

一、《合同法司法解释一》三类条文对比及处理方案

在《合同法司法解释一》中，属于法律续造类司法解释的条文共 5 条，分别是第 9 条、第 10 条、第 20 条、第 25 条、第 26 条；技术说明类司法解释条文有 3 条，分别是第 11 条～第 13 条；程序施行类司法解释的条文最多，共 22 条，分别是第 1 条～第 8 条、第 14 条～第 19 条、第 21 条～第 24 条、第 27 条～第 30 条。《合同法司法解释一》包含的这 30 个条款是针对原《合同法》总则部分做出的司法解释，由于这些司法解释条款归为不同的类别，因此对原《合同法》条文解释的功能也有差异。一部分司法解释具有明显的创新、开拓特性，针对原《合同法》漏洞进行法的续造；另一部分司法解释对原《合同法》文本进行技术化、细致化解释说明，这类条款旨在细化合同法条文规定，使司法裁判在数额上或者在程度上或者概念界定上具体化。另外，还有一部分司法解释起到程序法或者施行法的作用，这些条款并非针对实体法规定的漏洞，而是弥补司法裁判中由于程序法供给不足导致的实体法落实障碍的缺陷。不同类型的司法解释条款

功能具有差异，笔者将这三类司法解释对应的原《合同法》条款进行梳理，并将合同法司法解释的条文分别与全国人大常委会就《民法典各分编（草案）》（以下简称《一审稿》）向全社会征求意见稿、全国人大常委会就《中华人民共和国民法典合同编（草案二次审议稿）》（以下简称《二审稿》）向全社会征求意见稿、《民法典》合同编进行对照，以便分析这些司法解释条文的作用以及在《民法典》颁布后司法解释条文应当如何处理。

在《合同法司法解释一》法律续造类司法解释中，第9条是法条内的续造，其他4条是法条外的续造（见表2-2）。该部司法解释中大部分法律续造为法条外的续造，是对原《合同法》未规定的内容进行的解释。通过司法解释的续造，产生了四方面的规则并反复运用在《合同法》司法实践领域。

《合同法司法解释一》中3条技术说明类司法解释条文均是围绕原《合同法》第73条作出的细化和具体的解释，其中第11条是明确提出代位权的具体条件，第12条和第13条分别是针对“专属于债务人自身的”债权和“债务人怠于行使其到期债权，对债权人造成损害的”的解释说明（见表2-3）。

在《合同法司法解释一》中，程序施行类司法解释数量最多，该司法解释是在原《合同法》颁布同年发布的，将原《合同法》实施和适用程序方面不适合放入典律条款中的内容编入合同法司法解释中。这22项程序施行类司法解释又可分为两种：一种是施行法性质的司法解释，该司法解释前7条是涉及新法颁布后施行或者新旧法之间的衔接等问题，属于施行法范畴，由于我国原《合同法》并未涉及施行法的部分，因此将合同法施行法内容编入原《合同法》司法解释中。另一种是程序法性质的司法解释，表格中后15个条文均属于此种司法解释，涉及诉讼时效、管辖法院、追加第三人、诉讼费用分担等程序法范畴的内容（见表2-4）。

表 2-2 《合同法司法解释一》中法律续造类司法解释的对比及处理方案

《合同法司法解释一》	原《合同法》	《一审稿》	《二审稿》	《民法典》	处理
第九条　依照合同法第四十四条第二款的规定，法律、行政法规规定合同应当办理批准手续，或者办理批准、登记等手续才生效，在一审法庭辩论终结前当事人仍未办理批准手续的，或者仍未办理批准、登记等手续的，人民法院应当认定该合同未生效；法律、行政法规规定合同应当办理登记手续，但未规定登记后生效的，当事人未办理登记手续不影响合同的效力，合同标的物所有权及其他物权不能转移。	第四十四条　依法成立的合同，自成立时生效。法律、行政法规规定应当办理批准、登记等手续生效的，依照其规定。	第二百九十四条　依法成立的合同，自成立时生效，但是法律另有规定或者当事人另有约定的除外。 法律、行政法规规定应当办理批准、登记等手续生效的，依照其规定。当事人未办理批准、登记等手续的，该合同不生效，但是不影响合同中履行报批、登记等义务条款以及相关条款的效力。应当办理申请批准或者登记等手续的当事人未履行该义务的，对方可以请求其承担违反该义务的责任。 法律、行政法规规定合同的变更、转让、解除等情形应当办理批准、登记等手续生效的，依照前款规定处理。	内容与《一审稿》相同（以下简称为同）。	第五百零二条　依法成立的合同，自成立时生效，但是法律另有规定或者当事人另有约定的除外。 依照法律、行政法规规定，合同应当办理批准等手续的，依照其规定。未办理批准等手续影响合同生效的，不影响合同中履行报批等义务条款以及相关条款的效力。应当办理申请批准等手续的当事人未履行义务的，对方可以请求其承担违反该义务的责任。 依照法律、行政法规规定，合同的变更、转让、解除等情形应当办理批准等手续的，适用前款规定。	部分吸收

续表

《合同法司法解释一》	原《合同法》	《一审稿》	《二审稿》	《民法典》	处理
第十条　当事人超越经营范围订立合同，人民法院不因此认定合同无效。但违反国家限制经营、特许经营以及法律、行政法规禁止经营规定的除外。	无	第二百九十七条　当事人超越经营范围订立的合同的效力，应当依照总则编第六章和本编的规定确定，不得仅以超越经营范围确认合同无效。	同	第五百零五条　当事人超越经营范围订立的合同的效力，应当依照本法第一编第六章第三节和本编的有关规定确定，不得仅以超越经营范围确认合同无效。	部分吸收
第二十条　债权人向次债务人提起的代位权诉讼经人民法院审理后认定代位权成立的，由次债务人向债权人履行清偿义务，债权人与债务人、债务人与次债务人之间相应的债权债务关系即予消灭。	无	第三百二十六条　人民法院或者仲裁机构认定代位权成立的，由债务人的相对人向债权人履行义务，债权人接受履行后，债权人与债务人、债务人与其相对人之间相应的权利义务关系终止。	第三百二十六条　人民法院认定代位权成立的，由债务人的相对人向债权人履行义务，债权人接受履行后，债权人与债务人、债务人与其相对人之间相应的权利义务终止。	第五百三十七条　人民法院认定代位权成立的，由债务人的相对人向债权人履行义务，债权人接受履行后，债权人与债务人、债务人与相对人之间相应的权利义务终止。债务人对相对人的债权或者与该债权有关的从权利被采取保全、执行措施，或者债务人破产的，依照相关法律的规定处理。	部分吸收

续表

《合同法司法解释一》	原《合同法》	《一审稿》	《二审稿》	《民法典》	处理
第二十五条　债权人依照合同法第七十四条的规定提起撤销权诉讼，请求人民法院撤销债务人放弃债权或转让财产的行为，人民法院应当就债权人主张的部分进行审理，依法撤销的，该行为自始无效。 两个或者两个以上债权人以同一债务人为被告，就同一标的提起撤销权诉讼的，人民法院可以合并审理。	无	第三百三十一条　债权人请求人民法院撤销债务人损害其利益的行为，人民法院依法撤销的，该行为自始没有法律约束力。 债权人请求人民法院撤销债务人行为的，可同时依法以自己的名义代位行使债务人在其行为被撤销后对相对人所享有的权利。	同	第五百四十二条　债务人影响债权人的债权实现的行为被撤销的，自始没有法律约束力。	全部吸收
第二十六条　债权人行使撤销权所支付的律师代理费、差旅费等必要费用，由债务人负担；第三人有过错的，应当适当分担。	无	第三百二十九条　撤销权的行使范围以债权人的债权为限。债权人行使撤销权的必要费用，由债务人负担。	同	第五百四十条　撤销权的行使范围以债权人的债权为限。债权人行使撤销权的必要费用，由债务人负担。	全部吸收

表 2-3 《合同法司法解释一》中技术说明类司法解释的对比及处理方案

《合同法司法解释一》	《一审稿》	《二审稿》	《民法典》	处理
第十一条　债权人依照合同法第七十三条的规定提起代位权诉讼，应当符合下列条件： （一）债权人对债务人的债权合法； （二）债务人怠于行使其到期债权，对债权人造成损害； （三）债务人的债权已到期； （四）债务人的债权不是专属于债务人自身的债权。	第三百二十四条　因债务人怠于行使其权利，影响债权人的债权实现的，债权人可以向人民法院或者仲裁机构请求以自己的名义代位行使债务人的权利，但是该权利专属于债务人自身的除外。 代位权的行使范围以债权人的债权为限。债权人行使代位权的必要费用，由债务人负担。	同	第五百三十五条　因债务人怠于行使其债权或者与该债权有关的从权利，影响债权人的到期债权实现的，债权人可以向人民法院请求以自己的名义代位行使债务人对相对人的权利，但是该权利专属于债务人自身的除外。 代位权的行使范围以债权人的到期债权为限。债权人行使代位权的必要费用，由债务人负担。 相对人对债务人的抗辩，可以向债权人主张。	保留在司法解释（以下简称保留）。
第十二条　合同法第七十三条第一款规定的专属于债务人自身的债权，是指基于扶养关系、抚养关系、赡养关系、继承关系产生的给付请求权和劳动报酬、退休金、养老金、抚恤金、安置费、人寿保险、人身伤害赔偿请求权等权利。				保留
第十三条　合同法第七十三条规定的“债务人怠于行使其到期债权，对债权人造成损害的”，是指债务人不履行其对债权人的到期债务，又不以诉讼方式或者仲裁方式向其债务人主张其享有的具有金钱给付内容的到期债权，致使债权人的到期债权未能实现。 次债务人（即债务人的债务人）不认为债务人有怠于行使其到期债权情况的，应当承担举证责任。				保留

表 2-4 《合同法司法解释一》中程序施行类司法解释的处理方案

《合同法司法解释一》	条款类别	处理
第一条 合同法实施以后成立的合同发生纠纷起诉到人民法院的，适用合同法的规定；合同法实施以前成立的合同发生纠纷起诉到人民法院的，除本解释另有规定的以外，适用当时的法律规定，当时没有法律规定的，可以适用合同法的有关规定。	施行条款	清理
第二条 合同成立于合同法实施之前，但合同约定的履行期限跨越合同法实施之日或者履行期限在合同法实施之后，因履行合同发生的纠纷，适用合同法第四章的有关规定。	施行条款	清理
第三条 人民法院确认合同效力时，对合同法实施以前成立的合同，适用当时的法律合同无效而适用合同法合同有效的，则适用合同法。	施行条款	清理
第四条 合同法实施以后，人民法院确认合同无效，应当以全国人大及其常委会制定的法律和国务院制定的行政法规为依据，不得以地方性法规、行政规章为依据。	施行条款	清理
第五条 人民法院对合同法实施以前已经作出终审裁决的案件进行再审，不适用合同法。	施行条款	清理
第六条 技术合同争议当事人的权利受到侵害的事实发生在合同法实施之前，自当事人知道或者应当知道其权利受到侵害之日起至合同法实施之日超过一年的，人民法院不予保护；尚未超过一年的，其提起诉讼的时效期间为两年。	施行条款	清理
第七条 技术进出口合同争议当事人的权利受到侵害的事实发生在合同法实施之前，自当事人知道或者应当知道其权利受到侵害之日起至合同法施行之日超过两年的，人民法院不予保护；尚未超过两年的，其提起诉讼的时效期间为四年。	施行条款	清理
第八条 合同法第五十五条规定的“一年”、第七十五条和第一百零四条第二款规定的“五年”为不变期间，不适用诉讼时效中止、中断或者延长的规定。	时效条款	保留

续表

《合同法司法解释一》	条款类别	处理
第十四条　债权人依照合同法第七十三条的规定提起代位权诉讼的，由被告住所地人民法院管辖。	管辖条款	保留
第十五条　债权人向人民法院起诉债务人以后，又向同一人民法院对次债务人提起代位权诉讼，符合本解释第十三条的规定和《中华人民共和国民事诉讼法》第一百零八条规定的起诉条件的，应当立案受理；不符合本解释第十三条规定的，告知债权人向次债务人住所地人民法院另行起诉。 受理代位权诉讼的人民法院在债权人起诉债务人的诉讼裁决发生法律效力以前，应当依照《中华人民共和国民事诉讼法》第一百三十六条第（五）项的规定中止代位权诉讼。	管辖条款	保留
第十六条　债权人以次债务人为被告向人民法院提起代位权诉讼，未将债务人列为第三人的，人民法院可以追加债务人为第三人。 两个或者两个以上债权人以同一次债务人为被告提起代位权诉讼的，人民法院可以合并审理。	第三人条款	保留
第十七条　在代位权诉讼中，债权人请求人民法院对次债务人的财产采取保全措施的，应当提供相应的财产担保。	保全条款	保留
第十八条　在代位权诉讼中，次债务人对债务人的抗辩，可以向债权人主张。 债务人在代位权诉讼中对债权人的债权提出异议，经审查异议成立的，人民法院应当裁定驳回债权人的起诉。	抗辩条款	保留
第十九条　在代位权诉讼中，债权人胜诉的，诉讼费由次债务人负担，从实现的债权中优先支付。	其他	保留
第二十一条　在代位权诉讼中，债权人行使代位权的请求数额超过债务人所负债务额或者超过次债务人对债务人所负债务额的，对超出部分人民法院不予支持。	其他	保留

续表

《合同法司法解释一》	条款类别	处理
第二十二条　债务人在代位权诉讼中，对超过债权人代位请求数额的债权部分起诉次债务人的，人民法院应当告知其向有管辖权的人民法院另行起诉。 债务人的起诉符合法定条件的，人民法院应当受理；受理债务人起诉的人民法院在代位权诉讼裁决发生法律效力以前，应当依法中止。	管辖条款	保留
第二十三条　债权人依照合同法第七十四条的规定提起撤销权诉讼的，由被告住所地人民法院管辖。	管辖条款	保留
第二十四条　债权人依照合同法第七十四条的规定提起撤销权诉讼时只以债务人为被告，未将受益人或者受让人列为第三人的，人民法院可以追加该受益人或者受让人为第三人。	第三人条款	保留
第二十七条　债权人转让合同权利后，债务人与受让人之间因履行合同发生纠纷诉至人民法院，债务人对债权人的权利提出抗辩的，可以将债权人列为第三人。	第三人条款	保留
第二十八条　经债权人同意，债务人转移合同义务后，受让人与债权人之间因履行合同发生纠纷诉至人民法院，受让人就债务人对债权人的权利提出抗辩的，可以将债务人列为第三人。	第三人条款	保留
第二十九条　合同当事人一方经对方同意将其在合同中的权利义务一并转让给受让人，对方与受让人因履行合同发生纠纷诉至人民法院，对方就合同权利义务提出抗辩的，可以将出让方列为第三人。	第三人条款	保留
第三十条　债权人依照合同法第一百二十二条的规定向人民法院起诉时作出选择后，在一审开庭以前又变更诉讼请求的，人民法院应当准许。对方当事人提出管辖权异议，经审查异议成立的，人民法院应当驳回起诉。	管辖条款	保留

二、《合同法司法解释二》三类条文对比及处理方案

在《合同法司法解释二》中，属于法律续造类司法解释的条文共13条，分别是第3条、第5条、第8条～第10条、第12条、第15条、第18条、第20条、第21条、第23条、第25条、第26条；技术说明类司法解释条文有11条，分别是第1条、第2条、第6条、第7条、第11条、第13条、第14条、第19条、第22条、第28条、第29条；程序施行类司法解释的条文最少，有6条，分别是第4条、第16条、第17条、第24条、第27条、第30条。《合同法司法解释二》在原《合同法》颁布十年后的2009年出台，原《合同法》适用的十年间暴露出一定的漏洞和法条表述含糊的问题，针对这些需要进一步完善之处，《合同法司法解释二》分别编定了13条法律续造类司法解释和11条技术说明类司法解释，而程序施行类司法解释编入的数量较少。

在《合同法司法解释二》中，13条法律续造类司法解释中，有5条是法条内的续造，是对于原《合同法》条款规定的漏洞进行弥补和续造，而另外8条则是法条外的续造，对于原《合同法》未规定的内容进行续造（见表2-5）。通过司法解释的续造，产生了八个方面的规则，并反复运用在合同法司法实践领域，分别是：（1）悬赏报酬请求权，（2）无权代理视为追认的一种情形，（3）多重买卖违约责任，（4）应批准或登记未办理合同的效力，（5）同一债权人数个同种债权清偿顺序，（6）费用、利息和主债务清偿顺序，（7）债务提出交付规则，（8）情势变更规则。这些规则不断接受着司法实践的检验和社会价值的考验，从法官到当事人再到公众对这些规则的认知不断深入，其中部分规则符合司法解释入典的衡量标准，满足入

典的条件，通过立案审议的程序，已经被吸纳《民法典》合同编中。

《合同法司法解释二》共设置了 11 条技术说明类司法解释条文，分别对于合同的成立条件、合同订立的“其他形式”、订立格式条款的“采用合理方式”、原《合同法》中的“交易习惯”、承担损害赔偿责任中“有其他违背诚实信用原则的行为”的情形、无权代理追认的生效时间、无权代理中被代理人追偿权的行使、原《合同法》第 74 条规定的“明显不合理的低价”、违反后合同义务的责任、“请求人民法院增加违约金”的具体适用、原《合同法》第 114 条第 2 款规定的“过分高于造成的损失”的法律适用情况进行解释说明，以促进司法实践中原《合同法》的具体适用（见表 2-6）。

由于《合同法司法解释二》是在原《合同法》颁布的十年后制定的，所以并没有太多涉及原《合同法》施行的条文，仅仅有 1 条即第 30 条，其他的 5 个条文均是解决原《合同法》实施中遇到的程序问题，涉及合同签订地的确定顺序、无独立请求权第三人的确定、涉外债权诉讼的管辖、解除权异议的期限、违约金调整的诉请方式这五个方面（见表 2-7）。

表 2–5 《合同法司法解释二》中法律续造类司法解释的对比及处理方案

《合同法司法解释二》	原《合同法》	《一审稿》	《二审稿》	《民法典》	处理
第三条　悬赏人以公开方式声明对完成一定行为的人支付报酬，完成特定行为的人请求悬赏人支付报酬的，人民法院依法予以支持。但悬赏有合同法第五十二条规定情形的除外。	无	第二百九十一条　悬赏人以公开方式声明对完成特定行为的人支付报酬的，完成该行为的人可以请求其支付。	同	第四百九十九条　悬赏人以公开方式声明对完成特定行为的人支付报酬的，完成该行为的人可以请求其支付。	全部吸收
第五条　当事人采用合同书形式订立合同的，应当签字或者盖章。当事人在合同书上摁手印的，人民法院应当认定其具有与签字或者盖章同等的法律效力。	第三十二条　当事人采用合同书形式订立合同的，自双方当事人签字或者盖章时合同成立。	第二百八十五条　当事人采用合同书形式订立合同的，当事人最后签字、盖章或者按指印的地点为合同成立的地点，但是当事人另有约定的除外。	同	第四百九十三条　当事人采用合同书形式订立合同的，最后签字、盖章或者按指印的地点为合同成立的地点，但是当事人另有约定的除外。	全部吸收

续表

《合同法司法解释二》	原《合同法》	《一审稿》	《二审稿》	《民法典》	处理
第八条　依照法律、行政法规的规定经批准或者登记才能生效的合同成立后，有义务办理申请批准或者申请登记等手续的一方当事人未按照法律规定或者合同约定办理申请批准或者未申请登记的，属于合同法第四十二条第（三）项规定的"其他违背诚实信用原则的行为"，人民法院可以根据案件的具体情况和相对人的请求，判决相对人自己办理有关手续；对方当事人对由此产生的费用和给相对人造成的实际损失，应当承担损害赔偿责任。	第四十四条　依法成立的合同，自成立时生效。法律、行政法规规定应当办理批准、登记等手续生效的，依照其规定。	第二百九十四条　依法成立的合同，自成立时生效，但是法律另有规定或者当事人另有约定的除外。 法律、行政法规规定应当办理批准、登记等手续生效的，依照其规定。当事人未办理批准、登记等手续的，该合同不生效，但是不影响合同中履行报批、登记等义务条款以及相关条款的效力。应当办理申请批准或者登记等手续的当事人未履行该义务的，对方可以请求其承担违反该义务的责任。 法律、行政法规规定合同的变更、转让、解除等情形应当办理批准、登记等手续生效的，依照前款规定处理。	同	第五百零二条　依法成立的合同，自成立时生效，但是法律另有规定或者当事人另有约定的除外。 依照法律、行政法规的规定，合同应当办理批准等手续的，依照其规定。未办理批准等手续影响合同生效的，不影响合同中履行报批等义务条款以及相关条款的效力。应当办理申请批准等手续的当事人未履行义务的，对方可以请求其承担违反该义务的责任。 依照法律、行政法规的规定，合同的变更、转让、解除等情形应当办理批准等手续的，适用前款规定。	部分吸收

续表

《合同法司法解释二》	原《合同法》	《一审稿》	《二审稿》	《民法典》	处理
第九条　提供格式条款的一方当事人违反合同法第三十九条第一款关于提示和说明义务的规定，导致对方没有注意免除或者限制其责任的条款，对方当事人申请撤销该格式条款的，人民法院应当支持。	第三十九条　采用格式条款订立合同的，提供格式条款的一方应当遵循公平原则确定当事人之间的权利和义务，并采取合理的方式提请对方注意免除或者限制其责任的条款，按照对方的要求，对该条款予以说明。格式条款是当事人为了重复使用而预先拟定，并在订立合同时未与对方协商的条款。	第二百八十八条　采用格式条款订立合同的，提供格式条款的一方应当遵循公平原则确定当事人之间的权利和义务，并采取合理的方式提请对方注意免除或者减轻其责任等与对方有重大利害关系的条款，按照对方的要求，对该条款予以说明。提供格式条款的一方未履行提示或者说明义务，致使对方没有注意或者理解与其有重大利害关系的条款的，该条款不产生效力。 格式条款是当事人预先拟定，并在订立合同时未与对方协商的条款。	第二百八十八条　格式条款是当事人预先拟定，并在订立合同时未与对方协商的条款。 采用格式条款订立合同的，提供格式条款的一方应当遵循公平原则确定当事人之间的权利和义务，并采取合理的方式提请对方注意免除或者减轻其责任等与对方有重大利害关系的条款，按照对方的要求，对该条款予以说明。提供格式条款的一方未履行提示或者说明义务，致使对方没有注意或者理解与其有重大利害关系的条款的，对方可以主张该条款不成为合同的组成部分。	第四百九十六条　格式条款是当事人为了重复使用而预先拟定，并在订立合同时未与对方协商的条款。 采用格式条款订立合同的，提供格式条款的一方应当遵循公平原则确定当事人之间的权利和义务，并采取合理的方式提示对方注意免除或者减轻其责任等与对方有重大利害关系的条款，按照对方的要求，对该条款予以说明。提供格式条款的一方未履行提示或者说明义务，致使对方没有注意或者理解与其有重大利害关系的条款的，对方可以主张该条款不成为合同的内容。	部分吸收

续表

《合同法司法解释二》	原《合同法》	《一审稿》	《二审稿》	《民法典》	处理
第十条　提供格式条款的一方当事人违反合同法第三十九条第一款的规定，并具有合同法第四十条规定的情形之一的，人民法院应当认定该格式条款无效。	第四十条　格式条款具有本法第五十二条和第五十三条规定情形的，或者提供格式条款一方免除其责任、加重对方责任、排除对方主要权利的，该条款无效。	第二百八十九条　格式条款具有下列情形之一的，该条款无效：(一)总则编第六章和本法第二百九十八条规定的无效情形；(二)提供格式条款一方不合理地免除或者减轻其责任、加重对方责任；(三)提供格式条款一方排除或者限制对方主要权利。	同	第四百九十七条　有下列情形之一的，该格式条款无效：(一)具有本法第一编第六章第三节和本法第五百零六条规定的无效情形；(二)提供格式条款一方不合理地免除或者减轻其责任、加重对方责任、限制对方主要权利；(三)提供格式条款一方排除对方主要权利。	全部吸收
第十二条　无权代理人以被代理人的名义订立合同，被代理人已经开始履行合同义务的，视为对合同的追认。	无	第二百九十五条　无权代理人以被代理人的名义订立合同，被代理人已经开始履行合同义务或者接受相对人履行的，视为对合同的追认。	同	第五百零三条　无权代理人以被代理人的名义订立合同，被代理人已经开始履行合同义务或者接受相对人履行的，视为对合同的追认。	全部吸收
第十五条　出卖人就同一标的物订立多重买卖合同，合同均不具有合同法第五十二条规定的无效情形，买受人因不能按照合同约定取得标的物所有权，请求追究出卖人违约责任的，人民法院应予支持。	第五十一条　无处分权的人处分他人财产，经权利人追认或者无处分权的人订立合同后取得处分权的，该合同有效。	无	无	无	保留

续表

《合同法司法解释二》	原《合同法》	《一审稿》	《二审稿》	《民法典》	处理
第十八条　债务人放弃其未到期的债权或者放弃债权担保，或者恶意延长到期债权的履行期，对债权人造成损害，债权人依照合同法第七十四条的规定提起撤销权诉讼的，人民法院应当支持。	第七十四条　因债务人放弃其到期债权或者无偿转让财产，对债权人造成损害的，债权人可以请求人民法院撤销债务人的行为。债务人以明显不合理的低价转让财产，对债权人造成损害，并且受让人知道该情形的，债权人也可以请求人民法院撤销债务人的行为。撤销权的行使范围以债权人的债权为限。债权人行使撤销权的必要费用，由债务人负担。	第三百二十七条　因债务人以放弃其债权、放弃债权担保、无偿转让财产等方式无偿处分财产权益，或者恶意延长其到期债权的履行期限，影响债权人的债权实现的，债权人可以请求人民法院撤销债务人的行为。	同	第五百三十八条　债务人以放弃其债权、放弃债权担保、无偿转让财产等方式无偿处分财产权益，或者恶意延长其到期债权的履行期限，影响债权人的债权实现的，债权人可以请求人民法院撤销债务人的行为。	部分吸收

续表

《合同法司法解释二》	原《合同法》	《一审稿》	《二审稿》	《民法典》	处理
第二十条　债务人的给付不足以清偿其对同一债权人所负的数笔相同种类的全部债务，应当优先抵充已到期的债务；几项债务均到期的，优先抵充对债权人缺乏担保或者担保数额最少的债务；担保数额相同的，优先抵充债务负担较重的债务；负担相同的，按照债务到期的先后顺序抵充；到期时间相同的，按比例抵充。但是，债权人与债务人对清偿的债务或者清偿抵充顺序有约定的除外。	无	第三百五十条　债务人对同一债权人负担的数个债务种类相同，债务人的给付不足以清偿全部债务的，由债务人在清偿时指定其履行的债务。 债务人未作指定的，应当优先履行已到期的债务；几项债务均到期的，优先履行对债权人缺乏担保或者担保最少的债务；担保数额相同的，优先履行债务负担较重的债务；负担相同的，按照债务到期的先后顺序履行；到期时间相同的，按比例履行。	同	第五百六十条　债务人对同一债权人负担的数项债务种类相同，债务人的给付不足以清偿全部债务的，除当事人另有约定外，由债务人在清偿时指定其履行的债务。 债务人未作指定的，应当优先履行已到期的债务；数项债务均到期的，优先履行对债权人缺乏担保或者担保最少的债务；均无担保或者担保相等的，优先履行债务人负担较重的债务；负担相同的，按照债务到期的先后顺序履行；到期时间相同的，按照债务比例履行。	部分吸收

续表

《合同法司法解释二》	原《合同法》	《一审稿》	《二审稿》	《民法典》	处理
第二十一条　债务人除主债务之外还应当支付利息和费用，当其给付不足以清偿全部债务时，并且当事人没有约定的，人民法院应当按照下列顺序抵充： （一）实现债权的有关费用； （二）利息； （三）主债务。	无	第三百五十一条　除履行主债务之外，债务人还应当支付利息和实现债权的有关费用，其给付不足以清偿全部债务的，除法律另有规定或者当事人另有约定以外，应当按照下列顺序履行：（一）实现债权的有关费用；（二）利息；（三）主债务。	同	第五百六十一条　债务人在履行主债务外还应当支付利息和实现债权的有关费用，其给付不足以清偿全部债务的，除当事人另有约定外，应当按照下列顺序履行： （一）实现债权的有关费用； （二）利息； （三）主债务。	全部吸收
第二十三条　对于依照合同法第九十九条的规定可以抵销的到期债权，当事人约定不得抵销的，人民法院可以认定该约定有效。	第九十九条　当事人互负到期债务，该债务的标的物种类、品质相同的，任何一方可以将自己的债务与对方的债务抵销，但依照法律规定或者按照合同性质不得抵销的除外。 当事人主张抵销的，应当通知对方。通知自到达对方时生效。抵销不得附条件或者附期限。	第三百五十八条　当事人互负债务，该债务的标的物种类、品质相同的，任何一方可以将自己的债务与对方的到期债务抵销，但是根据债务性质、按照当事人约定或者依照法律规定不得抵销的除外。 当事人主张抵销的，应当通知对方。通知自到达对方时生效。抵销不得附条件或者附期限。	同	第五百六十八条　当事人互负债务，该债务的标的物种类、品质相同的，任何一方可以将自己的债务与对方的到期债务抵销；但是，根据债务性质、按照当事人约定或者依照法律规定不得抵销的除外。 当事人主张抵销的，应当通知对方。通知自到达对方时生效。抵销不得附条件或者附期限。	全部吸收

续表

《合同法司法解释二》	原《合同法》	《一审稿》	《二审稿》	《民法典》	处理
第二十五条　依照合同法第一百零一条的规定，债务人将合同标的物或者标的物拍卖、变卖所得价款交付提存部门时，人民法院应当认定提存成立。 提存成立的，视为债务人在其提存范围内已经履行债务。	第一百零一条　有下列情形之一，难以履行债务的，债务人可以将标的物提存：（一）债权人无正当理由拒绝受领；（二）债权人下落不明；（三）债权人死亡未确定继承人或者丧失民事行为能力未确定监护人；（四）法律规定的其他情形。 标的物不适于提存或者提存费用过高的，债务人依法可以拍卖或者变卖标的物，提存所得的价款。	第三百六十一条　债务人将标的物或者将标的物依法拍卖、变卖所得价款交付提存部门时，提存成立。 提存成立的，视为债务人在其提存范围内已经交付标的物。	同	第五百七十一条　债务人将标的物或者将标的物依法拍卖、变卖所得价款交付提存部门时，提存成立。 提存成立的，视为债务人在其提存范围内已经交付标的物。	全部吸收

续表

《合同法司法解释二》	原《合同法》	《一审稿》	《二审稿》	《民法典》	处理
第二十六条　合同成立以后客观情况发生了当事人在订立合同时无法预见的、非不可抗力造成的不属于商业风险的重大变化，继续履行合同对于一方当事人明显不公平或者不能实现合同目的，当事人请求人民法院变更或者解除合同的，人民法院应当根据公平原则，并结合案件的实际情况确定是否变更或者解除。	无	第三百二十三条　合同成立后，订立合同的基础发生了当事人在订立合同时无法预见的、非不可抗力造成的不属于商业风险的重大变化，继续履行合同对于当事人一方明显不公平的，受不利影响的当事人可以请求与对方重新协商；在合理期限内协商不成的，当事人可以请求人民法院或者仲裁机构变更或者解除合同。 人民法院或者仲裁机构应当结合案件的实际情况，根据公平原则确定变更或者解除合同。	同	第五百三十三条　合同成立后，合同的基础条件发生了当事人在订立合同时无法预见的、不属于商业风险的重大变化，继续履行合同对于当事人一方明显不公平的，受不利影响的当事人可以与对方重新协商；在合理期限内协商不成的，当事人可以请求人民法院或者仲裁机构变更或者解除合同。 人民法院或者仲裁机构应当结合案件的实际情况，根据公平原则变更或者解除合同。	部分吸收

表 2-6 《合同法司法解释二》中技术说明类司法解释的对比及处理方案

《合同法司法解释二》	《一审稿》	《二审稿》	《民法典》	处理
第一条　当事人对合同是否成立存在争议，人民法院能够确定当事人名称或者姓名、标的和数量的，一般应当认定合同成立。但法律另有规定或者当事人另有约定的除外。 对合同欠缺的前款规定以外的其他内容，当事人达不成协议的，人民法院依照合同法第六十一条、第六十二条、第一百二十五条等有关规定予以确定。	第二百八十二条　当事人采用合同书形式订立合同的，自当事人均签字、盖章或者按指印时合同成立。 采用合同书形式订立合同，在签字、盖章或者按指印之前，当事人一方已经履行主要义务，对方接受的，该合同成立。 法律、行政法规规定或者当事人约定合同应当采用书面形式订立，当事人未采用书面形式但是一方已经履行主要义务，对方接受的，该合同成立。	同	第四百九十条　当事人采用合同书形式订立合同的，自当事人均签字、盖章或者按指印时合同成立。在签字、盖章或者按指印之前，当事人一方已经履行主要义务，对方接受时，该合同成立。 法律、行政法规规定或者当事人约定合同应当采用书面形式订立，当事人未采用书面形式但是一方已经履行主要义务，对方接受时，该合同成立。	保留
第二条　当事人未以书面形式或者口头形式订立合同，但从双方从事的民事行为能够推定双方有订立合同意愿的，人民法院可以认定是以合同法第十条第一款中的“其他形式”订立的合同。但法律另有规定的除外。	第二百六十条　当事人订立合同，可以采用书面形式、口头形式或者其他形式。 书面形式是合同书、信件等可以有形地表现所载内容的形式。 能够以电报、电传、传真、电子数据交换、电子邮件等方式有形地表现所载内容，并可以随时调取查用的数据电文，视为书面形式。	同	第四百六十九条　当事人订立合同，可以采用书面形式、口头形式或者其他形式。 书面形式是合同书、信件、电报、电传、传真等可以有形地表现所载内容的形式。 以电子数据交换、电子邮件等方式能够有形地表现所载内容，并可以随时调取查用的数据电文，视为书面形式。	保留

续表

《合同法司法解释二》	《一审稿》	《二审稿》	《民法典》	处理
第六条　提供格式条款的一方对格式条款中免除或者限制其责任的内容，在合同订立时采用足以引起对方注意的文字、符号、字体等特别标识，并按照对方的要求对该格式条款予以说明的，人民法院应当认定符合合同法第三十九条所称“采取合理的方式”。 提供格式条款一方对已尽合理提示及说明义务承担举证责任。	第二百八十八条　采用格式条款订立合同的，提供格式条款的一方应当遵循公平原则确定当事人之间的权利和义务，并采取合理的方式提请对方注意免除或者减轻其责任等与对方有重大利害关系的条款，按照对方的要求，对该条款予以说明。提供格式条款的一方未履行提示或者说明义务，致使对方没有注意或者理解与其有重大利害关系的条款的，该条款不产生效力。 格式条款是当事人预先拟定，并在订立合同时未与对方协商的条款。	第二百八十八条　格式条款是当事人预先拟定，并在订立合同时未与对方协商的条款。……（同）	第四百九十六条　格式条款是当事人为了重复使用而预先拟定，并在订立合同时未与对方协商的条款。 采用格式条款订立合同的，提供格式条款的一方应当遵循公平原则确定当事人之间的权利和义务，并采取合理的方式提示对方注意免除或者减轻其责任等与对方有重大利害关系的条款，按照对方的要求，对该条款予以说明。提供格式条款的一方未履行提示或者说明义务，致使对方没有注意或者理解与其有重大利害关系的条款的，对方可以主张该条款不成为合同的内容。	保留
第七条　下列情形，不违反法律、行政法规强制性规定的，人民法院可以认定为合同法所称“交易习惯”：（一）在交易行为当地或者某一领域、某一行业通常采用并为交易对方订立合同时所知道或者应当知道的做法；（二）当事人双方经常使用的习惯做法。 对于交易习惯，由提出主张的一方当事人承担举证责任。	第三百条　当事人应当按照约定全面履行自己的义务。 当事人应当遵循诚信原则，根据合同的性质、目的和交易习惯履行通知、协助、保密和节约资源、减少污染等义务。	同	第五百零九条　当事人应当按照约定全面履行自己的义务。 当事人应当遵循诚信原则，根据合同的性质、目的和交易习惯履行通知、协助、保密等义务。 当事人在履行合同过程中，应当避免浪费资源、污染环境和破坏生态。	保留

续表

《合同法司法解释二》	《一审稿》	《二审稿》	《民法典》	处理
第十一条　根据合同法第四十七条、第四十八条的规定，追认的意思表示自到达相对人时生效，合同自订立时起生效。	无（相关条款在《民法总则》中规定）	无	无	保留
第十三条　被代理人依照合同法第四十九条的规定承担有效代理行为所产生的责任后，可以向无权代理人追偿因代理行为而遭受的损失。	无	无	无	保留
第十四条　合同法第五十二条第（五）项规定的“强制性规定”，是指效力性强制性规定。	无	无	无	保留
第十九条　对于合同法第七十四条规定的“明显不合理的低价”，人民法院应当以交易当地一般经营者的判断，并参考交易当时交易地的物价部门指导价或者市场交易价，结合其他相关因素综合考虑予以确认。 转让价格达不到交易时交易地的指导价或者市场交易价百分之七十的，一般可以视为明显不合理的低价；对转让价格高于当地指导价或者市场交易价百分之三十的，一般可以视为明显不合理的高价。 债务人以明显不合理的高价收购他人财产，人民法院可以根据债权人的申请，参照合同法第七十四条的规定予以撤销。	第三百二十八条　债务人以明显不合理的低价转让财产、以明显不合理的高价受让他人财产或者为他人的债务提供担保，影响债权人的债权实现，债务人的相对人知道或者应当知道债务人的行为有害于债权人的利益的，债权人可以请求人民法院撤销债务人的行为。	同	第五百三十九条　债务人以明显不合理的低价转让财产、以明显不合理的高价受让他人财产或者为他人的债务提供担保，影响债权人的债权实现，债务人的相对人知道或者应当知道该情形的，债权人可以请求人民法院撤销债务人的行为。	保留

续表

《合同法司法解释二》	《一审稿》	《二审稿》	《民法典》	处理
第二十二条　当事人一方违反合同法第九十二条规定的义务，给对方当事人造成损失，对方当事人请求赔偿实际损失的，人民法院应当支持。	第三百四十八条　合同的权利义务终止后，当事人应当遵循诚信原则，根据交易习惯履行通知、协助、保密、旧物回收等义务。	同	第五百五十八条　债权债务终止后，当事人应当遵循诚信等原则，根据交易习惯履行通知、协助、保密、旧物回收等义务。	保留
第二十八条　当事人依照合同法第一百一十四条第二款的规定，请求人民法院增加违约金的，增加后的违约金数额以不超过实际损失额为限。增加违约金以后，当事人又请求对方赔偿损失的，人民法院不予支持。	第三百七十五条　当事人可以约定一方违约时应当根据违约情况向对方支付一定数额的违约金，也可以约定因违约产生的损失赔偿额的计算方法。 约定的违约金低于造成的损失的，人民法院或者仲裁机构可以根据当事人的请求予以增加；约定的违约金过分高于造成的损失的，人民法院或者仲裁机构可以根据当事人的请求予以适当减少。 当事人就迟延履行约定违约金的，违约方支付违约金后，还应当履行债务。	同	第五百八十五条　当事人可以约定一方违约时应当根据违约情况向对方支付一定数额的违约金，也可以约定因违约产生的损失赔偿额的计算方法。 约定的违约金低于造成的损失的，人民法院或者仲裁机构可以根据当事人的请求予以增加；约定的违约金过分高于造成的损失的，人民法院或者仲裁机构可以根据当事人的请求予以适当减少。 当事人就迟延履行约定违约金的，违约方支付违约金后，还应当履行债务。	保留
第二十九条　当事人主张约定的违约金过高请求予以适当减少的，人民法院应当以实际损失为基础，兼顾合同的履行情况、当事人的过错程度以及预期利益等综合因素，根据公平原则和诚实信用原则予以衡量，并作出裁决。 当事人约定的违约金超过造成损失的百分之三十的，一般可以认定为合同法第一百一十四条第二款规定的“过分高于造成的损失”。				保留

表 2-7 《合同法司法解释二》中程序施行类司法解释的处理方案

《合同法司法解释二》	条款类别	处理
第四条　采用书面形式订立合同，合同约定的签订地与实际签字或者盖章地点不符的，人民法院应当认定约定的签订地为合同签订地；合同没有约定签订地，双方当事人签字或者盖章不在同一地点的，人民法院应当认定最后签字或者盖章的地点为合同签订地。	管辖条款	保留
第十六条　人民法院根据具体案情可以将合同法第六十四条、第六十五条规定的第三人列为无独立请求权的第三人，但不得依职权将其列为该合同诉讼案件的被告或者有独立请求权的第三人。	第三人条款	保留
第十七条　债权人以境外当事人为被告提起的代位权诉讼，人民法院根据《中华人民共和国民事诉讼法》第二百四十一条的规定确定管辖。	管辖条款	保留
第二十四条　当事人对合同法第九十六条、第九十九条规定的合同解除或者债务抵销虽有异议，但在约定的异议期限届满后才提出异议并向人民法院起诉的，人民法院不予支持；当事人没有约定异议期间，在解除合同或者债务抵销通知到达之日起三个月以后才向人民法院起诉的，人民法院不予支持。	解除权异议的期限	清理
第二十七条　当事人通过反诉或者抗辩的方式，请求人民法院依照合同法第一百一十四条第二款的规定调整违约金的，人民法院应予支持。	违约金条款	保留
第三十条　合同法施行后成立的合同发生纠纷的案件，本解释施行后尚未终审的，适用本解释；本解释施行前已经终审，当事人申请再审或者按照审判监督程序决定再审的，不适用本解释。	施行条款	清理

第二节 合同法分则部分对比梳理与分析

《民法典》合同编的分则部分共有19个有名合同，而1999年原《合同法》分则共有15章，每章对应一个有名合同，共计15个有名合同，各有名合同由于其法律关系简繁程度、适用的广泛性以及在实践中遇到的司法裁判难度各不相同，相关机构对于法律关系复杂、适用广泛或者司法裁判难度高的有名合同，制定了相应的司法解释，而对于那些相对简单、小众的有名合同未制定相应司法解释。正式出台的司法解释涉及的有名合同包括借贷合同、融资租赁合同、买卖合同、租赁合同、建设工程合同。具体发布的主要司法解释包括但不限于（见表2-8）：2003年6月1日实施的《商品房买卖合同司法解释》、2005年1月1日实施的《最高人民法院关于审理技术合同纠纷案件适用法律若干问题的解释》（法释〔2004〕20号，以下简称《技术合同司法解释》）、2005年1月1日实施的《最高人民法院关于审理建设工程施工合同纠纷案件适用法律问题的解释》（法释〔2004〕14号，以下简称《建设工程司法解释一》）、2009年9月1日实施的《最高人民法院关于审理城镇房屋租赁合同纠纷案件具体应用法律若干问题的解释》（法释〔2009〕11号，以下简称《房屋租赁合同司法解释》）、2012年7月1日实施的《买卖合同司法解释》、2014年3月1日实施的《最高人民法院关于审理融资租赁合同纠纷案件适用法律问题的解释》（法释〔2014〕3号，以下简称《融资租赁合同司法解释》）、2015年9月1日通过的《最高人民法院关于审理民间借贷案件适用法律若干问题的规定》（法释〔2015〕18号，以下简称《民间借贷司法解释》）、2019年2月1日实施的《最高人民法院关于审理建设工程施工合同纠纷案件适用法律问题的解释（二）》（法释〔2018〕20号，以下简称《建设工程司法解释二》）。

表 2-8 合同法分则司法解释

实施时间	司法解释名称	简称	条文数	对应有名合同
2003 年 6 月 1 日	《最高人民法院关于审理商品房买卖合同纠纷案件适用法律若干问题的解释》	《商品房买卖合同司法解释》	28 条	买卖合同
2005 年 1 月 1 日	《最高人民法院关于审理技术合同纠纷案件适用法律若干问题的解释》	《技术合同司法解释》	47 条	技术合同
2005 年 1 月 1 日	《最高人民法院关于审理建设工程施工合同纠纷案件适用法律问题的解释》	《建设工程司法解释一》	28 条	建设工程合同
2009 年 9 月 1 日	《最高人民法院关于审理城镇房屋租赁合同纠纷案件具体应用法律若干问题的解释》	《房屋租赁合同司法解释》	25 条	房屋租赁合同
2012 年 7 月 1 日	《最高人民法院关于审理买卖合同纠纷案件适用法律问题的解释》	《买卖合同司法解释》	46 条	买卖合同
2014 年 3 月 1 日	《最高人民法院关于审理融资租赁合同纠纷案件适用法律问题的解释》	《融资租赁合同司法解释》	26 条	融资租赁合同
2015 年 9 月 1 日	《最高人民法院关于审理民间借贷案件适用法律若干问题的规定》	《民间借贷司法解释》	33 条	借贷合同
2019 年 2 月 1 日	《最高人民法院关于审理建设工程施工合同纠纷案件适用法律问题的解释(二)》	《建设工程司法解释二》	26 条	建设工程合同

一、《买卖合同司法解释》三类条文对比及处理方案

在《买卖合同司法解释》中，属于法律续造类司法解释的条文共 9 条，分别是第 2 条、第 3 条、第 12 条、第 15 条、第 16 条、第 28 条、第 31 条、第 34 条、第 35 条（见表 2-9）；技术说明类司法解释条文有 32 条，分别是第 1 条、第 5 条～第 11 条、第 13 条、第 14 条、第 18 条～第 27 条、第 29 条、第 30 条、第 32 条、第 33 条、第 36 条～第 43 条（见表 2-10）；程序施行类司法解释的条文最少，有 5 条，分别是第 4 条、第 17 条、第 44 条～第 46 条（见表 2-11）。

二、《商品房买卖合同司法解释》三类条文对比及处理方案

在《商品房买卖合同司法解释》中，属于法律续造类司法解释的条文只有 1 条，即第 15 条（见表 2-12）；技术说明类司法解释条文较多，共有 22 条，分别是第 1 条～第 14 条、第 16 条～第 21 条、第 23 条、第 24 条（见表 2-13）；程序施行类司法解释的条文较少，有 5 条，分别是第 22 条、第 25 条～第 28 条（见表 2-14）。《商品房买卖合同司法解释》于 2003 年出台，是司法实践中处理商品房买卖合同纠纷准确适用法律的依据，该司法解释针对合同法分则中商品房买卖合同适用中亟须解决的法律适用问题，给出了较为明确的司法意见，其中技术说明类司法解释占比最高，达 78.6%，程序施行类司法解释占比较少，为 17.9%，而法律续造类司法解释占比最低，仅 3.5%。

表 2–9 《买卖合同司法解释》中法律续造类司法解释的对比及处理方案

《买卖合同司法解释》	原《合同法》	《一审稿》	《二审稿》	《民法典》	处理
第二条　当事人签订认购书、订购书、预订书、意向书、备忘录等预约合同，约定在将来一定期限内订立买卖合同，一方不履行订立买卖合同的义务，对方请求其承担预约合同违约责任或者要求解除预约合同并主张损害赔偿的，人民法院应予支持。	无	第二百八十七条　当事人约定在将来订立合同的认购书、订购书、预订书、意向书等，构成预约合同。 当事人一方不履行预约合同约定的订立合同义务的，对方可以请求其承担预约合同的违约责任。	同	第四百九十五条　当事人约定在将来一定期限内订立合同的认购书、订购书、预订书等，构成预约合同。 当事人一方不履行预约合同约定的订立合同义务的，对方可以请求其承担预约合同的违约责任。	部分吸收
第三条　当事人一方以出卖人在缔约时对标的物没有所有权或者处分权为由主张合同无效的，人民法院不予支持。 出卖人因未取得所有权或者处分权致使标的物所有权不能转移，买受人要求出卖人承担违约责任或者要求解除合同并主张损害赔偿的，人民法院应予支持。	第五十一条　无处分权的人处分他人财产，经权利人追认或者无处分权的人订立合同后取得处分权的，该合同有效。	第三百八十七条　出卖人应当对出卖的标的物享有处分权。因出卖人未取得处分权致使标的物所有权不能转移的，买受人可以解除合同并要求出卖人承担违约责任。 法律、行政法规禁止或者限制转让的标的物，依照其规定。	同	第五百九十七条　因出卖人未取得处分权致使标的物所有权不能转移的，买受人可以解除合同并请求出卖人承担违约责任。 法律、行政法规禁止或者限制转让的标的物，依照其规定。	部分吸收

续表

《买卖合同司法解释》	原《合同法》	《一审稿》	《二审稿》	《民法典》	处理
第十二条　出卖人根据合同约定将标的物运送至买受人指定地点并交付给承运人后，标的物毁损、灭失的风险由买受人负担，但当事人另有约定的除外。	第一百四十三条　因买受人的原因致使标的物不能按照约定的期限交付的，买受人应当自违反约定之日起承担标的物毁损、灭失的风险。	第三百九十五条　因买受人的原因致使标的物未按照约定的期限交付的，买受人应当自违反约定之日起承担标的物毁损、灭失的风险。 出卖人按照约定将标的物运送至买受人指定地点并交付给承运人后，标的物毁损、灭失的风险由买受人承担，但是当事人另有约定的除外。	同	第六百零四条　标的物毁损、灭失的风险，在标的物交付之前由出卖人承担，交付之后由买受人承担，但是法律另有规定或者当事人另有约定的除外。	全部吸收
第十五条　当事人对标的物的检验期间未作约定，买受人签收的送货单、确认单等载明标的物数量、型号、规格的，人民法院应当根据合同法第一百五十七条的规定，认定买受人已对数量和外观瑕疵进行了检验，但有相反证据足以推翻的除外。	第一百五十七条　买受人收到标的物时应当在约定的检验期间内检验。没有约定检验期间的，应当及时检验。	第四百一十三条　当事人对检验期间未作约定，买受人签收的送货单、确认单等载明标的物数量、型号、规格的，推定买受人已对数量和外观瑕疵进行了检验，但是有相关证据足以推翻的除外。	同	第六百二十三条　当事人对检验期限未作约定，买受人签收的送货单、确认单等载明标的物数量、型号、规格的，推定买受人已经对数量和外观瑕疵进行检验，但是有相关证据足以推翻的除外。	全部吸收

续表

《买卖合同司法解释》	原《合同法》	《一审稿》	《二审稿》	《民法典》	处理
第十六条　出卖人依照买受人的指示向第三人交付标的物，出卖人和买受人之间约定的检验标准与买受人和第三人之间约定的检验标准不一致的，人民法院应当根据合同法第六十四条的规定，以出卖人和买受人之间约定的检验标准为标的物的检验标准。	第六十四条　当事人约定由债务人向第三人履行债务的，债务人未向第三人履行债务或者履行债务不符合约定，应当向债权人承担违约责任。	第四百一十四条　出卖人依照买受人的指示向第三人交付标的物，出卖人和买受人约定的检验标准与买受人和第三人约定的检验标准不一致的，以出卖人和买受人约定的检验标准为准。	同	第六百二十四条　出卖人依照买受人的指示向第三人交付标的物，出卖人和买受人约定的检验标准与买受人和第三人约定的检验标准不一致的，以出卖人和买受人约定的检验标准为准。	全部吸收
第二十八条　买卖合同约定的定金不足以弥补一方违约造成的损失，对方请求赔偿超过定金部分的损失的，人民法院可以并处，但定金和损失赔偿的数额总和不应高于因违约造成的损失。	无	第三百七十八条　当事人既约定违约金，又约定定金的，一方违约时，对方可以选择适用违约金或者定金条款。 合同约定的定金不足以弥补一方违约造成的损失，对方可以请求赔偿超过定金部分的损失。	同	第五百八十八条　当事人既约定违约金，又约定定金的，一方违约时，对方可以选择适用违约金或者定金条款。 定金不足以弥补一方违约造成的损失的，对方可以请求赔偿超过定金数额的损失。	全部吸收

续表

《买卖合同司法解释》	原《合同法》	《一审稿》	《二审稿》	《民法典》	处理
第三十一条　买卖合同当事人一方因对方违约而获有利益，违约方主张从损失赔偿额中扣除该部分利益的，人民法院应予支持。	无	无	无	无	保留
第三十四条　买卖合同当事人主张合同法第一百三十四条关于标的物所有权保留的规定适用于不动产的，人民法院不予支持。	第一百三十四条　当事人可以在买卖合同中约定买受人未履行支付价款或者其他义务的，标的物的所有权属于出卖人。	第四百三十一条　当事人可以在买卖合同中约定买受人未履行支付价款或者其他义务的，标的物的所有权属于出卖人。 出卖人对标的物保留的所有权，未经登记，不得对抗善意第三人。	同	第六百四十一条　当事人可以在买卖合同中约定买受人未履行支付价款或者其他义务的，标的物的所有权属于出卖人。 出卖人对标的物保留的所有权，未经登记，不得对抗善意第三人。	清理

续表

《买卖合同司法解释》	原《合同法》	《一审稿》	《二审稿》	《民法典》	处理
第三十五条　当事人约定所有权保留，在标的物所有权转移前，买受人有下列情形之一，对出卖人造成损害，出卖人主张取回标的物的，人民法院应予支持： （一）未按约定支付价款的； （二）未按约定完成特定条件的； （三）将标的物出卖、出质或者作出其他不当处分的。 取回的标的物价值显著减少，出卖人要求买受人赔偿损失的，人民法院应予支持。	无	第四百三十二条　当事人约定出卖人保留合同标的物的所有权，在标的物所有权转移前，买受人有下列情形之一，对出卖人造成损害的，除法律另有规定或者当事人另有约定外，出卖人有权取回标的物： （一）未按照约定支付价款，经催告后在合理期限内仍未支付； （二）未按照约定完成特定条件； （三）将标的物出卖、出质或者作出其他不当处分。 出卖人可以与买受人协商实现取回权；协商不成的，参照适用担保物权的实现程序。 取回的标的物价值明显减少的，出卖人有权要求买受人赔偿损失。	同	第六百四十二条　当事人约定出卖人保留合同标的物的所有权，在标的物所有权转移前，买受人有下列情形之一，造成出卖人损害的，除当事人另有约定外，出卖人有权取回标的物： （一）未按照约定支付价款，经催告后在合理期限内仍未支付； （二）未按照约定完成特定条件； （三）将标的物出卖、出质或者作出其他不当处分。 出卖人可以与买受人协商取回标的物；协商不成的，可以参照适用担保物权的实现程序。	部分吸收

表 2-10 《买卖合同司法解释》中技术说明类司法解释的处理方案

《买卖合同司法解释》	内容主题	所属部分	处理
第一条　当事人之间没有书面合同，一方以送货单、收货单、结算单、发票等主张存在买卖合同关系的，人民法院应当结合当事人之间的交易方式、交易习惯以及其他相关证据，对买卖合同是否成立作出认定。 对账确认函、债权确认书等函件、凭证没有记载债权人名称，买卖合同当事人一方以此证明存在买卖合同关系的，人民法院应予支持，但有相反证据足以推翻的除外。	买卖合同成立的证明与认定	买卖合同的成立及效力	保留
第五条　标的物为无需以有形载体交付的电子信息产品，当事人对交付方式约定不明确，且依照合同法第六十一条的规定仍不能确定的，买受人收到约定的电子信息产品或者权利凭证即为交付。	电子信息产品的交付	标的物交付和所有权转移	保留
第六条　根据合同法第一百六十二条的规定，买受人拒绝接收多交部分标的物的，可以代为保管多交部分标的物。买受人主张出卖人负担代为保管期间的合理费用的，人民法院应予支持。 买受人主张出卖人承担代为保管期间非因买受人故意或者重大过失造成的损失的，人民法院应予支持。	多交标的物之保管	标的物交付和所有权转移	保留
第七条　合同法第一百三十六条规定的"提取标的物单证以外的有关单证和资料"，主要应当包括保险单、保修单、普通发票、增值税专用发票、产品合格证、质量保证书、质量鉴定书、品质检验证书、产品进出口检疫书、原产地证明书、使用说明书、装箱单等。	有关单证和资料的范围	标的物交付和所有权转移	保留
第八条　出卖人仅以增值税专用发票及税款抵扣资料证明其已履行交付标的物义务，买受人不认可的，出卖人应当提供其他证据证明交付标的物的事实。 合同约定或者当事人之间习惯以普通发票作为付款凭证，买受人以普通发票证明已经履行付款义务的，人民法院应予支持，但有相反证据足以推翻的除外。	发票的证明力	标的物交付和所有权转移	保留

续表

《买卖合同司法解释》	内容主题	所属部分	处理
第九条　出卖人就同一普通动产订立多重买卖合同，在买卖合同均有效的情况下，买受人均要求实际履行合同的，应当按照以下情形分别处理：（一）先行受领交付的买受人请求确认所有权已经转移的，人民法院应予支持；（二）均未受领交付，先行支付价款的买受人请求出卖人履行交付标的物等合同义务的，人民法院应予支持；（三）均未受领交付，也未支付价款，依法成立在先合同的买受人请求出卖人履行交付标的物等合同义务的，人民法院应予支持。	多重买卖的履行顺序（普通动产）	标的物交付和所有权转移	保留
第十条　出卖人就同一船舶、航空器、机动车等特殊动产订立多重买卖合同，在买卖合同均有效的情况下，买受人均要求实际履行合同的，应当按照以下情形分别处理：（一）先行受领交付的买受人请求出卖人履行办理所有权转移登记手续等合同义务的，人民法院应予支持；（二）均未受领交付，先行办理所有权转移登记手续的买受人请求出卖人履行交付标的物等合同义务的，人民法院应予支持；（三）均未受领交付，也未办理所有权转移登记手续，依法成立在先合同的买受人请求出卖人履行交付标的物和办理所有权转移登记手续等合同义务的，人民法院应予支持；（四）出卖人将标的物交付给买受人之一，又为其他买受人办理所有权转移登记，已受领交付的买受人请求将标的物所有权登记在自己名下的，人民法院应予支持。	多重买卖的履行顺序（特殊动产）	标的物交付和所有权转移	保留
第十一条　合同法第一百四十一条第二款第（一）项规定的“标的物需要运输的”，是指标的物由出卖人负责办理托运，承运人系独立于买卖合同当事人之外的运输业者的情形。标的物毁损、灭失的风险负担，按照合同法第一百四十五条的规定处理。	标的物需要运输	标的物风险负担	保留
第十三条　出卖人出卖交由承运人运输的在途标的物，在合同成立时知道或者应当知道标的物已经毁损、灭失却未告知买受人，买受人主张出卖人负担标的物毁损、灭失的风险的，人民法院应予支持。	路货买卖出卖人隐瞒风险事实之风险负担	标的物风险负担	保留
第十四条　当事人对风险负担没有约定，标的物为种类物，出卖人未以装运单据、加盖标记、通知买受人等可识别的方式清楚地将标的物特定于买卖合同，买受人主张不负担标的物毁损、灭失的风险的，人民法院应予支持。	未经特定的标的物风险负担	标的物风险负担	保留

续表

《买卖合同司法解释》	内容主题	所属部分	处理
第十八条　约定的检验期间过短，依照标的物的性质和交易习惯，买受人在检验期间内难以完成全面检验的，人民法院应当认定该期间为买受人对外观瑕疵提出异议的期间，并根据本解释第十七条第一款的规定确定买受人对隐蔽瑕疵提出异议的合理期间。 约定的检验期间或者质量保证期间短于法律、行政法规规定的检验期间或者质量保证期间的，人民法院应当以法律、行政法规规定的检验期间或者质量保证期间为准。	检验期间或质量保证期间过短	标的物检验	保留
第十九条　买受人在合理期间内提出异议，出卖人以买受人已经支付价款、确认欠款数额、使用标的物等为由，主张买受人放弃异议的，人民法院不予支持，但当事人另有约定的除外。	瑕疵异议之效果	标的物检验	保留
第二十条　合同法第一百五十八条规定的检验期间、合理期间、两年期间经过后，买受人主张标的物的数量或者质量不符合约定的，人民法院不予支持。 出卖人自愿承担违约责任后，又以上述期间经过为由翻悔的，人民法院不予支持。	异议期间经过后之法律效果	标的物检验	保留
第二十一条　买受人依约保留部分价款作为质量保证金，出卖人在质量保证期间未及时解决质量问题而影响标的物的价值或者使用效果，出卖人主张支付该部分价款的，人民法院不予支持。	质量保证金	违约责任	保留
第二十二条　买受人在检验期间、质量保证期间、合理期间内提出质量异议，出卖人未按要求予以修理或者因情况紧急，买受人自行或者通过第三人修理标的物后，主张出卖人负担因此发生的合理费用的，人民法院应予支持。	修理费用之负担	违约责任	保留
第二十三条　标的物质量不符合约定，买受人依照合同法第一百一十一条的规定要求减少价款的，人民法院应予支持。当事人主张以符合约定的标的物和实际交付的标的物按交付时的市场价值计算差价的，人民法院应予支持。 价款已经支付，买受人主张返还减价后多出部分价款的，人民法院应予支持。	减价责任	违约责任	保留

续表

《买卖合同司法解释》	内容主题	所属部分	处理
第二十四条　买卖合同对付款期限作出的变更，不影响当事人关于逾期付款违约金的约定，但该违约金的起算点应当随之变更。 买卖合同约定逾期付款违约金，买受人以出卖人接受价款时未主张逾期付款违约金为由拒绝支付该违约金的，人民法院不予支持。 买卖合同约定逾期付款违约金，但对账单、还款协议等未涉及逾期付款责任，出卖人根据对账单、还款协议等主张欠款时请求买受人依约支付逾期付款违约金的，人民法院应予支持，但对账单、还款协议等明确载有本金及逾期付款利息数额或者已经变更买卖合同中关于本金、利息等约定内容的除外。 买卖合同没有约定逾期付款违约金或者该违约金的计算方法，出卖人以买受人违约为由主张赔偿逾期付款损失的，人民法院可以中国人民银行同期同类人民币贷款基准利率为基础，参照逾期罚息利率标准计算。	逾期付款违约金	违约责任	保留
第二十五条　出卖人没有履行或者不当履行从给付义务，致使买受人不能实现合同目的，买受人主张解除合同的，人民法院应当根据合同法第九十四条第（四）项的规定，予以支持。	违反从给付义务的合同解除	违约责任	保留
第二十六条　买卖合同因违约而解除后，守约方主张继续适用违约金条款的，人民法院应予支持；但约定的违约金过分高于造成的损失的，人民法院可以参照合同法第一百一十四条第二款的规定处理。	违约解除与违约金条款	违约责任	保留
第二十七条　买卖合同当事人一方以对方违约为由主张支付违约金，对方以合同不成立、合同未生效、合同无效或者不构成违约等为由进行免责抗辩而未主张调整过高的违约金的，人民法院应当就法院若不支持免责抗辩，当事人是否需要主张调整违约金进行释明。 一审法院认为免责抗辩成立且未予释明，二审法院认为应当判决支付违约金的，可以直接释明并改判。	调整违约金的释名权	违约责任	保留

续表

《买卖合同司法解释》	内容主题	所属部分	处理
第二十九条　买卖合同当事人一方违约造成对方损失，对方主张赔偿可得利益损失的，人民法院应当根据当事人的主张，依据合同法第一百一十三条、第一百一十九条、本解释第三十条、第三十一条等规定进行认定。	可得利益损失之赔偿	违约责任	保留
第三十条　买卖合同当事人一方违约造成对方损失，对方对损失的发生也有过错，违约方主张扣减相应的损失赔偿额的，人民法院应予支持。	混合过错规则	违约责任	保留
第三十二条　合同约定减轻或者免除出卖人对标的物的瑕疵担保责任，但出卖人故意或者因重大过失不告知买受人标的物的瑕疵，出卖人主张依约减轻或者免除瑕疵担保责任的，人民法院不予支持。	瑕疵担保责任减免特约之效力	违约责任	保留
第三十三条　买受人在缔约时知道或者应当知道标的物质量存在瑕疵，主张出卖人承担瑕疵担保责任的，人民法院不予支持，但买受人在缔约时不知道该瑕疵会导致标的物的基本效用显著降低的除外。	物的瑕疵担保违约责任	违约责任	保留
第三十六条　买受人已经支付标的物总价款的百分之七十五以上，出卖人主张取回标的物的，人民法院不予支持。 在本解释第三十五条第一款第（三）项情形下，第三人依据物权法第一百零六条的规定已经善意取得标的物所有权或者其他物权，出卖人主张取回标的物的，人民法院不予支持。	取回权的限制	所有权保留	保留
第三十七条　出卖人取回标的物后，买受人在双方约定的或者出卖人指定的回赎期间内，消除出卖人取回标的物的事由，主张回赎标的物的，人民法院应予支持。 买受人在回赎期间内没有回赎标的物的，出卖人可以另行出卖标的物。 出卖人另行出卖标的物的，出卖所得价款依次扣除取回和保管费用、再交易费用、利息、未清偿的价金后仍有剩余的，应返还原买受人；如有不足，出卖人要求原买受人清偿的，人民法院应予支持，但原买受人有证据证明出卖人另行出卖的价格明显低于市场价格的除外。	已取回标的物之再出卖	所有权保留	保留

续表

《买卖合同司法解释》	内容主题	所属部分	处理
第三十八条　合同法第一百六十七条第一款规定的“分期付款”，系指买受人将应付的总价款在一定期间内至少分三次向出卖人支付。 分期付款买卖合同的约定违反合同法第一百六十七条第一款的规定，损害买受人利益，买受人主张该约定无效的，人民法院应予支持。	分期付款的界定及无效特约	特种买卖	保留
第三十九条　分期付款买卖合同约定出卖人在解除合同时可以扣留已受领价金，出卖人扣留的金额超过标的物使用费以及标的物受损赔偿额，买受人请求返还超过部分的，人民法院应予支持。 当事人对标的物的使用费没有约定的，人民法院可以参照当地同类标的物的租金标准确定。	解约扣款的规制	特种买卖	保留
第四十条　合同约定的样品质量与文字说明不一致且发生纠纷时当事人不能达成合意，样品封存后外观和内在品质没有发生变化的，人民法院应当以样品为准；外观和内在品质发生变化，或者当事人对是否发生变化有争议而又无法查明的，人民法院应当以文字说明为准。	样品质量与文字说明不一致的处理	特种买卖保留	保留
第四十一条　试用买卖的买受人在试用期内已经支付一部分价款的，人民法院应当认定买受人同意购买，但合同另有约定的除外。 在试用期内，买受人对标的物实施了出卖、出租、设定担保物权等非试用行为的，人民法院应当认定买受人同意购买。	同意购买的推定	特种买卖	保留
第四十二条　买卖合同存在下列约定内容之一的，不属于试用买卖。买受人主张属于试用买卖的，人民法院不予支持： （一）约定标的物经过试用或者检验符合一定要求时，买受人应当购买标的物； （二）约定第三人经试验对标的物认可时，买受人应当购买标的物； （三）约定买受人在一定期间内可以调换标的物； （四）约定买受人在一定期间内可以退还标的物。	试用买卖之排除	特种买卖	保留
第四十三条　试用买卖的当事人没有约定使用费或者约定不明确，出卖人主张买受人支付使用费的，人民法院不予支持。	试用买卖试用费	特种买卖	保留

表 2-11 《买卖合同司法解释》中程序施行类司法解释的处理方案

《买卖合同司法解释》	条款类别	处理
第四条 人民法院在按照合同法的规定认定电子交易合同的成立及效力的同时，还应当适用电子签名法的相关规定。	法律适用	保留
第十七条 人民法院具体认定合同法第一百五十八条第二款规定的“合理期间”时，应当综合当事人之间的交易性质、交易目的、交易方式、交易习惯、标的物的种类、数量、性质、安装和使用情况、瑕疵的性质、买受人应尽的合理注意义务、检验方法和难易程度、买受人或者检验人所处的具体环境、自身技能以及其他合理因素，依据诚实信用原则进行判断。 合同法第一百五十八条第二款规定的“两年”是最长的合理期间。该期间为不变期间，不适用诉讼时效中止、中断或者延长的规定。	时效条款	保留
第四十四条 出卖人履行交付义务后诉请买受人支付价款，买受人以出卖人违约在先为由提出异议的，人民法院应当按照下列情况分别处理：(一)买受人拒绝支付违约金、拒绝赔偿损失或者主张出卖人应当采取减少价款等补救措施的，属于提出抗辩；(二)买受人主张出卖人应支付违约金、赔偿损失或者要求解除合同的，应当提起反诉。	抗辩条款	保留
第四十五条 法律或者行政法规对债权转让、股权转让等权利转让合同有规定的，依照其规定；没有规定的，人民法院可以根据合同法第一百二十四条和第一百七十四条的规定，参照适用买卖合同的有关规定。 权利转让或者其他有偿合同参照适用买卖合同的有关规定的，人民法院应当首先引用合同法第一百七十四条的规定，再引用买卖合同的有关规定。	参照适用	保留
第四十六条 本解释施行前本院发布的有关购销合同、销售合同等有偿转移标的物所有权的合同的规定，与本解释抵触的，自本解释施行之日起不再适用。 本解释施行后尚未终审的买卖合同纠纷案件，适用本解释；本解释施行前已经终审，当事人申请再审或者按照审判监督程序决定再审的，不适用本解释。	施行条款	清理

表 2-12 《商品房买卖合同司法解释》中法律续造类司法解释的对比及处理方案

《商品房买卖合同司法解释》	原《合同法》	《一审稿》	《二审稿》	《民法典》	处理
第十五条　根据《合同法》第九十四条的规定，出卖人迟延交付房屋或者买受人迟延支付购房款，经催告后在三个月的合理期限内仍未履行，当事人一方请求解除合同的，应予支持，但当事人另有约定的除外。 法律没有规定或者当事人没有约定，经对方当事人催告后，解除权行使的合理期限为三个月。对方当事人没有催告的，解除权应当在解除权发生之日起一年内行使；逾期不行使的，解除权消灭。	第九十五条　法律规定或者当事人约定解除权行使期限，期限届满当事人不行使的，该权利消灭。法律没有规定或者当事人没有约定解除权行使期限，经对方催告后在合理期限内不行使的，该权利消灭。	第三百五十四条　法律规定或者当事人约定解除权行使期限，期限届满当事人不行使的，该权利消灭。 法律没有规定或者当事人没有约定解除权行使期限，经对方催告后在合理期限内不行使的，或者自解除权人知道或者应当知道解除事由之日起一年内不行使的，该权利消灭。	同	第五百六十四条　法律规定或者当事人约定解除权行使期限，期限届满当事人不行使的，该权利消灭。 法律没有规定或者当事人没有约定解除权行使期限，自解除权人知道或者应当知道解除事由之日起一年内不行使，或者经对方催告后在合理期限内不行使的，该权利消灭。	部分吸收

表 2-13 《商品房买卖合同司法解释》中技术说明类司法解释的处理方案

《商品房买卖合同司法解释》	内容主题	所属部分	处理建议
第一条　本解释所称的商品房买卖合同，是指房地产开发企业（以下统称为出卖人）将尚未建成或者已竣工的房屋向社会销售并转移房屋所有权于买受人，买受人支付价款的合同。	《商品房买卖合同司法解释》的适用范围	商品房买卖合同的司法认定	保留
第二条　出卖人未取得商品房预售许可证明，与买受人订立的商品房预售合同，应当认定无效，但是在起诉前取得商品房预售许可证明的，可以认定有效。	未获商品房预售许可所签商品房预售合同的效力	商品房买卖合同的司法认定	保留
第三条　商品房的销售广告和宣传资料为要约邀请，但是出卖人就商品房开发规划范围内的房屋及相关设施所作的说明和允诺具体确定，并对商品房买卖合同的订立以及房屋价格的确定有重大影响的，应当视为要约。该说明和允诺即使未载入商品房买卖合同，亦应当视为合同内容，当事人违反的，应当承担违约责任。	商品房销售广告可否视为要约	商品房买卖合同的司法认定	保留
第四条　出卖人通过认购、订购、预订等方式向买受人收受定金作为订立商品房买卖合同担保的，如果因当事人一方原因未能订立商品房买卖合同，应当按照法律关于定金的规定处理；因不可归责于当事人双方的事由，导致商品房买卖合同未能订立的，出卖人应当将定金返还买受人。	商品房认购协议中定金纠纷的司法处理	商品房买卖的司法认定	保留
第五条　商品房的认购、订购、预订等协议具备《商品房销售管理办法》第十六条规定的商品房买卖合同的主要内容，并且出卖人已经按照约定收受购房款的，该协议应当认定为商品房买卖合同。	商品房买卖中预约与本约的区分	商品房买卖的司法认定	保留

续表

《商品房买卖合同司法解释》	内容主题	所属部分	处理建议
第六条　当事人以商品房预售合同未按照法律、行政法规规定办理登记备案手续为由，请求确认合同无效的，不予支持。 当事人约定以办理登记备案手续为商品房预售合同生效条件的，从其约定，但当事人一方已经履行主要义务，对方接受的除外。	登记备案手续对商品房预售合同效力影响	商品房买卖的司法认定	保留
第七条　拆迁人与被拆迁人按照所有权调换形式订立拆迁补偿安置协议，明确约定拆迁人以位置、用途特定的房屋对被拆迁人予以补偿安置，如果拆迁人将该补偿安置房屋另行出卖给第三人，被拆迁人请求优先取得补偿安置房屋的，应予支持。 被拆迁人请求解除拆迁补偿安置协议的，按照本解释第八条的规定处理。	被拆迁人有权取得房屋所有权	商品房买卖的司法认定	保留
第八条　具有下列情形之一，导致商品房买卖合同目的不能实现的，无法取得房屋的买受人可以请求解除合同、返还已付购房款及利息、赔偿损失，并可以请求出卖人承担不超过已付购房款一倍的赔偿责任： （一）商品房买卖合同订立后，出卖人未告知买受人又将该房屋抵押给第三人； （二）商品房买卖合同订立后，出卖人又将该房屋出卖给第三人。	恶意违约承担惩罚性赔偿责任	商品房买卖合同违约责任承担	保留
第九条　出卖人订立商品房买卖合同时，具有下列情形之一，导致合同无效或者被撤销、解除的，买受人可以请求返还已付购房款及利息、赔偿损失，并可以请求出卖人承担不超过已付购房款一倍的赔偿责任： （一）故意隐瞒没有取得商品房预售许可证明的事实或者提供虚假商品房预售许可证明； （二）故意隐瞒所售房屋已经抵押的事实； （三）故意隐瞒所售房屋已经出卖给第三人或者为拆迁补偿安置房屋的事实。	恶意违约承担惩罚性赔偿责任	商品房买卖合同违约责任承担	保留
第十条　买受人以出卖人与第三人恶意串通，另行订立商品房买卖合同并将房屋交付使用，导致其无法取得房屋为由，请求确认出卖人与第三人订立的商品房买卖合同无效的，应予支持。	恶意串通订立商品房买卖合同的效力	商品房交付的司法认定	保留

续表

《商品房买卖合同司法解释》	内容主题	所属部分	处理建议
第十一条　对房屋的转移占有，视为房屋的交付使用，但当事人另有约定的除外。 房屋毁损、灭失的风险，在交付使用前由出卖人承担，交付使用后由买受人承担；买受人接到出卖人的书面交房通知，无正当理由拒绝接收的，房屋毁损、灭失的风险自书面交房通知确定的交付使用之日起由买受人承担，但法律另有规定或者当事人另有约定的除外。	房屋的交付使用及风险承担	商品房交付的司法处理	保留
第十二条　因房屋主体结构质量不合格不能交付使用，或者房屋交付使用后，房屋主体结构质量经核验确属不合格，买受人请求解除合同和赔偿损失的，应予支持。	房屋存在质量问题时的法律责任	商品房交付的司法处理	保留
第十三条　因房屋质量问题严重影响正常居住使用，买受人请求解除合同和赔偿损失的，应予支持。 交付使用的房屋存在质量问题，在保修期内，出卖人应当承担修复责任；出卖人拒绝修复或者在合理期限内拖延修复的，买受人可以自行或者委托他人修复。修复费用及修复期间造成的其他损失由出卖人承担。	房屋存在质量问题时的法律责任	商品房交付的司法处理	保留
第十四条　出卖人交付使用的房屋套内建筑面积或者建筑面积与商品房买卖合同约定面积不符，合同有约定的，按照约定处理；合同没有约定或者约定不明确的，按照以下原则处理：(一)面积误差比绝对值在3％以内(含3％)，按照合同约定的价格据实结算，买受人请求解除合同的，不予支持；(二)面积误差比绝对值超出3％，买受人请求解除合同、返还已付购房款及利息的，应予支持。买受人同意继续履行合同，房屋实际面积大于合同约定面积的，面积误差比在3％以内(含3％)部分的房价款由买受人按照约定的价格补足，面积误差比超出3％部分的房价款由出卖人承担，所有权归买受人；房屋实际面积小于合同约定面积的，面积误差比在3％以内(含3％)部分的房价款及利息由出卖人返还买受人，面积误差比超过3％部分的房价款由出卖人双倍返还买受人。	房屋面积误差的处理	商品房交付的司法处理	保留

续表

《商品房买卖合同司法解释》	内容主题	所属部分	处理建议
第十六条 当事人以约定的违约金过高为由请求减少的，应当以违约金超过造成的损失30% 为标准适当减少；当事人以约定的违约金低于造成的损失为由请求增加的，应当以违约造成的损失确定违约金数额。	违约金数额的调整	商品房买卖合同违约责任承担	保留
第十七条 商品房买卖合同没有约定违约金数额或者损失赔偿额计算方法，违约金数额或者损失赔偿额可以参照以下标准确定： 逾期付款的，按照未付购房款总额，参照中国人民银行规定的金融机构计收逾期贷款利息的标准计算。 逾期交付使用房屋的，按照逾期交付使用房屋期间有关主管部门公布或者有资格的房地产评估机构评定的同地段同类房屋租金标准确定。	商品房买卖合同中违约金数额的确定	商品房买卖合同违约责任承担	保留
第十八条 由于出卖人的原因，买受人在下列期限届满未能取得房屋权属证书的，除当事人有特殊约定外，出卖人应当承担违约责任： （一）商品房买卖合同约定的办理房屋所有权登记的期限； （二）商品房买卖合同的标的物为尚未建成房屋的，自房屋交付使用之日起 90 日； （三）商品房买卖合同的标的物为已竣工房屋的，自合同订立之日起 90 日。 合同没有约定违约金或者损失数额难以确定的，可以按照已付购房款总额，参照中国人民银行规定的金融机构计收逾期贷款利息的标准计算。	迟延办证的情形	商品房买卖合同违约责任担保	保留
第十九条 商品房买卖合同约定或者《城市房地产开发经营管理条例》第三十三条规定的办理房屋所有权登记的期限届满后超过一年，由于出卖人的原因，导致买受人无法办理房屋所有权登记，买受人请求解除合同和赔偿损失的，应予支持。	迟延办证的法律后果	商品房买卖合同违约责任担保	保留
第二十条 出卖人与包销人订立商品房包销合同，约定出卖人将其开发建设的房屋交由包销人以出卖人的名义销售的，包销期满未销售的房屋，由包销人按照合同约定的包销价格购买，但当事人另有约定的除外。	商品房包销合同的法律问题	商品房交付的司法认定	保留

续表

《商品房买卖合同司法解释》	内容主题	所属部分	处理建议
第二十一条　出卖人自行销售已经约定由包销人包销的房屋，包销人请求出卖人赔偿损失的，应予支持，但当事人另有约定的除外。	商品房包销合同的法律问题	商品房交付的司法认定	保留
第二十三条　商品房买卖合同约定，买受人以担保贷款方式付款、因当事人一方原因未能订立商品房担保贷款合同并导致商品房买卖合同不能继续履行的，对方当事人可以请求解除合同和赔偿损失。因不可归责于当事人双方的事由未能订立商品房担保贷款合同并导致商品房买卖合同不能继续履行的，当事人可以请求解除合同，出卖人应当将收受的购房款本金及其利息或者定金返还买受人。	“按揭障碍”对商品房买卖合同的影响	商品房按揭贷款的司法处理	保留
第二十四条　因商品房买卖合同被确认无效或者被撤销、解除，致使商品房担保贷款合同的目的无法实现，当事人请求解除商品房担保贷款合同的，应予支持。	商品房买卖合同解除对担保贷款合同的影响	商品房按揭贷款的司法处理	保留

表 2-14 《商品房买卖合同司法解释》中程序施行类司法解释的处理方案

《商品房买卖合同司法解释》	条款类别	处理
第二十二条 对于买受人因商品房买卖合同与出卖人发生的纠纷，人民法院应当通知包销人参加诉讼；出卖人、包销人和买受人对各自的权利义务有明确约定的，按照约定的内容确定各方的诉讼地位。	第三人条款	保留
第二十五条 以担保贷款为付款方式的商品房买卖合同的当事人一方请求确认商品房买卖合同无效或者撤销、解除合同的，如果担保权人作为有独立请求权第三人提出诉讼请求，应当与商品房担保贷款合同纠纷合并审理；未提出诉讼请求的，仅处理商品房买卖合同纠纷。担保权人就商品房担保贷款合同纠纷另行起诉的，可以与商品房买卖合同纠纷合并审理。 商品房买卖合同被确认无效或者被撤销、解除后，商品房担保贷款合同也被解除的，出卖人应当将收受的购房贷款和购房款的本金及利息分别返还担保权人和买受人。	第三人条款	保留
第二十六条 买受人未按照商品房担保贷款合同的约定偿还贷款，亦未与担保权人办理商品房抵押登记手续，担保权人起诉买受人，请求处分商品房买卖合同项下买受人合同权利的，应当通知出卖人参加诉讼；担保权人同时起诉出卖人时，如果出卖人为商品房担保贷款合同提供保证的，应当列为共同被告。	追加当事人条款	保留
第二十七条 买受人未按照商品房担保贷款合同的约定偿还贷款，但是已经取得房屋权属证书并与担保权人办理了商品房抵押登记手续，抵押权人请求买受人偿还贷款或者就抵押的房屋优先受偿的，不应当追加出卖人为当事人，但出卖人提供保证的除外。	追加当事人条款	保留
第二十八条 本解释自 2003 年 6 月 1 日起施行。 《中华人民共和国城市房地产管理法》施行后订立的商品房买卖合同发生的纠纷案件，本解释公布施行后尚在一审、二审阶段的，适用本解释。 《中华人民共和国城市房地产管理法》施行后订立的商品房买卖合同发生的纠纷案件，在本解释公布施行前已经终审，当事人申请再审或者按照审判监督程序决定再审的，不适用本解释。 《中华人民共和国城市房地产管理法》施行前发生的商品房买卖行为，适用当时的法律、法规和《最高人民法院〈关于审理房地产管理法施行前房地产开发经营案件若干问题的解答〉》。	施行条款	清理

三、《房屋租赁合同司法解释》三类条文对比及处理方案

在《房屋租赁合同司法解释》中，属于法律续造类司法解释的条文共有 5 条，分别是第 15 条～第 17 条、第 23 条、第 24 条（见表 2-15）；技术说明类司法解释条文较多，共有 19 条，分别是第 1 条～第 14 条、第 18 条～第 22 条（见表 2-16）；程序施行类司法解释的条文较少，只有 1 条，即第 25 条（见表 2-17）。《房屋租赁合同司法解释》于 2009 年出台，是司法实践中处理城镇房屋租赁合同纠纷准确适用法律的依据，该司法解释针对合同法分则中租赁合同适用中亟须解决的问题，给出了较为明确的司法意见，其中技术说明类司法解释占比最高，达 76.0%，法律续造类司法解释占比较低，为 20.0%，程序施行类司法解释占比最低，为 4.0%。

四、《融资租赁合同司法解释》三类条文对比及处理方案

在《融资租赁合同司法解释》中，属于法律续造类司法解释的条文有 10 条，分别为第 2 条、第 5 条～第 7 条、第 10 条～第 12 条、第 16 条～第 18 条（见表 2-18）；技术说明类司法解释条文较多，共有 13 条，分别是第 1 条、第 3 条、第 4 条、第 8 条、第 9 条、第 13 条～第 15 条、第 19 条～第 23 条（见表 2-19）；程序施行类司法解释的条文较少，有 3 条，分别是第 24 条～第 26 条（见表 2-20）。《融资租赁合同司法解释》于 2014 年出台，是司法实践中处理融资租赁合同纠纷准确适用法律的依据，该司法解释针对合同法分则中融资租赁合同适用中亟须解决的问题，给出了较为明确的司法意见，其中技术说明类司法解释占比最高，达 50.0%，程序施行类司法解释占比较少，为 11.5%，而法律续造类司法解释占比为 38.5%。

表 2-15 《房屋租赁合同司法解释》中法律续造类司法解释的对比及处理方案

《房屋租赁合同司法解释》	原《合同法》	《一审稿》	《二审稿》	《民法典》	处理
第十五条 承租人经出租人同意将租赁房屋转租给第三人时，转租期限超过承租人剩余租赁期限的，人民法院应当认定超过部分的约定无效。但出租人与承租人另有约定的除外。	第二百二十四条 承租人经出租人同意，可以将租赁物转租给第三人。承租人转租的，承租人与出租人之间的租赁合同继续有效，第三人对租赁物造成损失的，承租人应当赔偿损失。承租人未经出租人同意转租的，出租人可以解除合同。	第五百零八条 承租人经出租人同意将租赁物转租给第三人，转租期限超过承租人剩余租赁期限的，超过部分的约定对出租人不具有法律约束力，但是出租人与承租人另有约定的除外。	同	第七百一十七条 承租人经出租人同意将租赁物转租给第三人，转租期限超过承租人剩余租赁期限的，超过部分的约定对出租人不具有法律约束力，但是出租人与承租人另有约定的除外。	全部吸收
第十六条 出租人知道或者应当知道承租人转租，但在六个月内未提出异议，其以承租人未经同意为由请求解除合同或者认定转租合同无效的，人民法院不予支持。 因租赁合同产生的纠纷案件，人民法院可以通知次承租人作为第三人参加诉讼。		第五百零九条 出租人知道或者应当知道承租人转租，但是在六个月内未提出异议的，视为出租人同意转租。	同	第七百一十八条 出租人知道或者应当知道承租人转租，但是在六个月内未提出异议的，视为出租人同意转租。	全部吸收
第十七条 因承租人拖欠租金，出租人请求解除合同时，次承租人请求代承租人支付欠付的租金和违约金以抗辩出租人合同解除权的，人民法院应予支持。但转租合同无效的除外。次承租人代为支付的租金和违约金超出其应付的租金数额，可以折抵租金或者向承租人追偿。		第五百一十条 承租人拖欠租金的，次承租人可以代承租人支付其欠付的租金和违约金，但是转租合同无效的除外。次承租人代为支付的租金和违约金超出其应付的租金数额的，可以折抵次承租人应当向承租人支付的租金或者向承租人追偿。	同	第七百一十九条 承租人拖欠租金的，次承租人可以代承租人支付其欠付的租金和违约金，但是转租合同对出租人不具有法律约束力的除外。 次承租人代为支付的租金和违约金，可以充抵次承租人应当向承租人支付的租金；超出其应付的租金数额的，可以向承租人追偿。	全部吸收

续表

《房屋租赁合同司法解释》	原《合同法》	《一审稿》	《二审稿》	《民法典》	处理
第二十三条　出租人委托拍卖人拍卖租赁房屋，应当在拍卖5日前通知承租人。承租人未参加拍卖的，人民法院应当认定承租人放弃优先购买权。	第二百三十条　出租人出卖租赁房屋的，应当在出卖之前的合理期限内通知承租人，承租人享有以同等条件优先购买的权利。	第五百一十九条　出租人委托拍卖人拍卖租赁房屋的，应当在拍卖五日前通知承租人。承租人未参加拍卖的，视为放弃优先购买权。	同	第七百二十七条　出租人委托拍卖人拍卖租赁房屋的，应当在拍卖五日前通知承租人。承租人未参加拍卖的，视为放弃优先购买权。	全部吸收
第二十四条　具有下列情形之一，承租人主张优先购买房屋的，人民法院不予支持：(一)房屋共有人行使优先购买权的；(二)出租人将房屋出卖给近亲属，包括配偶、父母、子女、兄弟姐妹、祖父母、外祖父母、孙子女、外孙子女的；(三)出租人履行通知义务后，承租人在十五日内未明确表示购买的；(四)第三人善意购买租赁房屋并已经办理登记手续的。		第五百一十七条　出租人出卖租赁房屋的，应当在出卖之前的合理期限内通知承租人，承租人享有以同等条件优先购买的权利，但是房屋共有人行使优先购买权或者出租人将房屋出卖给近亲属的除外。出租人履行通知义务后，承租人在十五日内未明确表示购买的，视为承租人放弃优先购买权。	同	第七百二十六条　出租人出卖租赁房屋的，应当在出卖之前的合理期限内通知承租人，承租人享有以同等条件优先购买的权利；但是，房屋按份共有人行使优先购买权或者出租人将房屋出卖给近亲属的除外。 出租人履行通知义务后，承租人在十五日内未明确表示购买的，视为承租人放弃优先购买权。	全部吸收

表 2-16 《房屋租赁合同司法解释》中技术说明类司法解释的处理方案

《房屋租赁合同司法解释》	内容主题	所属部分	处理
第一条 本解释所称城镇房屋，是指城市、镇规划区内的房屋。 乡、村庄规划区内的房屋租赁合同纠纷案件，可以参照本解释处理。但法律另有规定的，适用其规定。 当事人依照国家福利政策租赁公有住房、廉租住房、经济适用住房产生的纠纷案件，不适用本解释。	房屋租赁合同司法解释的适用范围	司法解释的适用范围	保留
第二条 出租人就未取得建设工程规划许可证或者未按照建设工程规划许可证的规定建设的房屋，与承租人订立的租赁合同无效。但在一审法庭辩论终结前取得建设工程规划许可证或者经主管部门批准建设的，人民法院应当认定有效。	违法建筑物租赁合同无效	房屋租赁合同的效力认定	保留
第三条 出租人就未经批准或者未按照批准内容建设的临时建筑，与承租人订立的租赁合同无效。但在一审法庭辩论终结前经主管部门批准建设的，人民法院应当认定有效。 租赁期限超过临时建筑的使用期限，超过部分无效。但在一审法庭辩论终结前经主管部门批准延长使用期限的，人民法院应当认定延长使用期限内的租赁期间有效。	违法临时建筑物租赁合同无效	房屋租赁合同的效力认定	保留
第四条 当事人以房屋租赁合同未按照法律、行政法规规定办理登记备案手续为由，请求确认合同无效的，人民法院不予支持。 当事人约定以办理登记备案手续为房屋租赁合同生效条件的，从其约定。但当事人一方已经履行主要义务，对方接受的除外。	登记备案与房屋租赁合同的效力	房屋租赁合同的效力认定	保留
第五条 房屋租赁合同无效，当事人请求参照合同约定的租金标准支付房屋占有使用费的，人民法院一般应予支持。 当事人请求赔偿因合同无效受到的损失，人民法院依照合同法的有关规定和本司法解释第九条、第十三条、第十四条的规定处理。	无效合同的处理	房屋租赁合同的司法处理	保留

续表

《房屋租赁合同司法解释》	内容主题	所属部分	处理
第六条　出租人就同一房屋订立数份租赁合同，在合同均有效的情况下，承租人均主张履行合同的，人民法院按照下列顺序确定履行合同的承租人：(一)已经合法占有租赁房屋的；(二)已经办理登记备案手续的；(三)合同成立在先的。 不能取得租赁房屋的承租人请求解除合同、赔偿损失的，依照合同法的有关规定处理。	一房数租的处理原则	房屋租赁合同的司法处理	保留
第七条　承租人擅自变动房屋建筑主体和承重结构或者扩建，在出租人要求的合理期限内仍不予恢复原状，出租人请求解除合同并要求赔偿损失的，人民法院依照合同法第二百一十九条的规定处理。	出租人的合同解除权	房屋租赁解除权的认定	保留
第八条　因下列情形之一，导致租赁房屋无法使用，承租人请求解除合同的，人民法院应予支持：(一)租赁房屋被司法机关或者行政机关依法查封的；(二)租赁房屋权属有争议的；(三)租赁房屋具有违反法律、行政法规关于房屋使用条件强制性规定情况的。	承租人的合同解除权	房屋租赁解除权的认定	保留
第九条　承租人经出租人同意装饰装修，租赁合同无效时，未形成附合的装饰装修物，出租人同意利用的，可折价归出租人所有；不同意利用的，可由承租人拆除。因拆除造成房屋毁损的，承租人应当恢复原状。 已形成附合的装饰装修物，出租人同意利用的，可折价归出租人所有；不同意利用的，由双方各自按照导致合同无效的过错分担现值损失。	合同无效时经同意的装饰装修物的处理	租赁房屋装饰装修、扩建纠纷的处理	保留
第十条　承租人经出租人同意装饰装修，租赁期间届满或者合同解除时，除当事人另有约定外，未形成附合的装饰装修物，可由承租人拆除。因拆除造成房屋毁损的，承租人应当恢复原状。	合同届满或解除时未形成附和的装饰装修物的处理	租赁房屋装饰装修、扩建纠纷的处理	保留

续表

《房屋租赁合同司法解释》	内容主题	所属部分	处理
第十一条　承租人经出租人同意装饰装修，合同解除时，双方对已形成附合的装饰装修物的处理没有约定的，人民法院按照下列情形分别处理：（一）因出租人违约导致合同解除，承租人请求出租人赔偿剩余租赁期内装饰装修残值损失的，应予支持；（二）因承租人违约导致合同解除，承租人请求出租人赔偿剩余租赁期内装饰装修残值损失的，不予支持。但出租人同意利用的，应在利用价值范围内予以适当补偿；（三）因双方违约导致合同解除，剩余租赁期内的装饰装修残值损失，由双方根据各自的过错承担相应的责任；（四）因不可归责于双方的事由导致合同解除的，剩余租赁期内的装饰装修残值损失，由双方按照公平原则分担。法律另有规定的，适用其规定。	合同解除时形成附和的装饰装修物的处理	租赁房屋装饰装修、扩建纠纷的处理	保留
第十二条　承租人经出租人同意装饰装修，租赁期间届满时，承租人请求出租人补偿附合装饰装修费用的，不予支持。但当事人另有约定的除外。	租赁期间届满时附合装饰装修物的处理	租赁房屋装饰装修、扩建纠纷的处理	保留
第十三条　承租人未经出租人同意装饰装修或者扩建发生的费用，由承租人负担。出租人请求承租人恢复原状或者赔偿损失的，人民法院应予支持。	承租人擅自装饰装修、扩建费用的处理	租赁房屋装饰装修、扩建纠纷的处理	保留
第十四条　承租人经出租人同意扩建，但双方对扩建费用的处理没有约定的，人民法院按照下列情形分别处理：（一）办理合法建设手续的，扩建造价费用由出租人负担；（二）未办理合法建设手续的，扩建造价费用由双方按照过错分担。	房屋扩建费用的处理	租赁房屋装饰装修、扩建纠纷的处理	保留
第十八条　房屋租赁合同无效、履行期限届满或者解除，出租人请求负有腾房义务的次承租人支付逾期腾房占有使用费的，人民法院应予支持。	次承租人逾期腾房的处理	几种特殊情况的司法处理	保留

续表

《房屋租赁合同司法解释》	内容主题	所属部分	处理
第十九条　承租人租赁房屋用于以个体工商户或者个人合伙方式从事经营活动，承租人在租赁期间死亡、宣告失踪或者宣告死亡，其共同经营人或者其他合伙人请求按照原租赁合同租赁该房屋的，人民法院应予支持。	房屋租赁合同的概括继受	几种特殊情况的司法处理	保留
第二十条　租赁房屋在租赁期间发生所有权变动，承租人请求房屋受让人继续履行原租赁合同的，人民法院应予支持。但租赁房屋具有下列情形或者当事人另有约定的除外：(一)房屋在出租前已设立抵押权，因抵押权人实现抵押权发生所有权变动的；(二)房屋在出租前已被人民法院依法查封的。	买卖不破租赁的例外情形	几种特殊情况的司法处理	保留
第二十一条　出租人出卖租赁房屋未在合理期限内通知承租人或者存在其他侵害承租人优先购买权情形，承租人请求出租人承担赔偿责任的，人民法院应予支持。但请求确认出租人与第三人签订的房屋买卖合同无效的，人民法院不予支持。	侵害承租人优先购买权的损害赔偿责任	几种特殊情况的司法处理	保留
第二十二条　出租人与抵押权人协议折价、变卖租赁房屋偿还债务，应当在合理期限内通知承租人。承租人请求以同等条件优先购买房屋的，人民法院应予支持。	承租人优先购买权的保护	几种特殊情况的司法处理	保留

表 2-17　《房屋租赁合同司法解释》中程序施行类司法解释的处理方案

《房屋租赁合同司法解释》	条款类别	处理建议
第二十五条　本解释施行前已经终审，本解释施行后当事人申请再审或者按照审判监督程序决定再审的案件，不适用本解释。	施行条款	删除

表 2-18 《融资租赁合同司法解释》中法律续造类司法解释的对比及处理方案

《融资租赁合同司法解释》	原《合同法》	《一审稿》	《二审稿》	《民法典》	处理
第二条 承租人将其自有物出卖给出租人，再通过融资租赁合同将租赁物从出租人处租回的，人民法院不应仅以承租人和出卖人系同一人为由认定不构成融资租赁法律关系。	第二百三十七条 融资租赁合同是出租人根据承租人对出卖人、租赁物的选择，向出卖人购买租赁物，提供给承租人使用，承租人支付租金的合同。	第五百二十六条……承租人将其自有物出卖给出租人，再通过融资租赁合同将租赁物从出租人处租回的，承租人和出卖人系同一人不影响融资租赁合同的成立。	同	第七百三十五条 融资租赁合同是出租人根据承租人对出卖人、租赁物的选择，向出卖人购买租赁物，提供给承租人使用，承租人支付租金的合同。	保留
第五条 出卖人违反合同约定的向承租人交付标的物的义务，承租人因下列情形之一拒绝受领租赁物的，人民法院应予支持：（一）租赁物严重不符合约定的；（二）出卖人未在约定的交付期间或者合理期间内交付租赁物，经承租人或者出租人催告，在催告期满后仍未交付的。 承租人拒绝受领租赁物，未及时通知出租人，或者无正当理由拒绝受领租赁物，造成出租人损失，出租人向承租人主张损害赔偿的，人民法院应予支持。	第二百三十九条 出租人根据承租人对出卖人、租赁物的选择订立的买卖合同，出卖人应当按照约定向承租人交付标的物，承租人享有与受领标的物有关的买受人的权利。	第五百三十一条 出卖人违反向承租人交付标的物的义务，有下列情形之一的，承租人可以拒绝受领出卖人向其交付的租赁物：（一）租赁物严重不符合约定；（二）出卖人未在约定期间或者合理期间内交付租赁物，经承租人或者出租人催告，在催告期满后仍未交付。承租人拒绝受领租赁物的，应当及时通知出租人。	同	第七百四十条 出卖人违反向承租人交付标的物的义务，有下列情形之一的，承租人可以拒绝受领出卖人向其交付的租赁物： （一）租赁物严重不符合约定； （二）未按照约定交付租赁物，经承租人或者出租人催告后在合理期限内仍未交付。 承租人拒绝受领标的物的，应当及时通知出租人。	全部吸收

续表

《融资租赁合同司法解释》	原《合同法》	《一审稿》	《二审稿》	《民法典》	处理
第六条　承租人对出卖人行使索赔权，不影响其履行融资租赁合同项下支付租金的义务，但承租人以依赖出租人的技能确定租赁物或者出租人干预选择租赁物为由，主张减轻或者免除相应租金支付义务的除外。	第二百四十条　出租人、出卖人、承租人可以约定，出卖人不履行买卖合同义务的，由承租人行使索赔的权利。承租人行使索赔权利的，出租人应当协助。	第五百三十三条　承租人对出卖人行使索赔权利，不影响其履行支付租金的义务，但是承租人依赖出租人的技能确定租赁物或者出租人干预选择租赁物的，承租人可以要求减轻或者免除相应租金的支付义务。	同	第七百四十二条　承租人对出卖人行使索赔权利，不影响其履行支付租金的义务。但是，承租人依赖出租人的技能确定租赁物或者出租人干预选择租赁物的，承租人可以请求减免相应租金。	全部吸收
第七条　承租人占有租赁物期间，租赁物毁损、灭失的风险由承租人承担，出租人要求承租人继续支付租金的，人民法院应予支持。但当事人另有约定或者法律另有规定的除外。	无	第五百四十三条　承租人占有租赁物期间，租赁物毁损、灭失的，出租人有权要求承租人继续支付租金，但是法律另有规定或者当事人另有约定的除外。	同	第七百五十一条　承租人占有租赁物期间，租赁物毁损、灭失的，出租人有权请求承租人继续支付租金，但是法律另有规定或者当事人另有约定的除外。	全部吸收
第十条　当事人约定租赁期间届满后租赁物归出租人的，因租赁物毁损、灭失或者附合、混同于他物导致承租人不能返还，出租人要求其给予合理补偿的，人民法院应予支持。	无	第五百四十九条……当事人约定租赁期间届满租赁物归出租人所有，因租赁物毁损、灭失或者附合、混合于他物致使承租人不能返还的，出租人有权要求承租人给予合理补偿。	同	第七百五十八条……当事人约定租赁期限届满租赁物归出租人所有，因租赁物毁损、灭失或者附合、混合于他物致使承租人不能返还的，出租人有权要求承租人给予合理补偿。	全部吸收

续表

《融资租赁合同司法解释》	原《合同法》	《一审稿》	《二审稿》	《民法典》	处理
第十一条　有下列情形之一，出租人或者承租人请求解除融资租赁合同的，人民法院应予支持：(一)出租人与出卖人订立的买卖合同解除、被确认无效或者被撤销，且双方未能重新订立买卖合同的；(二)租赁物因不可归责于双方的原因意外毁损、灭失，且不能修复或者确定替代物的；(三)因出卖人的原因致使融资租赁合同的目的不能实现的。	无	第五百四十六条　有下列情形之一的，出租人或者承租人可以解除融资租赁合同：(一)出租人与出卖人订立的买卖合同解除、被确认无效或者被撤销，且未能重新订立买卖合同；(二)租赁物因不可归责于当事人的原因毁损、灭失，且不能修复或者确定替代物；(三)因出卖人的原因致使融资租赁合同的目的不能实现。	同	第七百五十四条　有下列情形之一的，出租人或者承租人可以解除融资租赁合同： (一)出租人与出卖人订立的买卖合同解除、被确认无效或者被撤销，且未能重新订立买卖合同； (二)租赁物因不可归责于当事人的原因毁损、灭失，且不能修复或者确定替代物； (三)因出卖人的原因致使融资租赁合同的目的不能实现。	全部吸收

续表

《融资租赁合同司法解释》	原《合同法》	《一审稿》	《二审稿》	《民法典》	处理
第十二条　有下列情形之一，出租人请求解除融资租赁合同的，人民法院应予支持：（一）承租人未经出租人同意，将租赁物转让、转租、抵押、质押、投资入股或者以其他方式处分租赁物的；（二）承租人未按照合同约定的期限和数额支付租金，符合合同约定的解除条件，经出租人催告后在合理期限内仍不支付的；（三）合同对于欠付租金解除合同的情形没有明确约定，但承租人欠付租金达到两期以上，或者数额达到全部租金百分之十五以上，经出租人催告后在合理期限内仍不支付的；（四）承租人违反合同约定，致使合同目的不能实现的其他情形。	无	第五百四十五条　承租人未经出租人同意，将租赁物转让、转租、抵押、质押、投资入股或者以其他方式处分的，出租人可以解除融资租赁合同。	同	第七百五十三条　承租人未经出租人同意，将租赁物转让、抵押、质押、投资入股或者以其他方式处分的，出租人可以解除融资租赁合同。	部分吸收

续表

《融资租赁合同司法解释》	原《合同法》	《一审稿》	《二审稿》	《民法典》	处理
第十六条　融资租赁合同因买卖合同被解除、被确认无效或者被撤销而解除，出租人根据融资租赁合同约定，或者以融资租赁合同虽未约定或约定不明，但出卖人及租赁物系由承租人选择为由，主张承租人赔偿相应损失的，人民法院应予支持。 出租人的损失已经在买卖合同被解除、被确认无效或者被撤销时获得赔偿的，应当免除承租人相应的赔偿责任。	无	第五百四十八条　融资租赁合同因买卖合同解除、被确认无效或者被撤销而解除，但是出卖人及租赁物系由承租人选择的，出租人有权要求承租人赔偿相应损失。出租人的损失已经在买卖合同解除、被确认无效或者被撤销时获得赔偿的，应当免除承租人相应的赔偿责任。	与第五百四十六条同	第七百五十五条　融资租赁合同因买卖合同解除、被确认无效或者被撤销而解除，出卖人、租赁物系由承租人选择的，出租人有权请求承租人赔偿相应损失；但是，因出租人原因致使买卖合同解除、被确认无效或者被撤销的除外。 出租人的损失已经在买卖合同解除、被确认无效或者被撤销时获得赔偿的，承租人不再承担相应的赔偿责任。	部分吸收
第十七条　出租人有下列情形之一，影响承租人对租赁物的占有和使用，承租人依照合同法第二百四十五条的规定，要求出租人赔偿相应损失的，人民法院应予支持：（一）无正当理由收回租赁物；（二）无正当理由妨碍、干扰承租人对租赁物的占有和使用；（三）因出租人的原因导致第三人对租赁物主张权利；（四）不当影响承租人对租赁物占有、使用的其他情形。	无	第五百四十条　出租人有下列情形之一，影响承租人对租赁物的占有和使用的，承租人有权要求出租人赔偿损失：（一）无正当理由收回租赁物；（二）无正当理由妨碍、干扰承租人对租赁物的占有和使用；（三）因出租人的原因致使第三人对租赁物主张利；（四）不当影响承租人对租赁物占有和使用的其他情形。	同	第七百四十八条　出租人应当保证承租人对租赁物的占有和使用。 出租人有下列情形之一的，承租人有权请求其赔偿损失： （一）无正当理由收回租赁物； （二）无正当理由妨碍、干扰承租人对租赁物的占有和使用； （三）因出租人的原因致使第三人对租赁物主张权利； （四）不当影响承租人对租赁物占有和使用的其他情形。	全部吸收

续表

《融资租赁合同司法解释》	原《合同法》	《一审稿》	《二审稿》	《民法典》	处理
第十八条　出租人有下列情形之一,导致承租人对出卖人索赔逾期或者索赔失败,承租人要求出租人承担相应责任的,人民法院应予支持:(一)明知租赁物有质量瑕疵而不告知承租人的;(二)承租人行使索赔权时,未及时提供必要协助的;(三)怠于行使融资租赁合同中约定的只能由出租人行使对出卖人的索赔权的;(四)怠于行使买卖合同中约定的只能由出租人行使对出卖人的索赔权的。	无	第五百三十四条　出租人有下列情形之一,致使承租人对出卖人索赔逾期或者索赔失败的,承租人有权要求出租人承担相应责任:(一)明知租赁物有质量瑕疵而不告知承人;(二)承租人行使索赔权利时,未及时提供必要协助。出租人怠于行使融资租赁合同或者买卖合同中约定的只能由出租人对出卖人行使的索赔权利,承租人有权要求出租人承担相应责任。	同	第七百四十三条　出租人有下列情形之一,致使承租人对出卖人行使索赔权利失败的,承租人有权请求出租人承担相应的责任: (一)明知租赁物有质量瑕疵而不告知承租人; (二)承租人行使索赔权利时,未及时提供必要协助。 出租人怠于行使只能由其对出卖人行使的索赔权利,造成承租人损失的,承租人有权请求出租人承担赔偿责任。	全部吸收

表 2-19 《融资租赁合同司法解释》中技术说明类司法解释的处理方案

《融资租赁合同司法解释》	内容主题	所属部分	处理
第一条 人民法院应当根据合同法第二百三十七条的规定，结合标的物的性质、价值、租金的构成以及当事人的合同权利和义务，对是否构成融资租赁法律关系作出认定。 对名为融资租赁合同，但实际不构成融资租赁法律关系的，人民法院应按照其实际构成的法律关系处理。	法律关系的认定	融资租赁合同的认定及效力	保留
第三条 根据法律、行政法规规定，承租人对于租赁物的经营使用应当取得行政许可的，人民法院不应仅以出租人未取得行政许可为由认定融资租赁合同无效。	租赁物经营许可对合同效力的影响	融资租赁合同的认定及效力	保留
第四条 融资租赁合同被认定无效，当事人就合同无效情形下租赁物归属有约定的，从其约定；未约定或者约定不明，且当事人协商不成的，租赁物应当返还出租人。但因承租人原因导致合同无效，出租人不要求返还租赁物，或者租赁物正在使用，返还出租人后会显著降低租赁物价值和效用的，人民法院可以判决租赁物所有权归承租人，并根据合同履行情况和租金支付情况，由承租人就租赁物进行折价补偿。	合同无效租赁物的归属	融资租赁合同的认定及效力	保留
第八条 出租人转让其在融资租赁合同项下的部分或者全部权利，受让方以此为由请求解除或者变更融资租赁合同的，人民法院不予支持。	出租人处分租赁物	合同的履行	保留

续表

《融资租赁合同司法解释》	内容主题	所属部分	处理
第九条　承租人或者租赁物的实际使用人，未经出租人同意转让租赁物或者在租赁物上设立其他物权，第三人依据物权法第一百零六条的规定取得租赁物的所有权或者其他物权，出租人主张第三人物权权利不成立的，人民法院不予支持，但有下列情形之一的除外：（一）出租人已在租赁物的显著位置作出标识，第三人在与承租人交易时知道或者应当知道该物为租赁物的；（二）出租人授权承租人将租赁物抵押给出租人并在登记机关依法办理抵押权登记的；（三）第三人与承租人交易时，未按照法律、行政法规、行业或者地区主管部门的规定在相应机构进行融资租赁交易查询的；（四）出租人有证据证明第三人知道或者应当知道交易标的物为租赁物的其他情形。	租赁物的善意取得	租赁物的公示	保留
第十三条　因出租人的原因致使承租人无法占有、使用租赁物，承租人请求解除融资租赁合同的，人民法院应予支持。	承租人解约的情形	合同的解除	保留
第十四条　当事人在一审诉讼中仅请求解除融资租赁合同，未对租赁物的归属及损失赔偿提出主张的，人民法院可以向当事人进行释明。	解除后果的释明	合同的解除	保留
第十五条　融资租赁合同因租赁物交付承租人后意外毁损、灭失等不可归责于当事人的原因而解除，出租人要求承租人按照租赁物折旧情况给予补偿的，人民法院应予支持。	因租赁物毁损灭失而解决的后果	合同的解除	保留
第十九条　租赁物不符合融资租赁合同的约定且出租人实施了下列行为之一，承租人依照合同法第二百四十一条、第二百四十四条的规定，要求出租人承担相应责任的，人民法院应予支持：（一）出租人在承租人选择出卖人、租赁物时，对租赁物的选定起决定作用的；（二）出租人干预或者要求承租人按照出租人意愿选择出卖人或者租赁物的；（三）出租人擅自变更承租人已经选定的出卖人或者租赁物的。 承租人主张其系依赖出租人的技能确定租赁物或者出租人干预选择租赁物的，对上述事实承担举证责任。	出租人瑕疵担保责任	违约责任	保留

续表

《融资租赁合同司法解释》	内容主题	所属部分	处理
第二十条　承租人逾期履行支付租金义务或者迟延履行其他付款义务，出租人按照融资租赁合同的约定要求承租人支付逾期利息、相应违约金的，人民法院应予支持。	承租人逾期付租的责任	违约责任	保留
第二十一条　出租人既请求承租人支付合同约定的全部未付租金又请求解除融资租赁合同的，人民法院应告知其依照合同法第二百四十八条的规定作出选择。 出租人请求承租人支付合同约定的全部未付租金，人民法院判决后承租人未予履行，出租人再行起诉请求解除融资租赁合同、收回租赁物的，人民法院应予受理。	承租人逾期付租时出租人的选择权	违约责任	保留
第二十二条　出租人依照本解释第十二条的规定请求解除融资租赁合同，同时请求收回租赁物并赔偿损失的，人民法院应予支持。 前款规定的损失赔偿范围为承租人全部未付租金及其他费用与收回租赁物价值的差额。合同约定租赁期间届满后租赁物归出租人所有的，损失赔偿范围还应包括融资租赁合同到期后租赁物的残值。	提前解约的损失赔偿	违约责任	保留
第二十三条　诉讼期间承租人与出租人对租赁物的价值有争议的，人民法院可以按照融资租赁合同的约定确定租赁物价值；融资租赁合同未约定或者约定不明的，可以参照融资租赁合同约定的租赁物折旧以及合同到期后租赁物的残值确定租赁物价值。 承租人或者出租人认为依前款确定的价值严重偏离租赁物实际价值的，可以请求人民法院委托有资质的机构评估或者拍卖确定。	租赁物价值的确定	违约责任	保留

表 2-20　《融资租赁合同司法解释》中程序施行类司法解释的处理方案

《融资租赁合同司法解释》	条款类别	处理
第二十四条　出卖人与买受人因买卖合同发生纠纷，或者出租人与承租人因融资租赁合同发生纠纷，当事人仅对其中一个合同关系提起诉讼，人民法院经审查后认为另一合同关系的当事人与案件处理结果有法律上的利害关系的，可以通知其作为第三人参加诉讼。 承租人与租赁物的实际使用人不一致，融资租赁合同当事人未对租赁物的实际使用人提起诉讼，人民法院经审查后认为租赁物的实际使用人与案件处理结果有法律上的利害关系的，可以通知其作为第三人参加诉讼。 承租人基于买卖合同和融资租赁合同直接向出卖人主张受领租赁物、索赔等买卖合同权利的，人民法院应通知出租人作为第三人参加诉讼。	第三人条款	保留
第二十五条　当事人因融资租赁合同租金欠付争议向人民法院请求保护其权利的诉讼时效期间为两年，自租赁期限届满之日起计算。	时效条款	清理
第二十六条　本解释自 2014 年 3 月 1 日起施行。《最高人民法院关于审理融资租赁合同纠纷案件若干问题的规定》(法发〔1996〕19 号)同时废止。 本解释施行后尚未终审的融资租赁合同纠纷案件，适用本解释；本解释施行前已经终审，当事人申请再审或者按照审判监督程序决定再审的，不适用本解释。	施行条款	清理

五、《民间借贷司法解释》三类条文对比及处理方案

在《民间借贷司法解释》中，属于法律续造类司法解释的条文只有1条，即第25条（见表2-21）；技术说明类司法解释条文较多，共有22条，分别是第1条～第3条、第9条～第15条、第18条、第21条～第24条、第26条～第32条（见表2-22）；程序施行类司法解释的条文较少，有10条，分别是第4条～第8条、第16条、第17条、第19条、第20条、第33条（见表2-23）。《民间借贷司法解释》于2015年出台，是司法实践中处理民间合同纠纷准确适用法律的依据，该司法解释针对合同法分则中民间借贷合同适用中亟须解决的问题，给出了较为明确的司法意见，其中技术说明类司法解释占比最高，达66.7%，程序施行类司法解释占比较少，为30.3%，而法律续造类司法解释占比最低，仅3.0%。

六、《建设工程司法解释一》三类条文对比及处理方案

在《建设工程司法解释一》中，属于法律续造类司法解释的条文有7条，分别为第2条、第3条、第8条～第10条、第13条、第14条，被《民法典》合同编吸收的有5项，其司法解释中第13条、第14条未被吸收入典（见表2-24）；技术说明类司法解释条文较多，共有16条，分别是第1条、第4条～第7条、第11条、第12条、第15条～第22条、第27条（见表2-25）；程序施行类司法解释的条文较少，有5条，分别是第23条～第26条、第28条（见表2-26）。《建设工程司法解释一》于2014年出台，其中技术说明类司法解释占比最高，达57.1%，法律续造类司法解释占比为25%，程序施行类司法解释占比最低，为17.9%。

表 2-21 《民间借贷司法解释》中法律续造类司法解释的对比及处理方案

《民间借贷司法解释》	原《合同法》	《一审稿》	《二审稿》	《民法典》	处理
第二十五条　借贷双方没有约定利息，出借人主张支付借期内利息的，人民法院不予支持。自然人之间借贷对利息约定不明，出借人主张支付利息的，人民法院不予支持。除自然人之间借贷的外，借贷双方对借贷利息约定不明，出借人主张利息的，人民法院应当结合民间借贷合同的内容，并根据当地或者当事人的交易方式、交易习惯、市场利率等因素确定利息。	第二百一十一条　自然人之间的借款合同对支付利息没有约定或者约定不明确的，视为不支付利息。自然人之间的借款合同约定支付利息的，借款的利率不得违反国家有关限制借款利率的规定。	第四百七十条　借款合同约定支付利息的，借款的利率不得违反国家的有关规定。 借款合同对支付利息没有约定的，视为没有利息。 借款合同对支付利息约定不明确的，按照当地或者当事人的交易方式、交易习惯、市场利率等因素确定利息；自然人之间借款的，视为没有利息。	第四百七十条　借款合同约定支付利息的，借款的利率不得违反国家的有关规定；对支付利息没有约定或者约定不明确的，按照当地或者当事人的交易方式、交易习惯、市场利率等因素确定利息。 自然人之间的借款合同对支付利息没有约定或者约定不明确的，视为不支付利息。	第六百八十条　禁止高利放贷，借款的利率不得违反国家有关规定。 借款合同对支付利息没有约定的，视为没有利息。 借款合同对支付利息约定不明确，当事人不能达成补充协议的，按照当地或者当事人的交易方式、交易习惯、市场利率等因素确定利息；自然人之间借款的，视为没有利息。	部分吸收

表 2-22 《民间借贷司法解释》中技术说明类司法解释的处理方案

《民间借贷司法解释》	内容主题	所属部分	处理
第一条 本规定所称的民间借贷，是指自然人、法人、其他组织之间及其相互之间进行资金融通的行为。 经金融监管部门批准设立的从事贷款业务的金融机构及其分支机构，因发放贷款等相关金融业务引发的纠纷，不适用本规定。	民间借贷司法解释的适用范围	民间借贷案件的受理与管辖	保留
第二条 出借人向人民法院起诉时，应当提供借据、收据、欠条等债权凭证以及其他能够证明借贷法律关系存在的证据。 当事人持有的借据、收据、欠条等债权凭证没有载明债权人，持有债权凭证的当事人提起民间借贷诉讼的，人民法院应予受理。被告对原告的债权人资格提出有事实依据的抗辩，人民法院经审理认为原告不具有债权人资格的，裁定驳回起诉。	民间借贷案件起诉条件的司法认定	民间借贷案件的受理与管辖	保留
第三条 借贷双方就合同履行地未约定或者约定不明确，事后未达成补充协议，按照合同有关条款或者交易习惯仍不能确定的，以接受货币一方所在地为合同履行地。	民间借贷合同履行地的司法认定	民间借贷案件的受理与管辖	保留
第九条 具有下列情形之一，可以视为具备合同法第二百一十条关于自然人之间借款合同的生效要件：(一)以现金支付的，自借款人收到借款时；(二)以银行转账、网上电子汇款或者通过网络贷款平台等形式支付的，自资金到达借款人账户时；(三)以票据交付的，自借款人依法取得票据权利时；(四)出借人将特定资金账户支配权授权给借款人的，自借款人取得对该账户实际支配权时；(五)出借人以与借款人约定的其他方式提供借款并实际履行完成时。	自然人之间借款合同生效时间的司法认定	民间借贷合同效力的司法认定	保留
第十条 除自然人之间的借款合同外，当事人主张民间借贷合同自合同成立时生效的，人民法院应予支持，但当事人另有约定或者法律、行政法规另有规定的除外。	其他民间借贷合同生效时间的司法认定	民间借贷合同效力的司法认定	保留

续表

《民间借贷司法解释》	内容主题	所属部分	处理
第十一条　法人之间、其他组织之间以及它们相互之间为生产、经营需要订立的民间借贷合同，除存在合同法第五十二条、本规定第十四条规定的情形外，当事人主张民间借贷合同有效的，人民法院应予支持。	企业间民间借贷合同效力的司法认定	民间借贷合同效力的司法认定	保留
第十二条　法人或者其他组织在本单位内部通过借款形式向职工筹集资金，用于本单位生产、经营，且不存在合同法第五十二条、本规定第十四条规定的情形，当事人主张民间借贷合同有效的，人民法院应予支持。	企业内部集资效力的司法认定	民间借贷合同效力的司法认定	保留
第十三条　借款人或者出借人的借贷行为涉嫌犯罪，或者已经生效的判决认定构成犯罪，当事人提起民事诉讼的，民间借贷合同并不当然无效。人民法院应当根据合同法第五十二条、本规定第十四条之规定，认定民间借贷合同的效力。 担保人以借款人或者出借人的借贷行为涉嫌犯罪或者已经生效的判决认定构成犯罪为由，主张不承担民事责任的，人民法院应当依据民间借贷合同与担保合同的效力、当事人的过错程度，依法确定担保人的民事责任。	涉嫌犯罪的民间借贷效力及担保人民事责任的司法处理	民间借贷合同效力的司法认定	保留
第十四条　具有下列情形之一，人民法院应当认定民间借贷合同无效：（一）套取金融机构信贷资金又高利转贷给借款人，且借款人事先知道或者应当知道的；（二）以向其他企业借贷或者向本单位职工集资取得的资金又转贷给借款人牟利，且借款人事先知道或者应当知道的；（三）出借人事先知道或者应当知道借款人借款用于违法犯罪活动仍然提供借款的；（四）违背社会公序良俗的；（五）其他违反法律、行政法规效力性强制性规定的。	民间借贷合同无效情形的司法认定	民间借贷合同效力的司法认定	保留
第十五条　原告以借据、收据、欠条等债权凭证为依据提起民间借贷诉讼，被告依据基础法律关系提出抗辩或者反诉，并提供证据证明债权纠纷非民间借贷行为引起的，人民法院应当依据查明的案件事实，按照基础法律关系审理。当事人通过调解、和解或者清算达成的债权债务协议，不适用前款规定。	不真实民间借贷的司法处理	民间借贷案件证据的司法认定	保留

续表

《民间借贷司法解释》	内容主题	所属部分	处理
第十八条　根据《关于适用〈中华人民共和国民事诉讼法〉的解释》第一百七十四条第二款之规定，负有举证证明责任的原告无正当理由拒不到庭，经审查现有证据无法确认借贷行为、借贷金额、支付方式等案件主要事实，人民法院对其主张的事实不予认定。	出借人负有举证责任而拒不到庭的司法处理	民间借贷案件证据的司法认定	保留
第二十一条　他人在借据、收据、欠条等债权凭证或者借款合同上签字或者盖章，但未表明其保证人身份或者承担保证责任，或者通过其他事实不能推定其为保证人，出借人请求其承担保证责任的，人民法院不予支持。	未明确保证人保证责任的认定	民间借贷合同效力的司法认定	保留
第二十二条　借贷双方通过网络贷款平台形成借贷关系，网络贷款平台的提供者仅提供媒介服务，当事人请求其承担担保责任的，人民法院不予支持。 网络贷款平台的提供者通过网页、广告或者其他媒介明示或者有其他证据证明其为借贷提供担保，出借人请求网络贷款平台的提供者承担担保责任的，人民法院应予支持。	互联网借贷平台民事责任的司法处理	民间借贷几种特殊情形的司法处理	保留
第二十三条　企业法定代表人或负责人以企业名义与出借人签订民间借贷合同，出借人、企业或者其股东能够证明所借款项用于企业法定代表人或负责人个人使用，出借人请求将企业法定代表人或负责人列为共同被告或者第三人的，人民法院应予准许。 企业法定代表人或负责人以个人名义与出借人签订民间借贷合同，所借款项用于企业生产经营，出借人请求企业与个人共同承担责任的，人民法院应予支持。	公贷私用与私贷公用的司法处理	民间借贷几种特殊情形的司法处理	保留
第二十四条　当事人以签订买卖合同作为民间借贷合同的担保，借款到期后借款人不能还款，出借人请求履行买卖合同的，人民法院应当按照民间借贷法律关系审理，并向当事人释明变更诉讼请求。当事人拒绝变更的，人民法院裁定驳回起诉。 按照民间借贷法律关系审理作出的判决生效后，借款人不履行生效判决确定的金钱债务，出借人可以申请拍卖买卖合同标的物，以偿还债务。就拍卖所得的价款与应偿还借款本息之间的差额，借款人或者出借人有权主张返还或补偿。	以买卖合同担保的民间借贷的司法处理	民间借贷几种特殊情形的司法处理	保留

续表

《民间借贷司法解释》	内容主题	所属部分	处理
第二十六条　借贷双方约定的利率未超过年利率 24%，出借人请求借款人按照约定的利率支付利息的，人民法院应予支持。 借贷双方约定的利率超过年利率 36%，超过部分的利息约定无效。借款人请求出借人返还已支付的超过年利率 36% 部分的利息的，人民法院应予支持。	民间借贷利率“二线三区”规定的司法适用	民间借贷利率与利息的司法规制	保留
第二十七条　借据、收据、欠条等债权凭证载明的借款金额，一般认定为本金。预先在本金中扣除利息的，人民法院应当将实际出借的金额认定为本金。	民间借贷借款本金数额的司法认定	民间借贷利率与利息的司法规制	保留
第二十八条　借贷双方对前期借款本息结算后将利息计入后期借款本金并重新出具债权凭证，如果前期利率没有超过年利率 24%，重新出具的债权凭证载明的金额可认定为后期借款本金；超过部分的利息不能计入后期借款本金。约定的利率超过年利率 24%，当事人主张超过部分的利息不能计入后期借款本金的，人民法院应予支持。 按前款计算，借款人在借款期间届满后应当支付的本息之和，不能超过最初借款本金与以最初借款本金为基数，以年利率 24% 计算的整个借款期间的利息之和。出借人请求借款人支付超过部分的，人民法院不予支持。	民间借贷借款本金数额认定及复利的司法处理	民间借贷利率与利息的司法规制	保留
第二十九条　借贷双方对逾期利率有约定的，从其约定，但以不超过年利率 24% 为限。未约定逾期利率或者约定不明的，人民法院可以区分不同情况处理：（一）既未约定借期内的利率，也未约定逾期利率，出借人主张借款人自逾期还款之日起按照年利率 6% 支付资金占用期间利息的，人民法院应予支持；（二）约定了借期内的利率但未约定逾期利率，出借人主张借款人自逾期还款之日起按照借期内的利率支付资金占用期间利息的，人民法院应予支持。	民间借贷与其利率的司法处理	民间借贷利率与利息的司法规制	保留

续表

《民间借贷司法解释》	内容主题	所属部分	处理
第三十条　出借人与借款人既约定了逾期利率，又约定了违约金或者其他费用，出借人可以选择主张逾期利息、违约金或者其他费用，也可以一并主张，但总计超过年利率 24% 的部分，人民法院不予支持。	民间借贷中逾期利率与违约金、其他费用能否并存	民间借贷利率与利息的司法规制	保留
第三十一条　没有约定利息但借款人自愿支付，或者超过约定的利率自愿支付利息或违约金，且没有损害国家、集体和第三人利益，借款人又以不当得利为由要求出借人返还的，人民法院不予支持，但借款人要求返还超过年利率 36% 部分的利息除外。	借款人能否要求返还自愿给付的未约定的利息	民间借贷利率与利息的司法规制	保留
第三十二条　借款人可以提前偿还借款，但当事人另有约定的除外。 借款人提前偿还借款并主张按照实际借款期间计算利息的，人民法院应予支持。	借款人提前还款是否构成违约	民间借贷利率与利息的司法规制	保留

表 2-23 《民间借贷司法解释》中程序施行类司法解释的处理方案

《民间借贷司法解释》	条款类别	处理
第四条　保证人为借款人提供连带责任保证，出借人仅起诉借款人的，人民法院可以不追加保证人为共同被告；出借人仅起诉保证人的，人民法院可以追加借款人为共同被告。 保证人为借款人提供一般保证，出借人仅起诉保证人的，人民法院应当追加借款人为共同被告；出借人仅起诉借款人的，人民法院可以不追加保证人为共同被告。	追加共同被告条款	保留
第五条　人民法院立案后，发现民间借贷行为本身涉嫌非法集资犯罪的，应当裁定驳回起诉，并将涉嫌非法集资犯罪的线索、材料移送公安或者检察机关。 公安或者检察机关不予立案，或者立案侦查后撤销案件，或者检察机关作出不起诉决定，或者经人民法院生效判决认定不构成非法集资犯罪，当事人又以同一事实向人民法院提起诉讼的，人民法院应予受理。	民刑交叉条款	保留
第六条　人民法院立案后，发现与民间借贷纠纷案件虽有关联但不是同一事实的涉嫌非法集资等犯罪的线索、材料的，人民法院应当继续审理民间借贷纠纷案件，并将涉嫌非法集资等犯罪的线索、材料移送公安或者检察机关。		
第七条　民间借贷的基本案件事实必须以刑事案件审理结果为依据，而该刑事案件尚未审结的，人民法院应当裁定中止诉讼。		
第八条　借款人涉嫌犯罪或者生效判决认定其有罪，出借人起诉请求担保人承担民事责任的，人民法院应予受理。		
第十六条　原告仅依据借据、收据、欠条等债权凭证提起民间借贷诉讼，被告抗辩已经偿还借款，被告应当对其主张提供证据证明。被告提供相应证据证明其主张后，原告仍应就借贷关系的成立承担举证证明责任。 被告抗辩借贷行为尚未实际发生并能作出合理说明，人民法院应当结合借贷金额、款项交付、当事人的经济能力、当地或者当事人之间的交易方式、交易习惯、当事人财产变动情况以及证人证言等事实和因素，综合判断查证借贷事实是否发生。	举证责任条款	保留
第十七条　原告仅依据金融机构的转账凭证提起民间借贷诉讼，被告抗辩转账系偿还双方之前借款或其他债务，被告应当对其主张提供证据证明。被告提供相应证据证明其主张后，原告仍应就借贷关系的成立承担举证证明责任。		

续表

《民间借贷司法解释》	条款类别	处理
第十九条　人民法院审理民间借贷纠纷案件时发现有下列情形，应当严格审查借贷发生的原因、时间、地点、款项来源、交付方式、款项流向以及借贷双方的关系、经济状况等事实，综合判断是否属于虚假民事诉讼：（一）出借人明显不具备出借能力；（二）出借人起诉所依据的事实和理由明显不符合常理；（三）出借人不能提交债权凭证或者提交的债权凭证存在伪造的可能；（四）当事人双方在一定期间内多次参加民间借贷诉讼；（五）当事人一方或者双方无正当理由拒不到庭参加诉讼，委托代理人对借贷事实陈述不清或者陈述前后矛盾；（六）当事人双方对借贷事实的发生没有任何争议或者诉辩明显不符合常理；（七）借款人的配偶或合伙人、案外人的其他债权人提出有事实依据的异议；（八）当事人在其他纠纷中存在低价转让财产的情形；（九）当事人不正当放弃权利；（十）其他可能存在虚假民间借贷诉讼的情形。	虚假诉讼条款	保留
第二十条　经查明属于虚假民间借贷诉讼，原告申请撤诉的，人民法院不予准许，并应当根据民事诉讼法第一百一十二条之规定，判决驳回其请求。 诉讼参与人或者其他人恶意制造、参与虚假诉讼，人民法院应当依照民事诉讼法第一百一十一条、第一百一十二条和第一百一十三条之规定，依法予以罚款、拘留；构成犯罪的，应当移送有管辖权的司法机关追究刑事责任。 单位恶意制造、参与虚假诉讼的，人民法院应当对该单位进行罚款，并可以对其主要负责人或者直接责任人员予以罚款、拘留；构成犯罪的，应当移送有管辖权的司法机关追究刑事责任。		
第三十三条　本规定公布施行后，最高人民法院于 1991 年 8 月 13 日发布的《关于人民法院审理借贷案件的若干意见》同时废止；最高人民法院以前发布的司法解释与本规定不一致的，不再适用。	施行法条款	清理

表 2-24 《建设工程司法解释一》中法律续造类司法解释的对比及处理方案

<table>
<tr><th>《建设工程司法解释一》</th><th>《一审稿》</th><th>《二审稿》</th><th>《民法典》</th><th>处理</th></tr>
<tr><td>第二条　建设工程施工合同无效，但建设工程经竣工验收合格，承包人请求参照合同约定支付工程价款的，应予支持。</td><td rowspan="2">第五百七十六条　建设工程施工合同无效，但是建设工程经竣工验收合格的，承包人可以请求参照合同的约定支付工程价款。
建设工程施工合同无效，且建设工程经竣工验收不合格的，按照以下情形处理：(一)修复后的建设工程经竣工验收合格的，发包人可以要求承包人承担修复费用；(二)修复后的建设工程经竣工验收不合格的，承包人不能要求支付工程价款。</td><td rowspan="2">同</td><td rowspan="2">第七百九十三条　建设工程施工合同无效，但是建设工程经验收合格的，可以参照合同关于工程价款的约定折价补偿承包人。
建设工程施工合同无效，且建设工程经验收不合格的，按照以下情形处理：
(一)修复后的建设工程经验收合格的，发包人可以请求承包人承担修复费用；
(二)修复后的建设工程经验收不合格的，承包人无权请求参照合同关于工程价款的约定折价补偿。
发包人对因建设工程不合格造成的损失有过错的，应当承担相应的责任。</td><td>全部吸收</td></tr>
<tr><td>第三条　建设工程施工合同无效，且建设工程经竣工验收不合格的，按照以下情形分别处理：(一)修复后的建设工程经竣工验收合格，发包人请求承包人承担修复费用的，应予支持；(二)修复后的建设工程经竣工验收不合格，承包人请求支付工程价款的，不予支持。</td><td>全部吸收</td></tr>
</table>

续表

<table>
<tr><th>《建设工程司法解释一》</th><th>《一审稿》</th><th>《二审稿》</th><th>《民法典》</th><th>处理</th></tr>
<tr><td>第八条　承包人具有下列情形之一，发包人请求解除建设工程施工合同的，应予支持：（一）明确表示或者以行为表明不履行合同主要义务的；（二）合同约定的期限内没有完工，且在发包人催告的合理期限内仍未完工的；（三）已经完成的建设工程质量不合格，并拒绝修复的；（四）将承包的建设工程非法转包、违法分包的。</td><td rowspan="3">第五百九十一条　承包人将建设工程转包、违法分包的，发包人可以解除合同。发包人提供的主要建筑材料、建筑构配件和设备不符合强制性标准或者不履行协助义务，致使承包人无法施工，且在催告的合理期限内仍未履行相应义务的，承包人可以解除合同。合同解除后，已经完成的建设工程质量合格的，发包人应当按照约定支付相应的工程价款；已经完成的建设工程质量不合格的，参照本法第五百七十六条的规定处理。</td><td rowspan="3">同</td><td rowspan="3">第八百零六条　承包人将建设工程转包、违法分包的，发包人可以解除合同。
发包人提供的主要建筑材料、建筑构配件和设备不符合强制性标准或者不履行协助义务，致使承包人无法施工，经催告后在合理期限内仍未履行相应义务的，承包人可以解除合同。
合同解除后，已经完成的建设工程质量合格的，发包人应当按照约定支付相应的工程价款；已经完成的建设工程质量不合格的，参照本法第七百九十三条的规定处理。</td><td>部分吸收</td></tr>
<tr><td>第九条　发包人具有下列情形之一，致使承包人无法施工，且在催告的合理期限内仍未履行相应义务，承包人请求解除建设工程施工合同的，应予支持：（一）未按约定支付工程价款的；（二）提供的主要建筑材料、建筑构配件和设备不符合强制性标准的；（三）不履行合同约定的协助义务的。</td><td>部分吸收</td></tr>
<tr><td>第十条　建设工程施工合同解除后，已经完成的建设工程质量合格的，发包人应当按照约定支付相应的工程价款；已经完成的建设工程质量不合格的，参照本解释第三条规定处理。因一方违约导致合同解除的，违约方应当赔偿因此而给对方造成的损失。</td><td>部分吸收</td></tr>
</table>

续表

《建设工程司法解释一》	《一审稿》	《二审稿》	《民法典》	处理
第十三条　建设工程未经竣工验收,发包人擅自使用后,又以使用部分质量不符合约定为由主张权利的,不予支持;但是承包人应当在建设工程的合理使用寿命内对地基基础工程和主体结构质量承担民事责任。	第五百八十三条　建设工程未经竣工验收,发包人擅自使用的,除存在违反法律、行政法规强制性规定的情形以外,视为工程质量验收合格,但是承包人应当在建设工程的合理使用期限内对地基基础工程和主体结构质量承担责任。	同	无	保留
第十四条　当事人对建设工程实际竣工日期有争议的,按照以下情形分别处理:(一)建设工程经竣工验收合格的,以竣工验收合格之日为竣工日期;(二)承包人已经提交竣工验收报告,发包人拖延验收的,以承包人提交验收报告之日为竣工日期;(三)建设工程未经竣工验收,发包人擅自使用的,以转移占有建设工程之日为竣工日期。	第五百八十四条　当事人对建设工程实际竣工日期有争议的,按照以下情形分别处理:(一)建设工程经竣工验收合格的,以竣工验收合格之日为竣工日期;(二)承包人已经提交竣工验收报告,发包人未在约定期限或者合理期限内验收的,以承包人提交验收报告之日为竣工日期;(三)建设工程未经竣工验收,发包人擅自使用的,以转移占有建设工程之日为竣工日期。	同	无	保留

表 2-25 《建设工程司法解释一》中技术说明类司法解释的处理方案

《建设工程司法解释一》	内容主题	所属部分	处理
第一条　建设工程施工合同具有下列情形之一的，应当根据合同法第五十二条第（五）项的规定，认定无效：（一）承包人未取得建筑施工企业资质或者超越资质等级的；（二）没有资质的实际施工人借用有资质的建筑施工企业名义的；（三）建设工程必须进行招标而未招标或者中标无效的。	建设工程施工合同无效的情形	建设工程合同的效力认定	清理
第四条　承包人非法转包、违法分包建设工程或者没有资质的实际施工人借用有资质的建筑施工企业名义与他人签订建设工程施工合同的行为无效。人民法院可以根据民法通则第一百三十四条规定，收缴当事人已经取得的非法所得。	违规转包、分包合同的处理原则	建设工程合同的司法处理	保留
第五条　承包人超越资质等级许可的业务范围签订建设工程施工合同，在建设工程竣工前取得相应资质等级，当事人请求按照无效合同处理的，不予支持。	施工中取得资质的按有效处理	建设工程合同的司法处理	保留
第六条　当事人对垫资和垫资利息有约定，承包人请求按照约定返还垫资及其利息的，应予支持，但是约定的利息计算标准高于中国人民银行发布的同期同类贷款利率的部分除外。 当事人对垫资没有约定的，按照工程欠款处理。当事人对垫资利息没有约定，承包人请求支付利息的，不予支持。	垫资原则按有效处理	建设工程合同的司法处理	保留
第七条　具有劳务作业法定资质的承包人与总承包人、分包人签订的劳务分包合同，当事人以转包建设工程违反法律规定为由请求确认无效的，不予支持。	劳务分包与工程转包	建设工程合同的司法处理	保留
第十一条　因承包人的过错造成建设工程质量不符合约定，承包人拒绝修理、返工或者改建，发包人请求减少支付工程价款的，应予支持。	承包人拒绝修改的处理原则	建设工程合同的司法处理	保留

续表

《建设工程司法解释一》	内容主题	所属部分	处理
第十二条　发包人具有下列情形之一，造成建设工程质量缺陷，应当承担过错责任：(一)提供的设计有缺陷；(二)提供或者指定购买的建筑材料、建筑构配件、设备不符合强制性标准；(三)直接指定分包人分包专业工程。承包人有过错的，也应当承担相应的过错责任。	质量缺陷的处理原则	建设工程合同的司法处理	保留
第十五条　建设工程竣工前，当事人对工程质量发生争议，工程质量经鉴定合格的，鉴定期间为顺延工期期间。	质量争议期间的处理	建设工程合同的司法处理	保留
第十六条　当事人对建设工程的计价标准或者计价方法有约定的，按照约定结算工程价款。因设计变更导致建设工程的工程量或者质量标准发生变化，当事人对该部分工程价款不能协商一致的，可以参照签订建设工程施工合同时当地建设行政主管部门发布的计价方法或者计价标准结算工程价款。 建设工程施工合同有效，但建设工程经竣工验收不合格的，工程价款结算参照本解释第三条规定处理。	工程价款的计算标准	工程价款的认定标准	保留
第十七条　当事人对欠付工程价款利息计付标准有约定的，按照约定处理；没有约定的，按照中国人民银行发布的同期同类贷款利率计息。	工程款利息的计算标准	工程价款的认定标准	保留
第十八条　利息从应付工程价款之日计付。当事人对付款时间没有约定或者约定不明的，下列时间视为应付款时间：(一)建设工程已实际交付的，为交付之日；(二)建设工程没有交付的，为提交竣工结算文件之日；(三)建设工程未交付，工程价款也未结算的，为当事人起诉之日。	工程款利息的起算标准	工程价款的认定标准	保留

续表

《建设工程司法解释一》	内容主题	所属部分	处理
第十九条　当事人对工程量有争议的，按照施工过程中形成的签证等书面文件确认。承包人能够证明发包人同意其施工，但未能提供签证文件证明工程量发生的，可以按照当事人提供的其他证据确认实际发生的工程量。	工程量计算	工程价款的认定标准	保留
第二十条　当事人约定，发包人收到竣工结算文件后，在约定期限内不予答复，视为认可竣工结算文件的，按照约定处理。承包人请求按照竣工结算文件结算工程价款的，应予支持。	逾期不结算的后果	法律责任的认定	保留
第二十一条　当事人就同一建设工程另行订立的建设工程施工合同与经过备案的中标合同实质性内容不一致的，应当以备案的中标合同作为结算工程价款的根据。	“黑白合同”的认定	法律责任的认定	保留
第二十二条　当事人约定按照固定价结算工程价款，一方当事人请求对建设工程造价进行鉴定的，不予支持。	按固定价款结算	法律责任的认定	保留
第二十七条　因保修人未及时履行保修义务，导致建筑物毁损或者造成人身、财产损害的，保修人应当承担赔偿责任。 保修人与建筑物所有人或者发包人对建筑物毁损均有过错的，各自承担相应的责任。	保修责任	法律责任的认定	保留

表 2-26 《建设工程司法解释一》中程序施行类司法解释的处理方案

《建设工程司法解释一》	条款类别	处理
第二十三条　当事人对部分案件事实有争议的，仅对有争议的事实进行鉴定，但争议事实范围不能确定，或者双方当事人请求对全部事实鉴定的除外。	司法鉴定条款	保留
第二十四条　建设工程施工合同纠纷以施工行为地为合同履行地。	管辖条款	保留
第二十五条　因建设工程质量发生争议的，发包人可以以总承包人、分包人和实际施工人为共同被告提起诉讼。	共同被告条款	保留
第二十六条　实际施工人以转包人、违法分包人为被告起诉的，人民法院应当依法受理。 实际施工人以发包人为被告主张权利的，人民法院可以追加转包人或者违法分包人为本案当事人。发包人只在欠付工程价款范围内对实际施工人承担责任。	适格被告条款	保留
第二十八条　本解释自二〇〇五年一月一日起施行。实施后受理的第一审案件适用本解释。实施前受理的以本解释为准。	施行条款	清理

七、《建设工程司法解释二》二类条文对比及处理方案

在《建设工程司法解释二》中，没有涉及到法律续造类司法解释，因此该项司法解释仅涉及到两类条文的对比及处理方案。该司法解释中，技术说明类司法解释条文较多，共有 17 条，分别是第 1 条～第 6 条、第 8 条～第 13 条、第 17 条～第 20 条和第 23 条（见表 2-27）；程序施行类司法解释的条文有 9 条，分别是第 7 条、第 14 条～第 16 条、第 21 条、第 22 条、第 24 条～第 26 条（见表 2-28）。其中技术说明类司法解释占比最高，达 65.4%，程序施行类司法解释占比较少，为 34.6%。

八、《技术合同司法解释》三类条文对比及处理方案

《技术合同司法解释》于 2014 年出台，其中属于法律续造类司法解释的条文有 3 条，占比 6.4%，分别为第 31 条、第 35 条、第 40 条（见表 2-29）；技术说明类司法解释条文较多，共有 38 条，占比高达 80.9%，分别是第 1 条～第 30 条、第 32 条～第 34 条、第 36 条～第 39 条、第 41 条（见表 2-30）；程序施行类司法解释的条文有 6 条，占比 12.7%，分别是第 42 条～第 47 条（见表 2-31）。

表 2-27 《建设工程司法解释二》中技术说明类司法解释的处理方案

《建设工程司法解释二》	内容主题	所属部分	处理
第一条　招标人和中标人另行签订的建设工程施工合同约定的工程范围、建设工期、工程质量、工程价款等实质性内容，与中标合同不一致，一方当事人请求按照中标合同确定权利义务的，人民法院应予支持。 招标人和中标人在中标合同之外就明显高于市场价格购买承建房产、无偿建设住房配套设施、让利、向建设单位捐赠财物等另行签订合同，变相降低工程价款，一方当事人以该合同背离中标合同实质性内容为由请求确认无效的，人民法院应予支持。	背离中标合同实质性内容的判断标准	建设工程合同的效力认定	保留
第二条　当事人以发包人未取得建设工程规划许可证等规划审批手续为由，请求确认建设工程施工合同无效的，人民法院应予支持，但发包人在起诉前取得建设工程规划许可证等规划审批手续的除外。 发包人能够办理审批手续而未办理，并以未办理审批手续为由请求确认建设工程施工合同无效的，人民法院不予支持。	未取得建筑工程规划审批手续签订合同的效力	建设工程合同的效力认定	保留
第三条　建设工程施工合同无效，一方当事人请求对方赔偿损失的，应当就对方过错、损失大小、过错与损失之间的因果关系承担举证责任。 损失大小无法确定，一方当事人请求参照合同约定的质量标准、建设工期、工程价款支付时间等内容确定损失大小的，人民法院可以结合双方过错程度、过错与损失之间的因果关系等因素作出裁判。	合同无效损失赔偿的认定	建设工程合同的司法认定	保留
第四条　缺乏资质的单位或者个人借用有资质的建筑施工企业名义签订建设工程施工合同，发包人请求出借方与借用方对建设工程质量不合格等因出借资质造成的损失承担连带赔偿责任的，人民法院应予支持。	出借用资质的责任承担	建设施工合同的司法认定	保留

续表

《建设工程司法解释二》	内容主题	所属部分	处理
第五条　当事人对建设工程开工日期有争议的，人民法院应当分别按照以下情形予以认定：(一)开工日期为发包人或者监理人发出的开工通知载明的开工日期；开工通知发出后，尚不具备开工条件的，以开工条件具备的时间为开工日期；因承包人原因导致开工时间推迟的，以开工通知载明的时间为开工日期。(二)承包人经发包人同意已经实际进场施工的，以实际进场施工时间为开工日期。(三)发包人或者监理人未发出开工通知，亦无相关证据证明实际开工日期的，应当综合考虑开工报告、合同、施工许可证、竣工验收报告或者竣工验收备案表等载明的时间，并结合是否具备开工条件的事实，认定开工日期。	实际开工日期的认定	建设施工合同的司法认定	保留
第六条　当事人约定顺延工期应当经发包人或者监理人签证等方式确认，承包人虽未取得工期顺延的确认，但能够证明在合同约定的期限内向发包人或者监理人申请过工期顺延且顺延事由符合合同约定，承包人以此为由主张工期顺延的，人民法院应予支持。 当事人约定承包人未在约定期限内提出工期顺延申请视为工期不顺延的，按照约定处理，但发包人在约定期限后同意工期顺延或者承包人提出合理抗辩的除外。	工期顺延的认定	建设工程合同的司法认定	保留
第八条　有下列情形之一，承包人请求发包人返还工程质量保证金的，人民法院应予支持：(一)当事人约定的工程质量保证金返还期限届满。(二)当事人未约定工程质量保证金返还期限的，自建设工程通过竣工验收之日起满二年。(三)因发包人原因建设工程未按约定期限进行竣工验收的，自承包人提交工程竣工验收报告九十日后起当事人约定的工程质量保证金返还期限届满；当事人未约定工程质量保证金返还期限的，自承包人提交工程竣工验收报告九十日后起满二年。发包人返还工程质量保证金后，不影响承包人根据合同约定或者法律规定履行工程保修义务。	质量保证金返还期限的确定	建设工程合同的司法认定	保留

续表

《建设工程司法解释二》	内容主题	所属部分	处理
第九条　发包人将依法不属于必须招标的建设工程进行招标后，与承包人另行订立的建设工程施工合同背离中标合同的实质性内容，当事人请求以中标合同作为结算建设工程价款依据的，人民法院应予支持，但发包人与承包人因客观情况发生了在招标投标时难以预见的变化而另行订立建设工程施工合同的除外。	非必招标工程进行招标后的建设工程价款结算依据	建设工程合同的司法认定	保留
第十条　当事人签订的建设工程施工合同与招标文件、投标文件、中标通知书载明的工程范围、建设工期、工程质量、工程价款不一致，一方当事人请求将招标文件、投标文件、中标通知书作为结算工程价款的依据的，人民法院应予支持。	建设工程施工合同与招标投标文件不一致时工程价款的结算依据	建设工程合同的司法认定	保留
第十一条　当事人就同一建设工程订立的数份建设工程施工合同均无效，但建设工程质量合格，一方当事人请求参照实际履行的合同结算建设工程价款的，人民法院应予支持。实际履行的合同难以确定，当事人请求参照最后签订的合同结算建设工程价款的，人民法院应予支持。	多份合同均无效时建设工程价款的结算依据	建设工程合同的司法认定	保留
第十二条　当事人在诉讼前已经对建设工程价款结算达成协议，诉讼中一方当事人申请对工程造价进行鉴定的，人民法院不予准许。	诉讼前对建设工程价款结算达成协议的效力	建设工程合同的司法认定	保留
第十三条　当事人在诉讼前共同委托有关机构、人员对建设工程造价出具咨询意见，诉讼中一方当事人不认可该咨询意见申请鉴定的，人民法院应予准许，但双方当事人明确表示受该咨询意见约束的除外。	诉讼前委托造价咨询的效力	建设工程合同的司法认定	保留

续表

《建设工程司法解释二》	内容主题	所属部分	处理
第十七条　与发包人订立建设工程施工合同的承包人，根据合同法第二百八十六条规定请求其承建工程的价款就工程折价或者拍卖的价款优先受偿的，人民法院应予支持。	优先受偿权的权利主体	优先受偿权的行使	保留
第十八条　装饰装修工程的承包人，请求装饰装修工程价款就该装饰装修工程折价或者拍卖的价款优先受偿的，人民法院应予支持，但装饰装修工程的发包人不是该建筑物的所有权人的除外。	装饰装修工程承包人优先受偿权的行使	优先受偿权的行使	保留
第十九条　建设工程质量合格，承包人请求其承建工程的价款就工程折价或者拍卖的价款优先受偿的，人民法院应予支持。	承包人优先受偿权的行使条件	优先受偿权的行使	保留
第二十条　未竣工的建设工程质量合格，承包人请求其承建工程的价款就其承建工程部分折价或者拍卖的价款优先受偿的，人民法院应予支持。	未竣工工程承包人优先受偿权的行使条件	优先受偿权的行使	保留
第二十三条　发包人与承包人约定放弃或者限制建设工程价款优先受偿权，损害建筑工人利益，发包人根据该约定主张承包人不享有建设工程价款优先受偿权的，人民法院不予支持。	优先受偿权事前放弃的效力	优先受偿权的行使	保留

表 2-28　《建设工程司法解释二》中程序施行类司法解释的处理方案

《建设工程司法解释二》	条款类别	处理
第七条　发包人在承包人提起的建设工程施工合同纠纷案件中，以建设工程质量不符合合同约定或者法律规定为由，就承包人支付违约金或者赔偿修理、返工、改建的合理费用等损失提出反诉的，人民法院可以合并审理。	合并审理条款	保留
第十四条　当事人对工程造价、质量、修复费用等专门性问题有争议，人民法院认为需要鉴定的，应当向负有举证责任的当事人释明。当事人经释明未申请鉴定，虽申请鉴定但未支付鉴定费用或者拒不提供相关材料的，应当承担举证不能的法律后果。 一审诉讼中负有举证责任的当事人未申请鉴定，虽申请鉴定但未支付鉴定费用或者拒不提供相关材料，二审诉讼中申请鉴定，人民法院认为确有必要的，应当依照民事诉讼法第一百七十条第一款第三项的规定处理。	举证责任条款	保留
第十五条　人民法院准许当事人的鉴定申请后，应当根据当事人申请及查明案件事实的需要，确定委托鉴定的事项、范围、鉴定期限等，并组织双方当事人对争议的鉴定材料进行质证。	质证条款	保留
第十六条　人民法院应当组织当事人对鉴定意见进行质证。鉴定人将当事人有争议且未经质证的材料作为鉴定依据的，人民法院应当组织当事人就该部分材料进行质证。经质证认为不能作为鉴定依据的，根据该材料作出的鉴定意见不得作为认定案件事实的依据。	质证条款	保留
第二十一条　承包人建设工程价款优先受偿的范围依照国务院有关行政主管部门关于建设工程价款范围的规定确定。承包人就逾期支付建设工程价款的利息、违约金、损害赔偿金等主张优先受偿的，人民法院不予支持。	优先受偿条款	保留
第二十二条　承包人行使建设工程价款优先受偿权的期限为六个月，自发包人应当给付建设工程价款之日起算。	时效条款	保留
第二十四条　实际施工人以发包人为被告主张权利的，人民法院应当追加转包人或者违法分包人为本案第三人，在查明发包人欠付转包人或者违法分包人建设工程价款的数额后，判决发包人在欠付建设工程价款范围内对实际施工人承担责任。	第三人条款	保留
第二十五条　实际施工人根据合同法第七十三条规定，以转包人或者违法分包人怠于向发包人行使到期债权，对其造成损害为由，提起代位权诉讼的，人民法院应予支持。	代位权条款	保留
第二十六条　本解释自 2019 年 2 月 1 日起施行。 本解释施行后尚未审结的一审、二审案件，适用本解释。 本解释施行前已经终审、施行后当事人申请再审或者按照审判监督程序决定再审的案件，不适用本解释。最高人民法院以前发布的司法解释与本解释不一致的，不再适用。	施行条款	清理

表 2-29 《技术合同司法解释》中法律续造类司法解释的对比及处理方案

《技术合同司法解释》	《一审稿》	《二审稿》	《民法典》	处理
第三十一条　当事人对技术咨询合同受托人进行调查研究、分析论证、试验测定等所需费用的负担没有约定或者约定不明确的，由受托人承担。 当事人对技术咨询合同委托人提供的技术资料和数据或者受托人提出的咨询报告和意见未约定保密义务，当事人一方引用、发表或者向第三人提供的，不认定为违约行为，但侵害对方当事人对此享有的合法权益的，应当依法承担民事责任。	第六百六十九条　技术咨询合同和技术服务合同对受托人正常开展工作所需费用的负担没有约定或者约定不明确的，由受托人负担。	同	第八百八十六条　技术咨询合同和技术服务合同对受托人正常开展工作所需费用的负担没有约定或者约定不明确的，由受托人负担。	部分吸收
第三十五条　当事人对技术服务合同受托人提供服务所需费用的负担没有约定或者约定不明确的，由受托人承担。 技术服务合同受托人发现委托人提供的资料、数据、样品、材料、场地等工作条件不符合约定，未在合理期限内通知委托人的，视为其对委托人提供的工作条件予以认可。委托人在接到受托人的补正通知后未在合理期限内答复并予补正的，发生的损失由委托人承担。				部分吸收
第四十条　中介人未促成委托人与第三人之间的技术合同成立的，其要求支付报酬的请求，人民法院不予支持；其要求委托人支付其从事中介活动必要费用的请求，应当予以支持，但当事人另有约定的除外。 中介人隐瞒与订立技术合同有关的重要事实或者提供虚假情况，侵害委托人利益的，应当根据情况免收报酬并承担赔偿责任。	第七百四十八条　中介人未促成合同成立的，不得要求支付报酬，但是可以按照约定要求委托人支付从事中介活动支出的必要费用。	同	第九百六十四条　中介人未促成合同成立的，不得请求支付报酬；但是，可以按照约定请求委托人支付从事中介活动支出的必要费用。	部分吸收

表 2-30 《技术合同司法解释》中技术说明类司法解释的处理方案

《技术合同司法解释》	内容主题	所属部分	处理
第一条　技术成果，是指利用科学技术知识、信息和经验作出的涉及产品、工艺、材料及其改进等的技术方案，包括专利、专利申请、技术秘密、计算机软件、集成电路布图设计、植物新品种等。 技术秘密，是指不为公众所知悉、具有商业价值并经权利人采取保密措施的技术信息。	技术成果与技术秘密的概念	技术相关概念的界定	保留
第二条　合同法第三百二十六条第二款所称“执行法人或者其他组织的工作任务”，包括：(一)履行法人或者其他组织的岗位职责或者承担其交付的其他技术开发任务；(二)离职后一年内继续从事与其原所在法人或者其他组织的岗位职责或者交付的任务有关的技术开发工作，但法律、行政法规另有规定的除外。 法人或者其他组织与其职工就职工在职期间或者离职以后所完成的技术成果的权益有约定的，人民法院应当依约定确认。	执行工作任务的界定	技术相关概念的界定	保留
第三条　合同法第三百二十六条第二款所称“物质技术条件”，包括资金、设备、器材、原材料、未公开的技术信息和资料等。	物质技术条件的界定	技术相关概念的界定	保留
第四条　合同法第三百二十六条第二款所称“主要利用法人或者其他组织的物质技术条件”，包括职工在技术成果的研究开发过程中，全部或者大部分利用了法人或者其他组织的资金、设备、器材或者原材料等物质条件，并且这些物质条件对形成该技术成果具有实质性的影响；还包括该技术成果实质性内容是在法人或者其他组织尚未公开的技术成果、阶段性技术成果基础上完成的情形。但下列情况除外：(一)对利用法人或者其他组织提供的物质技术条件，约定返还资金或者交纳使用费的；(二)在技术成果完成后利用法人或者其他组织的物质技术条件对技术方案进行验证、测试的。	利用物质技术的界定	技术相关概念的界定	保留

续表

《技术合同司法解释》	内容主题	所属部分	处理
第五条　个人完成的技术成果，属于执行原所在法人或者其他组织的工作任务，又主要利用了现所在法人或者其他组织的物质技术条件的，应当按照该自然人原所在和现所在法人或者其他组织达成的协议确认权益。不能达成协议的，根据对完成该项技术成果的贡献大小由双方合理分享。	合理分享成果	技术相关概念的界定	保留
第六条　合同法第三百二十六条、第三百二十七条所称完成技术成果的“个人”，包括对技术成果单独或者共同作出创造性贡献的人，也即技术成果的发明人或者设计人。人民法院在对创造性贡献进行认定时，应当分解所涉及技术成果的实质性技术构成。提出实质性技术构成并由此实现技术方案的人，是作出创造性贡献的人。 提供资金、设备、材料、试验条件，进行组织管理，协助绘制图纸、整理资料、翻译文献等人员，不属于完成技术成果的个人。	完成技术成果个人的界定	技术相关概念的界定	保留
第七条　不具有民事主体资格的科研组织订立的技术合同，经法人或者其他组织授权或者认可的，视为法人或者其他组织订立的合同，由法人或者其他组织承担责任；未经法人或者其他组织授权或者认可的，由该科研组织成员共同承担责任，但法人或者其他组织因该合同受益的，应当在其受益范围内承担相应责任。 前款所称不具有民事主体资格的科研组织，包括法人或者其他组织设立的从事技术研究开发、转让等活动的课题组、工作室等。	不具有民事主体资格科研组织的界定	技术相关概念的界定	保留
第八条　生产产品或者提供服务依法须经有关部门审批或者取得行政许可，而未经审批或者许可的，不影响当事人订立的相关技术合同的效力。 当事人对办理前款所称审批或者许可的义务没有约定或者约定不明确的，人民法院应当判令由实施技术的一方负责办理，但法律、行政法规另有规定的除外。	须经而未经审批或许可的合同的效力	技术合同的效力认定	保留

续表

《技术合同司法解释》	内容主题	所属部分	处理
第九条　当事人一方采取欺诈手段，就其现有技术成果作为研究开发标的与他人订立委托开发合同收取研究开发费用，或者就同一研究开发课题先后与两个或者两个以上的委托人分别订立委托开发合同重复收取研究开发费用的，受损害方依照合同法第五十四条第二款规定请求变更或者撤销合同的，人民法院应当予以支持。	欺诈或重复订立研究开发合同的效力	技术合同的效力认定	保留
第十条　下列情形，属于合同法第三百二十九条所称的“非法垄断技术、妨碍技术进步”：(一)限制当事人一方在合同标的技术基础上进行新的研究开发或者限制其使用所改进的技术，或者双方交换改进技术的条件不对等，包括要求一方将其自行改进的技术无偿提供给对方、非互惠性转让给对方、无偿独占或者共享该改进技术的知识产权；(二)限制当事人一方从其他来源获得与技术提供方类似技术或者与其竞争的技术；(三)阻碍当事人一方根据市场需求，按照合理方式充分实施合同标的技术，包括明显不合理地限制技术接受方实施合同标的技术生产产品或者提供服务的数量、品种、价格、销售渠道和出口市场；(四)要求技术接受方接受并非实施技术必不可少的附带条件，包括购买非必需的技术、原材料、产品、设备、服务以及接收非必需的人员等；(五)不合理地限制技术接受方购买原材料、零部件、产品或者设备等的渠道或者来源；(六)禁止技术接受方对合同标的技术知识产权的有效性提出异议或者对提出异议附加条件。	非法垄断技术、妨碍技术进步的情形	技术合同的效力认定	保留
第十一条　技术合同无效或者被撤销后，技术开发合同研究开发人、技术转让合同让与人、技术咨询合同和技术服务合同的受托人已经履行或者部分履行了约定的义务，并且造成合同无效或者被撤销的过错在对方的，对其已履行部分应当收取的研究开发经费、技术使用费、提供咨询服务的报酬，人民法院可以认定为因对方原因导致合同无效或者被撤销给其造成的损失。 技术合同无效或者被撤销后，因履行合同所完成新的技术成果或者在他人技术成果基础上完成后续改进技术成果的权利归属和利益分享，当事人不能重新协议确定的，人民法院可以判决由完成技术成果的一方享有。	技术合同无效或撤销后的责任承担	法律责任承担	保留

续表

《技术合同司法解释》	内容主题	所属部分	处理
第十二条　根据合同法第三百二十九条的规定，侵害他人技术秘密的技术合同被确认无效后，除法律、行政法规另有规定的以外，善意取得该技术秘密的一方当事人可以在其取得时的范围内继续使用该技术秘密，但应当向权利人支付合理的使用费并承担保密义务。 当事人双方恶意串通或者一方知道或者应当知道另一方侵权仍与其订立或者履行合同的，属于共同侵权，人民法院应当判令侵权人承担连带赔偿责任和保密义务，因此取得技术秘密的当事人不得继续使用该技术秘密。	善意或恶意取得他人技术秘密的法律责任	法律责任承担	保留
第十三条　依照前条第一款规定可以继续使用技术秘密的人与权利人就使用费支付发生纠纷的，当事人任何一方都可以请求人民法院予以处理。继续使用技术秘密但又拒不支付使用费的，人民法院可以根据权利人的请求判令使用人停止使用。 人民法院在确定使用费时，可以根据权利人通常对外许可该技术秘密的使用费或者使用人取得该技术秘密所支付的使用费，并考虑该技术秘密的研究开发成本、成果转化和应用程度以及使用人的使用规模、经济效益等因素合理确定。 不论使用人是否继续使用技术秘密，人民法院均应当判令其向权利人支付已使用期间的使用费。使用人已向无效合同的让与人支付的使用费应当由让与人负责返还。	继续使用技术秘密人的权利和义务	法律责任承担	保留
第十四条　对技术合同的价款、报酬和使用费，当事人没有约定或者约定不明确的，人民法院可以按照以下原则处理：(一)对于技术开发合同和技术转让合同，根据有关技术成果的研究开发成本、先进性、实施转化和应用的程度，当事人享有的权益和承担的责任，以及技术成果的经济效益等合理确定；(二)对于技术咨询合同和技术服务合同，根据有关咨询服务工作的技术含量、质量和数量，以及已经产生和预期产生的经济效益等合理确定。 技术合同价款、报酬、使用费中包含非技术性款项的，应当分项计算。	技术合同价格的认定标准	技术合同的司法认定	保留

续表

《技术合同司法解释》	内容主题	所属部分	处理
第十五条　技术合同当事人一方迟延履行主要债务，经催告后在30日内仍未履行，另一方依据合同法第九十四条第（三）项的规定主张解除合同的，人民法院应当予以支持。 当事人在催告通知中附有履行期限且该期限超过30日的，人民法院应当认定该履行期限为合同法第九十四条第（三）项规定的合理期限。	迟延履行中解除技术合同的条件	技术合同的司法认定	保留
第十六条　当事人以技术成果向企业出资但未明确约定权属，接受出资的企业主张该技术成果归其享有的，人民法院一般应当予以支持，但是该技术成果价值与该技术成果所占出资额比例明显不合理损害出资人利益的除外。 当事人对技术成果的权属约定有比例的，视为共同所有，其权利使用和利益分配，按共有技术成果的有关规定处理，但当事人另有约定的，从其约定。 当事人对技术成果的使用权约定有比例的，人民法院可以视为当事人对实施该项技术成果所获收益的分配比例，但当事人另有约定的，从其约定。	技术出资约定或未约定权属的认定标准	技术合同的司法认定	保留
第十七条　合同法第三百三十条所称"新技术、新产品、新工艺、新材料及其系统"，包括当事人在订立技术合同时尚未掌握的产品、工艺、材料及其系统等技术方案，但对技术上没有创新的现有产品的改型、工艺变更、材料配方调整以及对技术成果的验证、测试和使用除外。	新技术、新产品、新工艺、新材料及其系统的界定	技术开发合同相关概念的界定	保留
第十八条　合同法第三百三十条第四款规定的"当事人之间就具有产业应用价值的科技成果实施转化订立的"技术转化合同，是指当事人之间就具有实用价值但尚未实现工业化应用的科技成果包括阶段性技术成果，以实现该科技成果工业化应用为目标，约定后续试验、开发和应用等内容的合同。	技术转化合同的界定	技术开发合同相关概念的界定	保留
第十九条　合同法第三百三十五条所称"分工参与研究开发工作"，包括当事人按照约定的计划和分工，共同或者分别承担设计、工艺、试验、试制等工作。 技术开发合同当事人一方仅提供资金、设备、材料等物质条件或者承担辅助协作事项，另一方进行研究开发工作的，属于委托开发合同。	分工参与研究开发与委托开发的界定	技术开发合同相关概念的界定	保留

续表

《技术合同司法解释》	内容主题	所属部分	处理
第二十条　合同法第三百四十一条所称“当事人均有使用和转让的权利”，包括当事人均有不经对方同意而自己使用或者以普通使用许可的方式许可他人使用技术秘密，并独占由此所获利益的权利。当事人一方将技术秘密成果的转让权让与他人，或者以独占或者排他使用许可的方式许可他人使用技术秘密，未经对方当事人同意或者追认的，应当认定该让与或者许可行为无效。	当事人均有适用和转让的权利的界定	技术开发合同相关概念的界定	保留
第二十一条　技术开发合同当事人依照合同法的规定或者约定自行实施专利或使用技术秘密，但因其不具备独立实施专利或者使用技术秘密的条件，以一个普通许可方式许可他人实施或者使用的，可以准许。	许可他人实施或使用的认定	技术开发合同的司法认定	保留
第二十二条　合同法第三百四十二条规定的“技术转让合同”，是指合法拥有技术的权利人，包括其他有权对外转让技术的人，将现有特定的专利、专利申请、技术秘密的相关权利让与他人，或者许可他人实施、使用所订立的合同。但就尚待研究开发的技术成果或者不涉及专利、专利申请或者技术秘密的知识、技术、经验和信息所订立的合同除外。 技术转让合同中关于让与人向受让人提供实施技术的专用设备、原材料或者提供有关的技术咨询、技术服务的约定，属于技术转让合同的组成部分。因此发生的纠纷，按照技术转让合同处理。 当事人以技术入股方式订立联营合同，但技术入股人不参与联营体的经营管理，并且以保底条款形式约定联营体或者联营对方支付其技术价款或者使用费的，视为技术转让合同。	技术转让合同的定义	技术转让合同的相关界定	保留
第二十三条　专利申请权转让合同当事人以专利申请被驳回或者被视为撤回为由请求解除合同，该事实发生在依照专利法第十条第三款的规定办理专利申请权转让登记之前的，人民法院应当予以支持；发生在转让登记之后的，不予支持，但当事人另有约定的除外。 专利申请因专利申请权转让合同成立时即存在尚未公开的同样发明创造的在先专利申请被驳回，当事人依据合同法第五十四条第一款第（二）项的规定请求予以变更或者撤销合同的，人民法院应当予以支持。	专利申请被驳回或撤回后合同转让的认定	专利转让合同的效力认定	保留

续表

《技术合同司法解释》	内容主题	所属部分	处理
第二十四条　订立专利权转让合同或者专利申请权转让合同前，让与人自己已经实施发明创造，在合同生效后，受让人要求让与人停止实施的，人民法院应当予以支持，但当事人另有约定的除外。 让与人与受让人订立的专利权、专利申请权转让合同，不影响在合同成立前让与人与他人订立的相关专利实施许可合同或者技术秘密转让合同的效力。	受让人要求让与人停止实施发明的认定	专利转让合同的效力认定	保留
第二十五条　专利实施许可包括以下方式：（一）独占实施许可，是指让与人在约定许可实施专利的范围内，将该专利仅许可一个受让人实施，让与人依约定不得实施该专利；（二）排他实施许可，是指让与人在约定许可实施专利的范围内，将该专利仅许可一个受让人实施，但让与人依约定可以自行实施该专利；（三）普通实施许可，是指让与人在约定许可实施专利的范围内许可他人实施该专利，并且可以自行实施该专利。 当事人对专利实施许可方式没有约定或者约定不明确的，认定为普通实施许可。专利实施许可合同约定受让人可以再许可他人实施专利的，认定该再许可为普通实施许可，但当事人另有约定的除外。 技术秘密的许可使用方式，参照本条第一、二款的规定确定。	专利实施许可方式	专利转让合同的司法认定	保留
第二十六条　专利实施许可合同让与人负有在合同有效期内维持专利权有效的义务，包括依法缴纳专利年费和积极应对他人提出宣告专利权无效的请求，但当事人另有约定的除外。	专利转让合同当事人的权利义务	专利转让合同的司法认定	保留
第二十七条　排他实施许可合同让与人不具备独立实施其专利的条件，以一个普通许可的方式许可他人实施专利的，人民法院可以认定为让与人自己实施专利，但当事人另有约定的除外。	排他实施许可合同让与人不具备独立实施其专利的条件	专利转让合同的司法认定	保留

续表

《技术合同司法解释》	内容主题	所属部分	处理
第二十八条　合同法第三百四十三条所称"实施专利或者使用技术秘密的范围"，包括实施专利或者使用技术秘密的期限、地域、方式以及接触技术秘密的人员等。 当事人对实施专利或者使用技术秘密的期限没有约定或者约定不明确的，受让人实施专利或者使用技术秘密不受期限限制。	实施专利或使用技术秘密的范围认定	专利转让合同的司法认定	保留
第二十九条　合同法第三百四十七条规定技术秘密转让合同让与人承担的"保密义务"，不限制其申请专利，但当事人约定让与人不得申请专利的除外。 当事人之间就申请专利的技术成果所订立的许可使用合同，专利申请公开以前，适用技术秘密转让合同的有关规定；发明专利申请公开以后、授权以前，参照适用专利实施许可合同的有关规定；授权以后，原合同即为专利实施许可合同，适用专利实施许可合同的有关规定。 人民法院不以当事人就已经申请专利但尚未授权的技术订立专利实施许可合同为由，认定合同无效。	技术秘密转让合同让与人保密义务的认定	专利转让合同的司法认定	保留
第三十条　合同法第三百五十六条第一款所称"特定技术项目"，包括有关科学技术与经济社会协调发展的软科学研究项目，促进科技进步和管理现代化、提高经济效益和社会效益等运用科学知识和技术手段进行调查、分析、论证、评价、预测的专业性技术项目。	特定技术项目的界定	技术咨询合同相关概念的界定	保留
第三十二条　技术咨询合同受托人发现委托人提供的资料、数据等有明显错误或者缺陷，未在合理期限内通知委托人的，视为其对委托人提供的技术资料、数据等予以认可。委托人在接到受托人的补正通知后未在合理期限内答复并予补正的，发生的损失由委托人承担。	受托人发现错误缺陷未通知委托人的法律后果	技术咨询合同当事人的权利义务	保留
第三十三条　合同法第三百五十六条第二款所称"特定技术问题"，包括需要运用专业技术知识、经验和信息解决的有关改进产品结构、改良工艺流程、提高产品质量、降低产品成本、节约资源能耗、保护资源环境、实现安全操作、提高经济效益和社会效益等专业技术问题。	特定技术问题的认定	技术咨询和技术服务合同的司法认定	保留

续表

《技术合同司法解释》	内容主题	所属部分	处理
第三十四条　当事人一方以技术转让的名义提供已进入公有领域的技术，或者在技术转让合同履行过程中合同标的技术进入公有领域，但是技术提供方进行技术指导、传授技术知识，为对方解决特定技术问题符合约定条件的，按照技术服务合同处理，约定的技术转让费可以视为提供技术服务的报酬和费用，但是法律、行政法规另有规定的除外。 依照前款规定，技术转让费视为提供技术服务的报酬和费用明显不合理的，人民法院可以根据当事人的请求合理确定。	进入公共领域的技术转让合同的认定	技术咨询和技术服务合同的司法认定	保留
第三十六条　合同法第三百六十四条规定的“技术培训合同”，是指当事人一方委托另一方对指定的学员进行特定项目的专业技术训练和技术指导所订立的合同，不包括职业培训、文化学习和按照行业、法人或者其他组织的计划进行的职工业余教育。	技术培训合同的认定	技术咨询和技术服务合同的司法认定	保留
第三十七条　当事人对技术培训必需的场地、设施和试验条件等工作条件的提供和管理责任没有约定或者约定不明确的，由委托人负责提供和管理。 技术培训合同委托人派出的学员不符合约定条件，影响培训质量的，由委托人按照约定支付报酬。 受托人配备的教员不符合约定条件，影响培训质量，或者受托人未按照计划和项目进行培训，导致不能实现约定培训目标的，应当减收或者免收报酬。 受托人发现学员不符合约定条件或者委托人发现教员不符合约定条件，未在合理期限内通知对方，或者接到通知的一方未在合理期限内按约定改派的，应当由负有履行义务的当事人承担相应的民事责任。	技术培训中不符合约定情况的责任认定	技术咨询和技术服务合同的司法认定	保留
第三十八条　合同法第三百六十四条规定的“技术中介合同”，是指当事人一方以知识、技术、经验和信息为另一方与第三人订立技术合同进行联系、介绍以及对履行合同提供专门服务所订立的合同。	技术中介合同的认定	技术咨询和技术服务合同的司法认定	保留

续表

《技术合同司法解释》	内容主题	所属部分	处理
第三十九条　中介人从事中介活动的费用，是指中介人在委托人和第三人订立技术合同前，进行联系、介绍活动所支出的通信、交通和必要的调查研究等费用。中介人的报酬，是指中介人为委托人与第三人订立技术合同以及对履行该合同提供服务应当得到的收益。 当事人对中介人从事中介活动的费用负担没有约定或者约定不明确的，由中介人承担。当事人约定该费用由委托人承担但未约定具体数额或者计算方法的，由委托人支付中介人从事中介活动支出的必要费用。 当事人对中介人的报酬数额没有约定或者约定不明确的，应当根据中介人所进行的劳务合理确定，并由委托人承担。仅在委托人与第三人订立的技术合同中约定中介条款，但未约定给付中介人报酬或者约定不明确的，应当支付的报酬由委托人和第三人平均承担。	中介人从事中介活动的费用认定	技术咨询和技术服务合同的司法认定	保留
第四十一条　中介人对造成委托人与第三人之间的技术合同的无效或者被撤销没有过错，并且该技术合同的无效或者被撤销不影响有关中介条款或者技术中介合同继续有效，中介人要求按照约定或者本解释的有关规定给付从事中介活动的费用和报酬的，人民法院应当予以支持。 中介人收取从事中介活动的费用和报酬不应当被视为委托人与第三人之间的技术合同纠纷中一方当事人的损失。	中介人对于造成委托人与第三人之间的技术合同无效或撤销没有过错的报酬获得权	技术咨询和技术服务合同的司法认定	保留

表 2-31 《技术合同司法解释》中程序施行类司法解释的处理方案

《技术合同司法解释》	条款类别	处理
第四十二条　当事人将技术合同和其他合同内容或者将不同类型的技术合同内容订立在一个合同中的，应当根据当事人争议的权利义务内容，确定案件的性质和案由。 技术合同名称与约定的权利义务关系不一致的，应当按照约定的权利义务内容，确定合同的类型和案由。 技术转让合同中约定让与人负责包销或者回购受让人实施合同标的技术制造的产品，仅因让与人不履行或者不能全部履行包销或者回购义务引起纠纷，不涉及技术问题的，应当按照包销或者回购条款约定的权利义务内容确定案由。	案由确定条款	保留
第四十三条　技术合同纠纷案件一般由中级以上人民法院管辖。 各高级人民法院根据本辖区的实际情况并报经最高人民法院批准，可以指定若干基层人民法院管辖第一审技术合同纠纷案件。 其他司法解释对技术合同纠纷案件管辖另有规定的，从其规定。 合同中既有技术合同内容，又有其他合同内容，当事人就技术合同内容和其他合同内容均发生争议的，由具有技术合同纠纷案件管辖权的人民法院受理。	管辖条款	保留
第四十四条　一方当事人以诉讼争议的技术合同侵害他人技术成果为由请求确认合同无效，或者人民法院在审理技术合同纠纷中发现可能存在该无效事由的，人民法院应当依法通知有关利害关系人，其可以作为有独立请求权的第三人参加诉讼或者依法向有管辖权的人民法院另行起诉。 利害关系人在接到通知后 15 日内不提起诉讼的，不影响人民法院对案件的审理。	第三人条款	保留

续表

《技术合同司法解释》	条款类别	处理
第四十五条　第三人向受理技术合同纠纷案件的人民法院就合同标的技术提出权属或者侵权请求时，受诉人民法院对此也有管辖权的，可以将权属或者侵权纠纷与合同纠纷合并审理；受诉人民法院对此没有管辖权的，应当告知其向有管辖权的人民法院另行起诉或者将已经受理的权属或者侵权纠纷案件移送有管辖权的人民法院。权属或者侵权纠纷另案受理后，合同纠纷应当中止诉讼。 专利实施许可合同诉讼中，受让人或者第三人向专利复审委员会请求宣告专利权无效的，人民法院可以不中止诉讼。在案件审理过程中专利权被宣告无效的，按照专利法第四十七条第二款和第三款的规定处理。	管辖条款	保留
第四十六条　集成电路布图设计、植物新品种许可使用和转让等合同争议，相关行政法规另有规定的，适用其规定；没有规定的，适用合同法总则的规定，并可以参照合同法第十八章和本解释的有关规定处理。 计算机软件开发、许可使用和转让等合同争议，著作权法以及其他法律、行政法规另有规定的，依照其规定；没有规定的，适用合同法总则的规定，并可以参照合同法第十八章和本解释的有关规定处理。	施行条款	清理
第四十七条　本解释自 2005 年 1 月 1 日起施行。	施行条款	清理

第三章　司法解释入典的考量因素与标准尺度

笔者在第一章和第二章已经把司法解释分为三类，并将梳理分类后的司法解释确定为入典、清理、保留三种状态。本章笔者针对入典部分的司法解释进行分析，考察能够被吸纳入典的司法解释条款应当具有哪些特质，进而抽象出司法解释入典的考量因素和标准尺度。

《民法典》编纂过程中增加的若干条款有很大一部分来自相关司法解释规则，司法解释的作用除了在于指导司法实践、统一司法裁判以外，还作为司法规则渐进式入典的试行和准备。在法律的修改或编纂中需要引入和更新部分法律条文，大体上有两种方式：激进式入典方式和渐进式入典方式。激进式入典，即新规则被直接写入典律条文，无须经历司法演进而转入立法体系。渐进式入典则是新规则通过自然演进的方式先被司法规范化，采用司法解释形式适用于司法实践，待适用稳妥后再转化为法律条文。在司法实践中，具有中国特色的渐进式入典方式逐渐形成，此入典方式可分解为三个关键步骤："第一步是个案裁判的特殊化救济，第二步是司法解释的规范化续造，第三步是法律规定的普遍化建构。"[1]其中，个案裁判纯粹归于司法范畴，属渐进式入典过程的开端；司法解释的规范化续造处于过渡阶段，作为"个案裁判—司法解释—规则入典"的连接环节；法律规定的普遍化建构则是最终阶段，属于立法范畴，因此探讨规范解释转化为规则入典的考量因素和标准具有推进立法的意义。此次《民法典》编纂吸收大量司法解释，大体上基于这些考量因素和标准尺度进行的，笔者将这些因素和尺度梳理出来将有利于证成司法解释入典的合理性与必要性，并且为今后制定司法解释以待入典提供衡量标准。

第一节　入典的考量因素

所谓司法解释入典的考量因素，是指司法解释条款遵循何种原则、标准以及依照何种机制进入典律体系。并非所有具有司法效果的司法解释均能入典，法律体系的建构必须周全考量，审慎抉择确定能够进入典律体系的因素。笔者认为，司法解释入典要从社会共识、价值取向、入典成本三个方面进行考量。

一、社会共识

法律是规定人们权利或义务的准则，一项司法解释规则是否能够上升为法律条文，即是否能成为规定人们权利义务的准则，其考虑的核心因素为是否符合社会共识。从本质上看，"权利义务"是一种群体性和社会性的观念，存在于社会共识之中，即只有人们就权利义务形成一致

〔1〕王庆廷：《新兴权利渐进入典的路径》，载《法商研究》2018年第1期。

肯定的意见，权利义务才能存在。[1]由此可见，在一定的社会条件约束下，如果某项司法解释的重要性未表现出足够程度的突出，或者其重要性未受到社会公众的高度重视，其上升为法定权利的主观条件是不足的。社会共识来自公众的观念、意识，具有一定的稳定性，进而保障国家法律在某段时空中的稳定性。

社会共识的形成是一个循序渐进的过程。一项新的权利或义务最初被主张总是始于个别人或少数人，“无论是何种具体的新兴权利主张与诉求，其基础的生成与铸就始终是从少数主体甚至单独个体的人基于自身的需要与狭隘的私利而开始的，随后在一定的时间段与空间中得到越来越多的主体的呼应与认同，以产生足够的社会重要性与价值，从而产生出权利化的证成需求。”[2]就个别规则通过司法形成渐进式入典的过程而言，“个案裁判到司法解释”的过程是部分共识达成的体现，这是个别的、零星的合乎法理的新兴权利或义务，通过个案裁判予以特殊化救济，若此类裁判达到一定程度的部分群体共识则可纳入司法解释，予以规范化司法续造；“司法解释再到规则入典”的过程则须社会共识，被确定为司法解释的新规则的共识面进一步扩大，最终达到整个社会的共识可纳入典律条文予以立法构建。由此可见，由于人们对新兴事物的认识需要一个过程，新规则要达到社会共识程度往往是逐步、缓慢甚至可能出现曲折、反复的过程。

事实上，大量的个案裁判规则缺乏普遍化条件，即使是通过部分群体共识的司法解释也可能无法达到足够的社会共识，而被拒于立法条文之

〔1〕 参见[美]科尔曼：《社会理论的基础》，邓方译，社会科学文献出版社1999年版，第65页。
〔2〕 姚建宗、方芳：《新兴权利研究的几个问题》，载《苏州大学学报》(哲学社会科学版)2015年第3期。

外。在新规则的主体认知和确认中，需要考虑个别或少数作为“先吃螃蟹”的人与社会公众能否在新兴的具体权利主张和义务诉求上实现法律身份的相互转化，也就是社会公众能否在具体的新规则的语境中普遍而无障碍地转化为具有这些权利主张和义务诉求的“少数人”的身份，从而使社会大众对新规则达到认知上的共识。尽管先知先觉者提出具体的新规则也许是少数主体的率先意识表现，但一项权利主张或义务诉求具有一定的群体认知度，进而上升为司法解释规范，在司法适用中继续检验，当自我主张的部分社会主体能够在具体权利主张语境中与社会公众没有障碍地实现主体角色转换时，该规则就具备了转化为立法的社会共识方面的条件。例如，《合同法司法解释二》第26条即情势变更条款，该条款体现了公平正义，符合法律的价值取向。订立时符合公平原则的合同，在合同生效后，由于社会环境的重大变化，若依然按照原合同执行，将使一方当事人遭受重大的损害，造成显失公平。这种情况下法院运用情势变更规则，变更合同的内容或者解除合同，通过双方当事人分担因异常损害所造成的风险来平衡当事人之间的利益失衡，这符合法律的公平原则。在具体的司法实践中，情势变更的情形很多，要根据具体情况来判断是否构成情势变更，应该以三方面的标准，即是否导致合同基础的丧失；是否导致合同目的落空；是否导致对价关系的障碍作为判断。[1]该规则符合社会价值取向，从个别人意识到群体认知再到社会公众话语体系的成功转换，达到了社会共识的程度，一旦有立法机会就可能从司法规则转换为法律条文。

二、价值取向

法律异于规律，规律属客观范畴，其不以人的意志为转移，而法律属

〔1〕 参见梁慧星：《中国民法经济法诸问题》，法律出版社1991年版，第226页。

主观范畴，是社会意识对客观现象的抽象，具有明显的价值取向。古今中外，各个国家都注重将自己的核心价值观写入典律文本，转化为有国家强制力的行为准则。[1]实际上也就是新规则想要写入典律文本需要符合本国核心价值取向。“随着现代立法形式的发展，法律越来越明确地反映和体现政策，法律调整的范围和性质也在发生着变化，纯粹的‘法律逻辑’解释愈加成为问题。”[2]美国1776年制定的成文宪法和作为宪法附件的《权利法案》，以实际立法将某些价值判断或原则纳入宪法之中，在近代历史上被其他国家反复效仿。[3]在现代中国，党的十八大报告指出：“倡导富强、民主、文明、和谐，倡导自由、平等、公正、法治，倡导爱国、敬业、诚信、友善，积极培育社会主义核心价值观。”[4]十九大报告提出：我们要“培育和践行社会主义核心价值观。”[5]社会主义核心价值观是全面推进依法治国的核心价值，是法治国家、法治政府和法治社会建设的全过程以及立法、执法、司法和守法各个环节的指导思想，对法律规范具有引导、激励和约束的作用。[6]因此，中国法律构建所遵循的价值取向，就是社会主义核心价值观。《民法总则》已于2017年3月15日颁布，10月1日正式实施，借《民法典》编纂之际，将社会主义核心价值观放在了民法显著的位置。如《民法总则》第1条，作为立法目的条款规定：“弘扬社会主义核心价值观。”将核心价值观直接写入典律，将弘扬自由、平等、公平、法治等核心价值观作为民法的价值取向，并且将这些价

〔1〕 参见刘风景：《社会主义核心价值观入典的理据与方式》，载《当代世界与社会主义》2017年第4期。

〔2〕 [英]罗杰·科特威尔：《法律社会学导论》，彭小龙译，中国政法大学出版社2015年版，第3页。

〔3〕 参见[英]丹尼斯·罗伊德：《法律的理念》，张茂柏译，上海译文出版社2014年版，第102页。

〔4〕 中国共产党第十八次全国代表大会报告《坚定不移沿着中国特色社会主义道路前进 为全面建成小康社会而奋斗》。

〔5〕 中国共产党第十九次全国代表大会报告《决胜全面建成小康社会夺取新时代中国特色社会主义伟大胜利》。

〔6〕 参见刘奇英：《社会主义核心价值观入典入规与惩罚性赔偿制度——以自由价值观为分析中心》，载《云南社会科学》2018年第2期。

值观直接转换为民法原则，鲜明地写入《民法总则》第 4 条至第 10 条等条款中。从另一角度而言，“事实上，法律的规则是在人们共同意愿基础上制定的。它是实施疏导的‘建筑’；它是积极的力量，正如规范运河流向的航道，它规定了堤岸内河水的流向，指挥着洪流在堤岸里流动。”〔1〕一项新规则的确立需要符合公众认可的社会价值取向，才能在司法实践中发挥良好、有效的作用。如《民法总则》第 183 条规定：“因保护他人民事权益使自己受到损害的，由侵权人承担民事责任，受益人可以给予适当补偿。没有侵权人、侵权人逃逸或者无力承担民事责任，受害人请求补偿的，受益人应当给予适当补偿。”第 184 条规定：“因自愿实施紧急救助行为造成受助人损害的，救助人不承担民事责任。”这两则“好人条款”均赋予了善举人有力的法律支持，充分体现了见义勇为的立法精神，也匡正了社会风尚，符合社会主义核心价值观。由此可见，司法规则入典的重要条件之一就是符合社会价值取向，满足社会主义核心价值观。

根据马克思主义哲学观点，“价值”是为满足人类生存发展程度而应当具有客观世界的关系范畴，在具体历史过程中，体现了客体对于主体需要的意义。〔2〕从这种意义上来说，法律的价值是主体选择的结果，价值关系受到主体主观性的影响也具有明显的“好恶”倾向，正如著名哲学家卡尔·波普尔所言，刑法是必不可少的弊，而民法则是不可或缺的利。〔3〕在某种意义上可以反映出民法的制定是为国民带来福祉，“其主导思想是为了使人自在地生活、充分地发展个性，并最终使人得到

〔1〕［美］约翰·杜威：《公众及其问题》，本书翻译组译，复旦大学出版社 2015 年版，第 57 页。

〔2〕参见刘奇英等：《马克思主义基本原理概论》，高等教育出版社 2015 年版，第 85 页。

〔3〕参见［德］克劳斯－威廉·卡纳里斯：《欧洲大陆民法的典型特征》，郑冲译，载孙宪忠主编：《制定科学的民法典——中德民法典立法研讨会文集》，法律出版社 2003 年版，第 32 页。

全面发展。”[1]根据《民法总则》的选择确定了民法分则的价值取向，社会主义核心价值观作为民法分则中合同编编纂的价值选择。例如，《民法典》新增了供电人的强制缔约义务，从表面上看该义务是对合同自由的限制，但其实质上反映了民法保障国民基本生活的价值取向。“现行《电力法》是以保障和促进电力事业发展、保护各主体权利义务作为基本的立法原则，其中供电管理制度中涉及基本民生的条款具有系统性。”[2]“从物理属性看，电网具有自然垄断属性，供区与电网无法物理分割，一个区域一张网一个经营主体，是符合电网运营管理规律的最优安排。电网的自然垄断特性，决定了电网管理主体的唯一性。现行《电力法》规定，一个供电营业区内只设立一个供电营业机构，供电营业区内的供电营业机构，有对本营业区内的用户按照国家规定供电的义务。……电网企业应无歧视地向售电主体及其用户提供报装、计量、抄表、维修等各类供电服务，按约定履行保底供应商义务，确保无议价能力的用户有电可用。”[3]在电力业中，强制缔约最主要的制度价值在于避免电网企业等自然垄断企业利用市场优势地位从事差别对待、歧视等损害市场公正的行为。在社会主义市场经济条件下，供用电双方签订供用电合同，明确双方的权利义务关系，按照合同的约定并根据市场规律供应与使用电力是十分必要的。供用电合同属于一种持续供给合同。由于电力供应的连续性，合同的履行方式呈持续状态。供电人在发、供电系统正常的情况下，负有连续向用电人供电的义务；用电人在合同约定的时间内，享有连续用电的权利。需要说明的是，强制缔约虽然限制了

〔1〕 朱广新：《超越经验主义立法——编纂民法典》，载《中外法学》2014 年第 6 期。
〔2〕 刘春瑞、刘进：《电改背景下〈电力法〉修编的原则和要点》，载《中国电力企业管理》2016 年第 12 期。
〔3〕 刘春瑞、刘进：《电改背景下〈电力法〉修编的原则和要点》，载《中国电力企业管理》2016 年第 12 期。

一方自由选择缔约方的权利，但基于合意确定的合同仍是双方权利义务的基础。在强制缔约制度下，缔约义务人对于要约人的要约非有正当理由不得拒绝承诺。[1]“正当理由”应包括两个方面的内容：法律依据、用电人的合理请求。其一，法律依据，目前《民法典》合同编已规定向社会公众供电的供电人，不得拒绝用电人合理的订立合同要求。其二，用电人的合理请求，此种合理性可根据缔约义务人的服务区域、能力以及服务时间等方面综合确定。也就是：一方面由于供电企业具有明确的供电营业区，用户无特殊情况不应向不在其供电服务范围的供电企业申请供电，否则供电企业有权拒绝；另一方面，某些对于供电种类或者电量有特殊要求的用户，也不应要求仅拥有一般供电能力的企业与其强制缔约。[2]民法在供电人和用电人中划定合适的价值边界，避免了利益双方因价值界限模糊而影响国民社会的总福祉。

三、规则入典的成本

一项司法解释规则要成为真正意义上的法律，考量该规则的“社会共识”和“价值取向”只能说明规则入典的可能性，是否具有现实的可行性才是问题的实质，这从根本上取决于规则入典的成本。某项规则入典实际上就是赋予一方当事人某种权利，“从法社会学的立场出发，所谓的权利体现了人们交往行为中的利益结构关系。法律规范中对权利的界定，理应是社会结构中利益关系的法律表达。”[3]所以，从表面上来看，赋予一方当事人权利是提供“私人物品”，但实质上具有“公共物

---

〔1〕 参见易军、宁红丽：《强制缔约制度研究——兼论近代民法的嬗变与革新》，载《法学家》2003 年第 3 期。

〔2〕 参见于文轩：《论电力法上的强制缔约制度》，载《法治社会》2018 年第 1 期。

〔3〕 谢晖：《论新型权利生成的习惯基础》，载《法商研究》2015 年第 1 期。

品”的属性，权利的设定影响了人们社会交往的关系，体现了利益结构的调整。需要注意的是，权利的实现从表面上看是通过人们之间的协调、合作，但当实际上履行义务方不予合作时，则依赖于国家权力机构的促进、维系和干涉，如制定法律制度、建立执行机构、派发社会福利等，而这一切都需要公共财政的支持、公共资源的投入和国家机关的行动。[1]由此可见，一项规则是否能够入典需要考量其入典的成本，需要全面评估该规则入典后产生的积极作用与国家为其入典所消耗公共资源之间的成本收益。

规则入典形成的权利一般具有三种功能，针对不同的功能国家要投入不等的公共资源来维护这种权利。一是防御功能，即要求他人对于权利予以尊重、不得侵犯的功能，表现为不作为请求权或者侵害停止请求权。[2]所对应的国家义务是消极义务，国家不得以任何方式侵犯公民权利。二是受益功能，即要求他人积极履行义务、确保权利人权益的功能，表现为积极作为请求权或者利益获取请求权。[3]所对应的国家义务是积极义务，国家要提供权利实现所需的实体或程序条件。[4]三是救济功能，即基于预防功能或受益功能而向义务主体主张权利履行或利益赔偿的功能，表现为责任承担请求权或者公力救济请求权。[5]所对应的国家义务也是积极义务，国家的保护义务，其中最为重要的就是司法救助义务。可见，仅有权利的第一项功能对应的是国家的消极义务，国家权力克制即可，其所消耗的成本较小，而后两种权利功能的实现，需要国

〔1〕 参见［美］霍尔姆斯、桑斯坦：《权利的成本——为什么自由依赖于税》，毕竟悦译，北京大学出版社2004年版，第26页。

〔2〕 参见菅从进：《权利的防御权能与立法机关的消极义务》，载《内蒙古社会科学》2008年第5期。

〔3〕 参见菅从进：《论基本权利的受益权能及其主要指向》，载《广西社会科学》2008年第10期。

〔4〕 参见张翔：《基本权利的受益权功能与国家的给付义务——从基本权利分析框架的革新开始》，载《中国法学》2006年第1期。

〔5〕 参见菅从进：《权利的救济权能与公权主体的救助性义务》，载《学海》2008年第3期。

家履行积极的给付义务或保护义务，所消耗的公共财政是巨大的。在合同法规则所对应的权利中，积极作为请求权、利益获取请求权、责任承担请求权和公力救济请求权居多，易言之，就是需要国家履行积极义务的权利较多，所以一般规则入典、权利确定，意味着维护权利成本的大量耗费，立法以及维护法律有效运行要以公共财政的投入为后盾，如果忽视规则入典的成本，仅凭公众正义激情、价值判断盲目入典，即使规则能够入典，法律实施也难以为继，甚至可能影响社会稳定和发展。德国《魏玛宪法》就是明显的例证，“当时的社会民主党主导的联合政府将大量社会权——诸如健康权、受教育权、工作权、住宅权、社会保障权等写入宪法，但又无法提供充足的财政保障和有效的司法救济，并抑制了立法机构对此类事项的审议和决策权力，其引发的宪法危机加剧了魏玛政府的垮台”。[1]

由此可见，某项规则对应的权利成本越小，其入典的可行性就越大，反之亦然。在此种约束条件下，应该尽量减少不必要的立法成本开支，特别是人为的成本冗余。[2]此外，法学理论界“立法谦抑”的呼声不绝于耳，[3]我们要保持立法克制，只有在通过立法之外的方式难以对新权利提供足够的保障时，才可以考虑用新规则入典的方式保护权利。总而言之，在考量规则入典的成本时需要考察两方面的主要因素：一是规则入典后的法律体系的和谐性，即“一种特定的法益被确认为法定的权利后，只有与整个权利体系相协调，才可能发挥其应有的作用。”[4]如果一项规则与既有的法律体系在性质上相悖或逻辑上不衔接，其入典的

〔1〕 姜峰：《权利宪法化的隐忧——以社会权为中心的思考》，载《清华法学》2010 年第 5 期。
〔2〕 参见王庆廷：《新兴权利渐进入典的路径探析》，载《法商研究》2018 年第 1 期。
〔3〕 参见王庆廷：《新兴权利渐进入典的路径探析》，载《法商研究》2018 年第 1 期。
〔4〕 李友根：《论经济法权利的生成——以知情权为例》，载《法制与社会发展》2008 年第 6 期。

可行性将大打折扣。二是规则设置的科学性，即科学设置规则体系，明确划分规则所涉及的权利义务边界。权利义务边界越明确，其法律定分止争的权威性越强，法律主体的行为预判越明确。例如，原《合同法》第 182 条规定："用电人应当按照国家有关规定和当事人的约定及时交付电费。用电人逾期不交付电费的，应当按照约定支付违约金。经催告用电人在合理期限内仍不交付电费和违约金的，供电人可以按照国家规定的程序中止供电。"本条款有漏洞，因为用电人作为供用电合同的一方当事人确需按约定支付电费，否则供电人能够依约停止供电，现实中大多也是如此操作的。然而，在此种合同履行的实践中，电力供应作为用电方的基本生活、生产的需求，如若未经告知突然停电，有可能对于用电方造成损失，这种损失一方面减少了社会总福利，另一方面可能引发用电方反过来向供电方追究损失扩大的责任。为了避免供用电双方的损失，需要更科学地设置双方的权利义务边界，《民法典》合同编在原《合同法》第 182 条的基础上设置"供电人依据前款规定中止供电的，应当事先通知用电人"的内容，进一步划分权利义务人之间的责任边界，通过供电人通知义务的配置，来保障法典条文设置的科学性。任何规则入典都应该审慎为之，不能随心所欲，谨慎地衡量规则入典的成本收益和权利的合理边界，能够最大限度地减少权利冲突，增加规则入典的可行性。

第二节 入典的标准尺度

全国人大常委会《关于加强法律解释工作的决议》规定："凡属于法院审判工作中具体应用法律、法令的问题，由最高人民法院进行解释。"[1]同时,《最高人民法院关于司法解释工作的若干规定》也明确规定:"人民法院在审理工作中具有应用法律的问题,由最高人民法院作出司法解释。"[2]可见,最高司法机关发布的司法解释具有解释功能,解释的对象为"具体法律、法令"。同时,司法解释规则是在司法实践和判例中逐渐摸索、总结产生的,在立法实践中,司法解释可以作为司法经验吸纳入典的素材,部分司法解释通过法律实践的检验,可能直接被吸纳到立法中,充实立法规范。在《民法典》编纂中,势必会有部分合同法司法解释规则转化为立法规范。不过,司法解释入典并非随意之举,须设置严格的标准和尺度,入典的司法解释满足"习惯法标准",符合"最低限度的价值标准"以及"法律冲突与契合标准"。

一、习惯法标准

习惯法与法律并行,成为法的两种表现形式,甚至在《论在立法和法学方面我们时代的任务》中萨维尼提出,习惯法的地位原则上应高于成文法。拉伦茨也认为,成文法制定以后,习惯法是"通过所谓的法律实践,尤其是通过各个最高法院的长期判例产生的","依然在很重要的范围内形成和发展"。[3]两大法系均非常重视习惯法,在英美法系国家,最高法院的长期判例就是先例,为法律的正式渊源,"先例只不过是一种被证明了的或有效的习惯"[4],其核心就是习惯法。大陆法系传统理念认为,"某种司法行为方式可以集中表现为一种习惯法规范,并因此而获得充分的法律强制力和效力,当然这种司法行为方式必须是持续了

〔1〕 1981年6月10日第五届全国人民代表大会常务委员会第十九次会议通过。

〔2〕 1996年12月24日经最高人民法院审判委员会第八百五十二次会议通过。

〔3〕 [德]卡尔·拉伦茨:《德国民法通论》,王晓晔、邵建东等译,法律出版社2003年版,第11、12、14页。

〔4〕 James Coolidge, *Law*: *Its origin*, *Growth*, Function (New York, 1907), p.65.

一定时间并在法律界内外得到了相当充分的承认。”[1]我国属于大陆法系国家，最高人民法院发布司法解释，这种司法行为既是最高人民法院长期司法判例的经验总结，又是持续了一定时间并具有一定效力的司法规则的整理。虽然这些司法解释并非如同英美法系中的先例作为正式法律渊源，也并非具有习惯法的效力，但客观上来说，其中不乏满足习惯法标准的规则，这些规则可能符合了司法解释入典的基本条件。

司法解释是司法裁判规则的总结归纳，要想将司法解释纳入典律体系，具备法的效力，首先要确保该规则符合习惯法的标准。最高人民法院解决具体法律适用疑难判例并总结归纳的司法解释，其制定过程相当严谨。某个疑难案件的法律适用总结出法律规则，再转化成司法解释，必须经过审判经验总结—征求行政部门和行业意见—征求立法部门意见—最高人民法院审判委员会讨论通过这一过程，其间可能还有征求法学专家和社会大众、媒体的意见，其谨慎和专业程度非常之高，发布的司法解释规则有可能具备了习惯法的特性。当然，我们也必须承认司法解释规则众多，质量参差不齐，种类多样，不可能全部满足习惯法的标准。司法解释是否满足习惯法标准，哪些能入典，我们首先要厘清习惯法标准并加以区分。

司法解释规则要成为习惯法需要满足什么样的标准呢？司法实务界和理论界均有论述，如纽约州上诉法院认为：“合理性是某一惯例的有效要件之一，法院不能确立一种不合理的或荒谬的习惯去影响当事人的法律权利。”可见，纽约州上诉法院主张惯例能够成为习惯法的标

〔1〕［美］E. 博登海默：《法理学：法律哲学与法律方法》，邓正来译，中国政法大学出版社 2004 年版，第 456 页。

准之一为“合理性”。奥斯丁指出，“在立法机关或法官赋予某一习惯以法律效力以前，它应被认为是一种实在的道德规则。”[1]其认为具备习惯法效力的前提是：该规则具有实在性和道德性。拉伦茨在《德国民法通论》中指出，“法官在适用法律时，仅仅将法律视为一个固定不变的数据是不够的……法官在适用法律时，必须从需要裁判的具体案情以及该案情所提出的特殊问题出发，不断地对法律中包含的判断标准进行明确化、精确化和具体化”，“只有在某个判例是切合实际的解释以及无懈可击的推理的结果……它才会具有‘约束力’以及规范性效力”。[2]拉伦茨从解释的实际性和推理的严密性方面来严格要求判例的质量，“该判例中表明的某项规则被交易实践所接受，并且它符合一般的法律意识，为人们所普遍遵循；……认定存在习惯法与否，关键并不仅仅是它的实践，而是要看它是否具备了‘必要的确信’，即人们是否普遍认为它是正确的。……否则判例的时间再长，实践的时间再长，也产生不了有约束力的规范。”[3]从拉伦茨的论述中可以看出，判例中抽象出的规则具有约束力和规范性的条件包括实践的可接受性、符合法理、社会共识等要素。

通过考察理论界和实务界对于司法规则形成习惯法需满足的条件，结合我国司法实践的经验，笔者通过仔细分析认为，某一项司法解释规则入典的习惯法标准有二：内部标准和外部标准。所谓的内部标准，是司法解释作为规则自身的质量必须达到的尺度，规则依托的事实必须

〔1〕 Austin, *The Province of Jurisprudence Determined*, ed.H.L.A.Hart, London, 1954, pp.30-33, 163-164.

〔2〕［德］卡尔·拉伦茨：《德国民法通论》，王晓晔、邵建东等译，法律出版社2003年版，第14、15页。

〔3〕［德］卡尔·拉伦茨：《德国民法通论》，王晓晔、邵建东等译，法律出版社2003年版，第16、17页。

具体、确定，法理判断标准须明确、精确，整体的事实认定和法律判断确定无疑、均无含糊。所谓外部标准，就是社会公众对司法解释所对应规则的认可必须达到的程度，其标准的核心就是“人们普遍认为它是正确的”，该规则“之所以被遵循，并不是因为人们担忧否则就会败诉，而是人们认为这条规则是一项毋庸置疑的法律要求”。[1]简言之，符合成为习惯法的司法规则，“必须在内在方面是精品，在外部被人们普遍认为是正确的”。[2]

二、最低限度价值标准

“法律是对一个社会的最低限度的价值标准的权威性表达”，[3]一个规则能否入典必须接受“最低限度的价值判断”的衡量。在某种程度上而言，法律是人类应对事实的规则体现，某类规则能否入典，取决于该类规则是否为立法者所关注，最终取决于该规则所承载的价值，价值是规则转化为法律的衡量标准。价值问题本质是一种选择问题，“而选择并非仅仅依据事实，同时还要基于规范。因为价值取向决定了规范中‘应当’的内容，即价值成为规范存在的根据”，与此同时，“规范的一个主要特征就是它能够建构起相对稳定的价值取向和行为模式”。[4]司法解释中的规则必须基于一定的价值取向和价值选择，才有可能进入典律的范畴。[5]作为我国民法典分则的合同编除了要遵循《宪法》《民法典》的价值取向以外，还要符合社会主义核心价值观。

---

〔1〕［德］卡尔·拉伦茨：《德国民法通论》，王晓晔、邵建东等译，法律出版社2003年版，第16页。
〔2〕曹士兵：《最高人民法院裁判、司法解释的法律地位》，载《中国法学》2006年第3期。
〔3〕张文显：《法理学》，高等教育出版社、北京大学出版社2011年版，第250页。
〔4〕潘自勉：《论价值规范》，中国社会科学出版社2006年版，第60页。
〔5〕参见周占生：《论事实入典的价值标准——以“见危不救”为例》，载《中州学刊》2014年第5期。

然而，若想要某项规则成为立法条文，其价值内容就要达到相当的程度，即上述提到的“最低限度的价值标准”。这里所谓的“价值标准”有高低之别，其中越低的价值标准对于维护社会稳定和发展越重要，“最低限度的价值标准”意味着社会对于某种恶劣行为能够容忍的临界点，正是达到“最低限度”才能够在最大范围内得到社会公众的认同。同时，“最低标准”还意味着，这一标准是最不应该被突破和违背的，需要国家强制力的维护，最有必要上升为最高权威的判断标准，即法律标准。可见，“最低限度的价值标准”是与之相符的某项规则入典的法理基础，其表现出将此项规则通过法律形式予以“权威性表达”的内在需要。

综上所述，司法解释规则能否上升为立法条文，归结于该规则是否达到了“最低限度的价值标准”。那么，判断是否达到了“最低限度的价值标准”将是确定司法解释规则何以入典的关键。“最低限度的价值标准”主要具有三方面的属性：第一是必要性，即将某种规则纳入法律规范中的必要。一方面，“最低限度的价值标准”本身的存在是必要的，“如果在价值判断上最低限度的共同标准也不复存在”，社会价值观也就陷入混乱，社会存续的基础将瓦解；[1]另一方面，给“最低限度的价值标准”对应的规则以强有力的维护是必要的，通过使该规则入典赋予最高法律权威来实现强有力的维护。若某一规则所蕴含的价值足够的重要，达到了“最低限度的价值标准”所要求的必要性，立法就不能再将该规则交由道德等其他社会规范调整。第二是普遍性，即该价值标准不是就少数人而言的，而是社会大众对于该规则具有“最低限度价值标准”的认知。换言之，社会大多数人认为这项规则满足“最低限度的价

〔1〕 参见张文显：《法理学》，高等教育出版社、北京大学出版社 2011 年版，第 250 页。

值标准”，而不是个别利益相关人的认识。“普遍性”深刻影响着规则入典的进程和结果以及立法的实施效力。若某项规则在“普遍性”认知上存在问题，那么该规则从提出到实施的整个过程将会遭遇很大的阻力，入典过程也将遭受大众抵触甚至抗争，即使侥幸入典其法律效力也难以实现。第三是相对性，即“最低限度的价值标准”的判断并非一成不变的，价值标准的“必要性”和“普遍性”判断也都不是绝对的。由于立法实践理性和认知的局限性，“最低限度的价值标准”作为根据社会现实情况的一种立法价值判断不可能完全准确。因此，法律所要表达的“最低限度的价值标准”总是具有一定的相对性。

此外，判断某项规则是否符合“最低限度的价值标准”还要考察该规则位于公众生活的哪个领域。社会生活领域总是有中心区域和边缘地带，中心区域抽象出的规则所承载的价值通常鲜明而重大，这些规则因符合“最低限度的价值标准”在“必要性”和“普遍性”上容易达成共识而极少遭到阻力，立法也通常会不加迟疑地对这类规则予以确定，否则便会遭受来自社会的批评，如物业合同入典。然而，社会生活的边缘区所产生的规则是否符合“最低限度的价值标准”，是否要入典的界限模糊，这种模糊的程度越深，就意味着此规则入典的必要性和普遍性会遭到更多的反作用，并伴随着强烈的价值冲突而令立法者倍感棘手。[1]除此之外，某项规则处于中心区域还是边缘地带也不是一成不变的，在一定社会经济环境中具有相对性，比如在经济稳定发展时期，具有促进经济属性的规则处于中心区域，而在经济危机到来之时，具有稳定经济属性的规则可能要转移到中心区域，如情势变更规则就是在应对金融危机时期确立的。

〔1〕 参见周占生:《论事实入典的价值标准——以“见危不救”为例》，载《中州学刊》2014年第5期。

三、妥当性标准

根据效力位阶，原《合同法》的效力自然高于其司法解释，原则上应该删除与合同法相冲突的司法解释。但不尽然，虽然目前法律体系中有大量的立法条文与司法解释规则冲突的情况存在，从效力层级上而言，相冲突的司法解释应予删除，然而部分与原《合同法》冲突而与民法典体系相契合的司法解释条款，不但不应删除，还起到对原《合同法》进行修正的作用，符合入典标准的司法解释条款还可能被吸收到法律条文中。由此可见，与法律冲突的司法解释，并不能“一刀切”地删除，需根据其与法律体系的契合度、实施效果等因素来斟酌衡量，根据“法律冲突与契合标准”以确定哪些司法解释可以入典。

笔者认为，一方面，一些与法律体系冲突且不能体现同法律体系契合的司法解释应删除。例如，《合同法司法解释二》第 24 条就存在这样的问题，该条规定：“当事人对合同法第九十六条、第九十九条规定的合同解除或者债务抵销虽有异议，但在约定的异议期限届满后才提出异议并向人民法院起诉的，人民法院不予支持；当事人没有约定异议期间，在解除合同或者债务抵销通知到达之日起三个月以后才向人民法院起诉的，人民法院不予支持。”该解释条款是司法机构为追求法律关系的稳定性，借助于异议程序，将本应该由解除或抵销通知人一方承担的风险转移给被通知方。在实体法上，侵害了被通知方享有的时效方面的利益，造成严重的权利失衡；在程序法上，该条规定的消极确认之诉并无特别的确认利益，并不能在法律体系中找到支撑。另一方面，部分司法解释虽然与原《合同法》相冲突，但其与法律体系相契合，并且满足社会共识、价值取向等其他入典的考量标准，就可能作为修正原《合同法》

的内容被写入典律条文。例如，原《合同法》第 51 条与《买卖合同司法解释》第 3 条之间就存在冲突。原《合同法》第 51 条规定："无处分权的人处分他人财产，经权利人追认或者无处分权的人订立合同后取得处分权的，该合同有效。"而《买卖合同司法解释》第 3 条规定："当事人一方以出卖人在缔约时对标的物没有所有权或者处分权为由主张合同无效的，人民法院不予支持。出卖人因未取得所有权或者处分权致使标的物所有权不能转移，买受人要求出卖人承担违约责任或者要求解除合同并主张损害赔偿的，人民法院应予支持。"该条司法解释不但是对原《合同法》第 51 条的进一步解读，实质上是改变了第 51 条的规定。[1]第 51 条只明确了无权处分行为追认后或事后取得处分权的合同有效，并未明确无权处分行为在缔约时合同的效力。这就造成了无权处分合同效力的不稳定，诉讼频发。社会的安定取决于法的安定，该司法解释第 3 条实际上是改变了原《合同法》第 51 条的规定，既明确了无权处分合同在各个阶段效力的认定，起到定分止争的效果，又没有妨碍原权利人对处分效力的追认权利，符合民法体系的权利义务设置。由此可见，法律冲突作为判断司法解释是否入典的又一重要标志具有两面性，并非与原《合同法》冲突的司法解释均不能入典或者删除，而是部分符合入典条件的司法解释恰恰可以作为修正原《合同法》漏洞的重要内容。

〔1〕 参见沈红、李益松：《合同解除异议权性质的厘清与定位——兼论原〈合同法〉司法解释（二）第 24 条的理解与完善》，载《法律适用》2015 年第 3 期；汤文平：《论合同解除、债权抵销之异议——原〈合同法〉解释（二）第 24 条评注》，载《东方法学》2011 年第 2 期。

第四章　合同法司法解释的入典条款

本章继续研讨合同法司法解释入典问题，与上一章抽象的探讨考量因素和标准尺度所不同的是，笔者将考察每一条入典司法解释的具体情况，包括司法解释入典的内容、入典的合理性或有待完善的部分，并且通过司法解释条款在实践中适用的变化趋势、案由分布和行业分布数据展现出每一条入典司法解释近十年来司法适用的情况。

第一节　合同法总则部分的入典情况

一、部分吸收的内容

1.《合同法司法解释一》第 9 条和《合同法司法解释二》第 8 条

原《合同法》第 44 条规定："依法成立的合同，自成立时生效。法律、行政法规规定应当办理批准、登记等手续生效的，依照其规定。"然而，法律责任如何承担没有规定。《合同法司法解释一》第 9 条和《合同法司法解释二》第 8 条分别针对法律规定的漏洞进行填补。第 9 条第 2 款将应当办理“批准”与“登记”的情况区分对待：应批准而未办理批准手续的依合同未生效处理；应登记而未办理登记手续的不影响合同效力，仅影响物权效力。“批准”和“登记”在法律强制力上的确有强弱之别，但将两者区分为截然不同的法律后果，是否妥当，需要深入思考。同样是应为而不为的法律义务，造成判决合同无效与有效的不同法律后果，在维护法律公平和息讼服判效果上均不佳。因而，该条司法解释应该被部分吸收，一方面将违反“批准”和“登记”规定，应为而不为的合同行为归于统一的法律后果，防止同为违法违规的行为产生截然相反的法律后果，打消当事人的疑虑，促进裁判的执行；另一方面，原《合同法》第 44 条规定的“法律、行政法规规定应当办理批准、登记等手续生效的，依照其规定”，并未明确违法违规未办理批准、登记手续的法律责任，法律规定所存在的漏洞直接造成司法裁判模糊，各地同案不同判现象涌现，法律实施效果不佳。因此应明确违反“批准”“登记”规定所签订合同不生效的法律后果。

此外，还要明确有义务办理或登记手续而不作为方当事人的法律责任。《合同法司法解释二》第 8 条首先将这种不作为归于原《合同法》第 42 条第（三）项规定的“其他违背诚实信用原则的行为”，明确不作为方给对方造成损失的，应当承担损害赔偿责任。其次，赋予相对人自己办理相关手续的权利。该条司法解释是明确不作为法律后果之后，进一步确定不作为方的法律责任。需要注意的是，这种法律责任是不履行义务导致合同不生效的责任，属于缔约过失责任，而非违约责任。[1]以上这两条

〔1〕 参见汪渊智：《〈我国民法分则（一审稿）〉合同编总则部分的修改建议》，载《上海政法学院学报》2019 年第 1 期。

司法解释对于原《合同法》第 42 条和第 44 条进行了法律续造，对于司法实践和同案同判具有一定的指导价值，这两条司法解释吸收到《民法典》的第 502 条。

笔者通过司法大数据报告（1）研究发现，《合同法司法解释一》第 9 条的规则于 2013 年后大量运用到民事司法裁判中（见图 4-1）。当前适用该条司法解释的民事案件最主要的案由是合同、无因管理、不当得利纠纷，有 676 件，占总数的一半以上；其次是与公司、证券、保险、票据等有关的民事纠纷，适用特殊程序案件案由，物权纠纷，侵权责任纠纷（见图 4-2）。所涉及的民事案件当前的行业分布主要集中在批发和零售业，房地产业，制造业，租赁和商务服务业，采矿业（见图 4-3）。

司法大数据报告（1）

案例来源：Alpha 案例库[1]，案由：民事，检索条件：《合同法司法解释一》第 9 条，案件数量：926 件，数据采集时间：2019 年 4 月 8 日。该条司法解释适用到裁判中的整体情况分析：

〔1〕 该案例库来自 ICOURT 智能法律数据平台，本书中 Alpha 数据库生成的大数据报告均来自该数据平台 https://alphalawyer.cn/#/app/my/task/list/。有关大数据报告中裁判文书数量与案由分布、行业分布统计数量不一致的说明：由于所检索的裁判文书中有的文书没有表明案由，因此在案由分布统计中已将案件剔除；所检索的裁判文书中有的当事人全是自然人或当事人企业涉及多个行业，因此行业分布统计的数量会少于或者多于检索到裁判文书的数量。

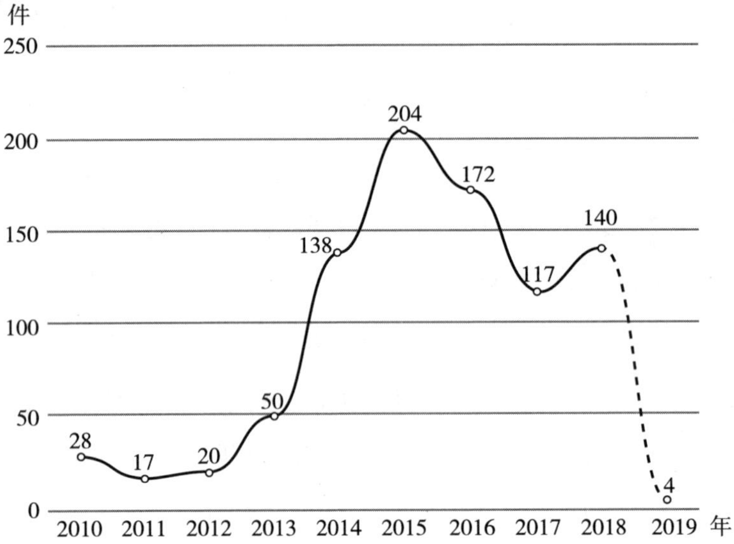

图 4-1 变化趋势

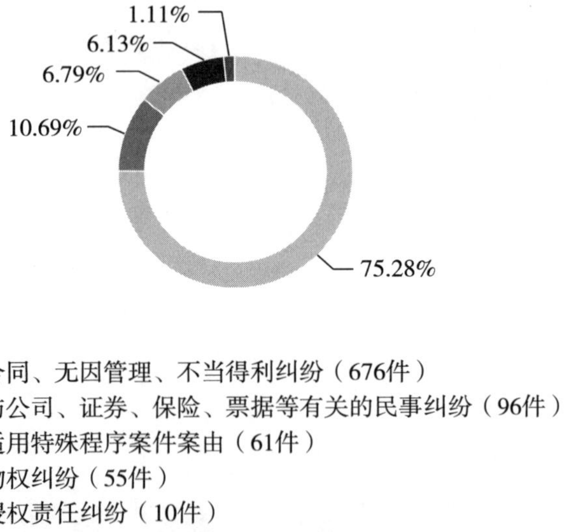

图 4-2 案由分布

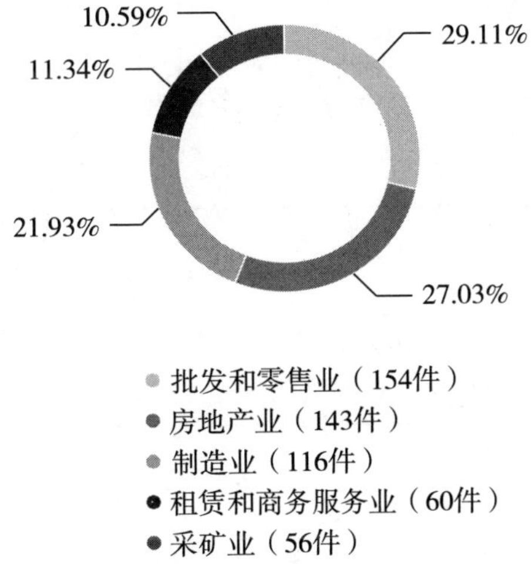

图 4-3　行业分布

司法大数据报告(2)显示,《合同法司法解释二》第 8 条的规则于 2013 年后大量运用到民事司法裁判中(见图 4-4)。当前适用该条司法解释的民事案件最主要的案由是合同、无因管理、不当得利纠纷,有 147 件,占一半以上;其次是与公司、证券、保险、票据等有关的民事纠纷,婚姻家庭、继承纠纷,物权纠纷,侵权责任纠纷(见图 4-5)。所涉及的民事案件当前的行业分布主要集中在房地产业,批发和零售业,制造业,金融业,租赁和商务服务业(见图 4-6)。

司法大数据报告(2)

案例来源:Alpha 案例库,案由:民事,检索条件:《合同法司法解释二》第 8 条,案件数量:193 件,数据采集时间:2019 年 4 月 8 日。该条司法解释适用到裁判中的整体情况分析:

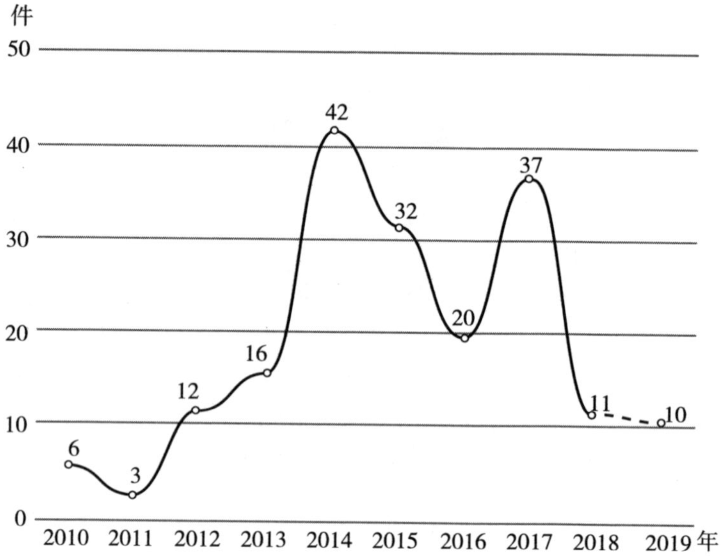

图 4-4 变化趋势

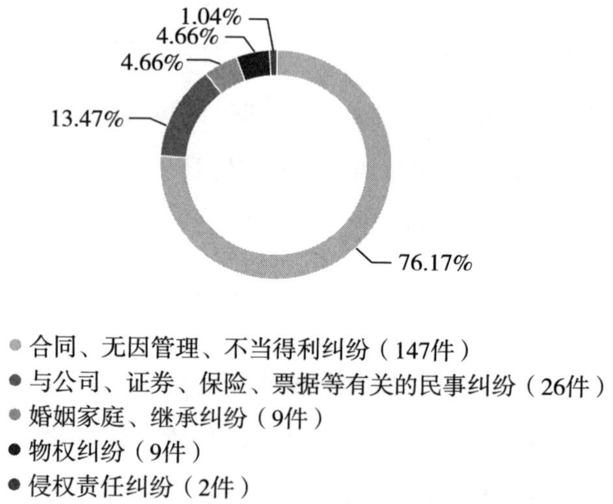

图 4-5 案由分布

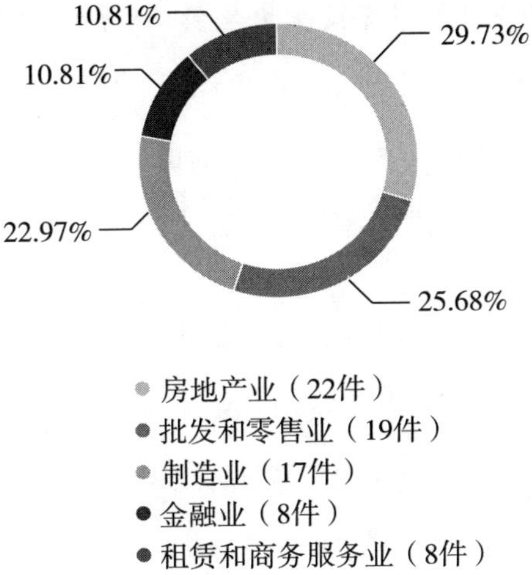

图 4-6　行业分布

2.《合同法司法解释一》第 10 条

《合同法司法解释一》第 10 条[1]规定了超越经营范围订立的合同效力,《一审稿》将该条司法解释吸纳，规定为在第 297 条:“当事人超越经营范围订立的合同的效力，应当依照总则编第六章和本编的规定确定，不得仅以超越经营范围确认合同无效。”《民法典》第 505 条将此条司法解释吸纳入典，明确否定了在司法实践中仅凭“超越经营范围”即认定合同无效的做法，一方面与《公司法》对于企业经营范围逐步放开管制的精神相一致，另一方面也顺应了合同自由、尽量维护合同有效性的立法精神。

从司法大数据报告(3)可以看出,《合同法司法解释一》第 10 条的规则于 2018 年开始大量运用到民事司法裁判中(见图 4-7)。当前适用该条司法解释的民事案件最主要的案由是合同、无因管理、不当得利纠

〔1〕《合同法司法解释一》第 10 条规定:“当事人超越经营范围订立合同，人民法院不因此认定合同无效。但违反国家限制经营、特许经营以及法律、行政法规禁止经营规定的除外。”

纷，有 2846 件，占一半以上；其次是与公司、证券、保险、票据等有关的民事纠纷，物权纠纷，知识产权与竞争纠纷，海事海商纠纷，以及其他案由（见图 4-8）。所涉及的民事案件当前的行业分布主要集中在租赁和商务服务业，金融业，批发和零售业，房地产业，制造业（见图 4-9）。

司法大数据报告（3）

案例来源：Alpha 案例库，案由：民事，检索条件：《合同法司法解释一》第 10 条，案件数量：2936 件，数据采集时间：2020 年 2 月 1 日。该条司法解释适用到裁判中的整体情况分析：

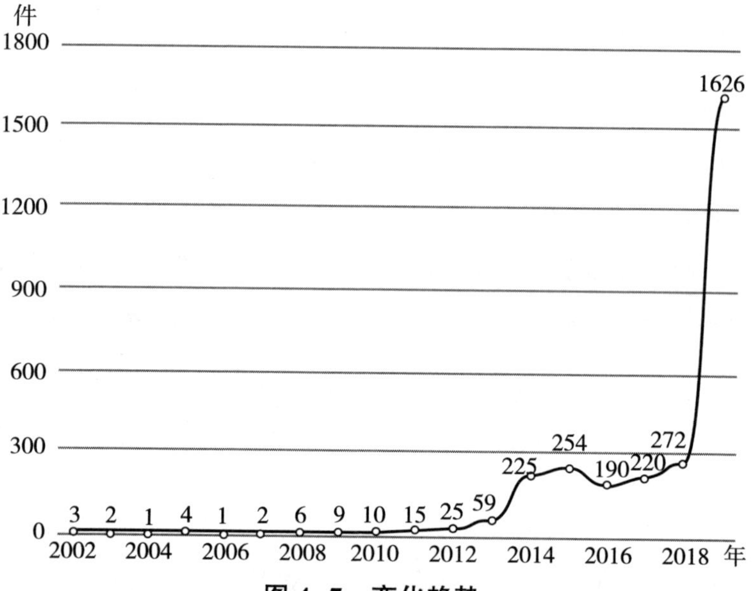

图 4-7　变化趋势

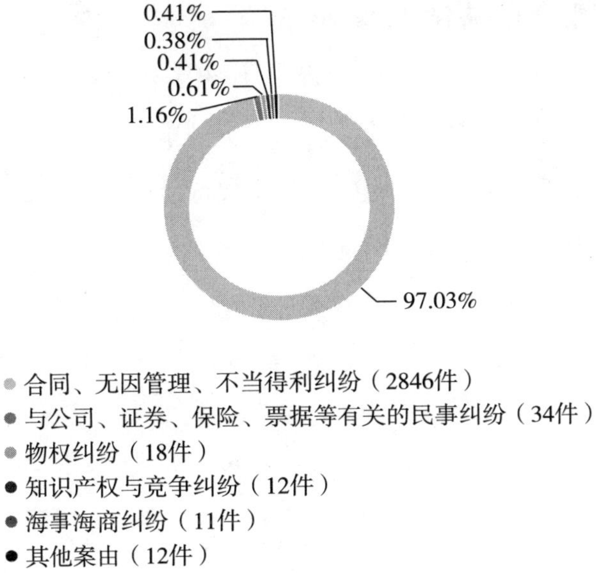

图 4-8　案由分布

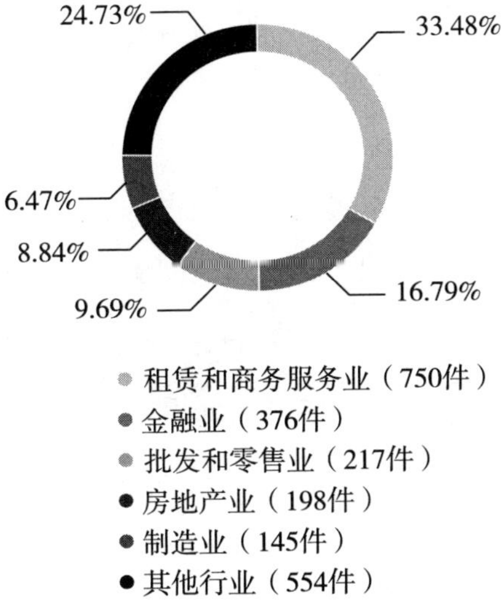

图 4-9　行业分布

3.《合同法司法解释一》第20条

《合同法司法解释一》第20条[1]作出了代位权规则，根据生活实践创设了代位债权人优先受偿的规定，突破了“入库规则”[2]这一债权平等的传统论理，并进一步明确了代位权行使后，代位权三方主体即债权人、债务人、次债务人之间的权利义务的认定。该规则符合法律和社会价值，对于司法实践具有重要的指导意义，已被收入《民法典》第537条。

司法大数据报告(4)显示，《合同法司法解释一》第20条于2015年开始较多地运用到司法裁判中(见图4-10)。当前适用该条司法解释的民事案件最主要的案由是合同、无因管理、不当得利纠纷，有130件，占一半以上；其次是与公司、证券、保险、票据等有关的民事纠纷，侵权责任纠纷，海事海商纠纷(见图4-11)。所涉及的民事案件当前的行业分布主要集中在制造业，批发和零售业，金融业，建筑业，科学研究和技术服务业(见图4-12)。

司法大数据报告(4)

案例来源：Alpha案例库，案由：民事，检索条件：《合同法司法解释一》第20条，案件数量：136件，数据采集时间：2019年4月8日。该条司法解释适用到裁判中的整体情况分析：

---

〔1〕《合同法司法解释一》第20条规定：“债权人向次债务人提起的代位权诉讼经人民法院审理后认定代位权成立的，由次债务人向债权人履行清偿义务，债权人与债务人、债务人与次债务人之间相应的债权债务关系即予消灭。”

〔2〕所谓“入库规则”，是指依传统的债权人代位权法理，行使代位权取得的财产应先归入债务人的一般责任财产，然后再由债权人依据债的清偿规则从债务人那里接受清偿。传统意义上的债权人代位权，强调保全债务人的财产以期确保各个债权人能平等地受偿。也就是说，代位权实行的效果，并不是为了满足债权的实现，而是准备债权的实现，因而，有学者把它称之为强制执行的预备功能。参见王家福：《中国民法学·民法债权》，法律出版社1991年版，第181页。

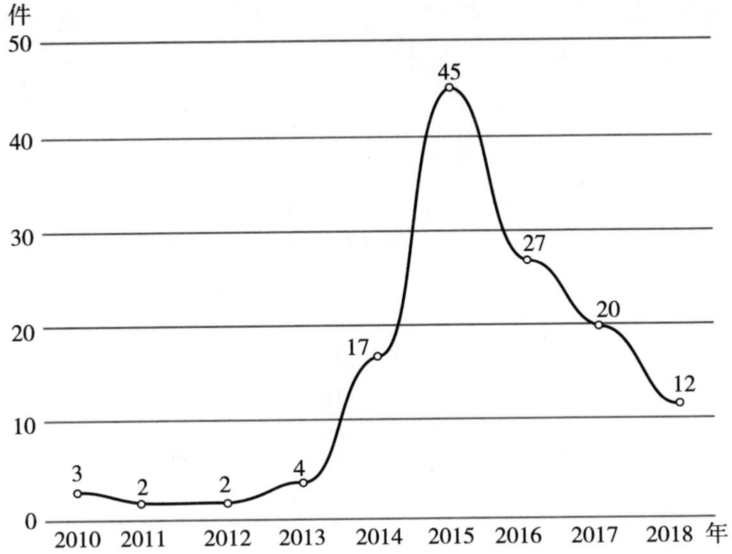

图 4-10　变化趋势

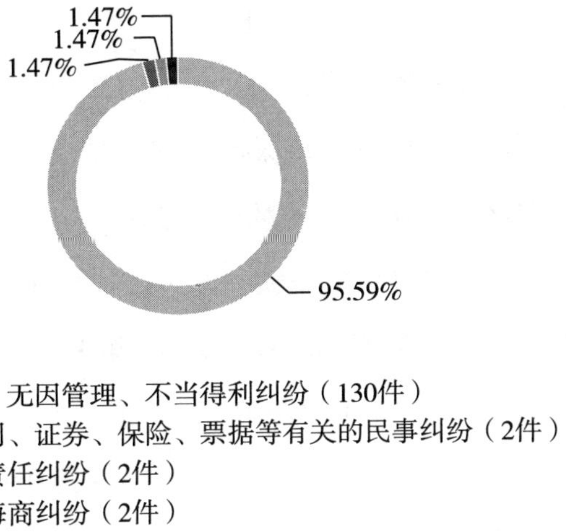

图 4-11　案由分布

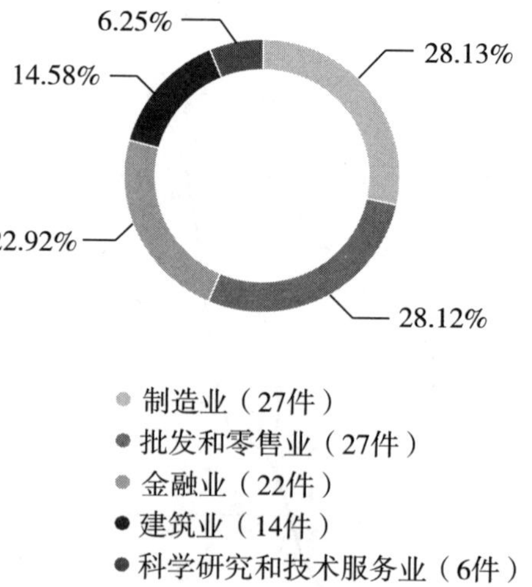

图 4-12 行业分布

4.《合同法司法解释二》第 9 条和第 10 条

第 9 条[1]是针对相对人撤销条款情况所作的规定，第 10 条[2]是针对格式条款违反特定情形认定合同无效的规定。这两条司法解释是对于原《合同法》第 39 条和第 40 条作出的，第 39 条只规定提示说明义务的行为模式，未规定违约提示说明义务的效果，而第 39 条与第 40 条的情形之间有可能存在交叉，到底采取合同可撤销或无效缺乏规定，存在立法的漏洞。因此，司法解释针对这些情况作出进一步解释，即通过格式条款订立合同时，提供格式条款一方违反其合理提示说明义务时的法律后果，根据具体情形有不同的救济方式，第 9 条司法解释是相对人申请撤销该格式条款；第 10 条司法解释是人民法院认定该格式无效的条款。正是司法机关注意到原《合同法》第 40 条过于严苛的无效规则，也注意到了第 39 条未规定法律效果的法律漏洞，《合同法司法解释二》第

〔1〕《合同法司法解释二》第 9 条规定："提供格式条款的一方当事人违反合同法第三十九条第一款关于提示和说明义务的规定，导致对方没有注意免除或者限制其责任的条款，对方当事人申请撤销该格式条款的，人民法院应当支持。"

〔2〕《合同法司法解释二》第 10 条规定："提供格式条款的一方当事人违反合同法第三十九条第一款的规定，并具有合同法第四十条规定的情形之一的，人民法院应当认定该格式条款无效。"

9 条才会赋予非格式条款提供方对于格式条款的撤销权，并规定只有违反原《合同法》第 39 条第 1 款并具有第 40 条之一情形的，格式条款才会无效，符合公平、正义的价值取向，也弥补了立法的漏洞，这样的规则被吸收《民法典》第 496 条、第 497 条。

《一审稿》第 288 条和第 289 条基本上吸收了原《合同法》第 39 条和第 40 条的规定，只是第 288 条在规定法律后果时采用了“不产生效力”的表述，既非可撤销，又非无效，这不是一个正规的法律用语，难免将“不产生效力”理解为“无效”，造成第 288 条与第 289 条的混同。《二审稿》将表述变更为“不成文合同的组成部分”，虽然这也不属法律术语，但是其表达倒是直白易懂，避免混同，并且最终被《民法典》第 496 条基本采纳。

司法大数据报告（5）显示，《合同法司法解释二》第 9 条的规则于 2014 年开始较多运用到民事司法裁判中（见图 4-13）。当前适用该条司法解释的民事案件最主要的案由是合同、无因管理、不当得利纠纷，有 908 件，占一半以上；其次是侵权责任纠纷，与公司、证券、保险、票据等有关的民事纠纷（见图 4-14）。所涉及的民事案件当前的行业分布主要集中在房地产业，金融业，租赁和商务服务业，批发和零售业，交通运输、仓储和邮政业（见图 4-15）。

司法大数据报告（5）

案例来源：Alpha 案例库，案由：民事，检索条件：《合同法司法解释二》第 9 条，案件数量：940 件，数据采集时间：2019 年 4 月 8 日。该条司法解释适用到裁判中的整体情况分析：

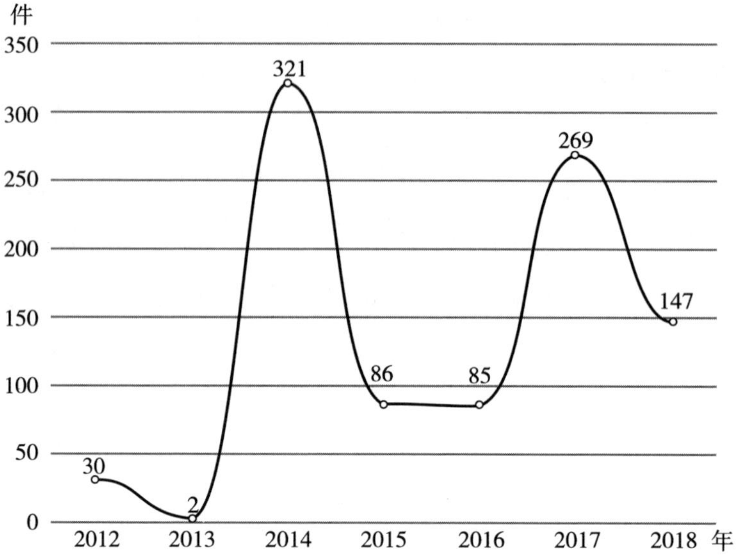

图 4-13 变化趋势

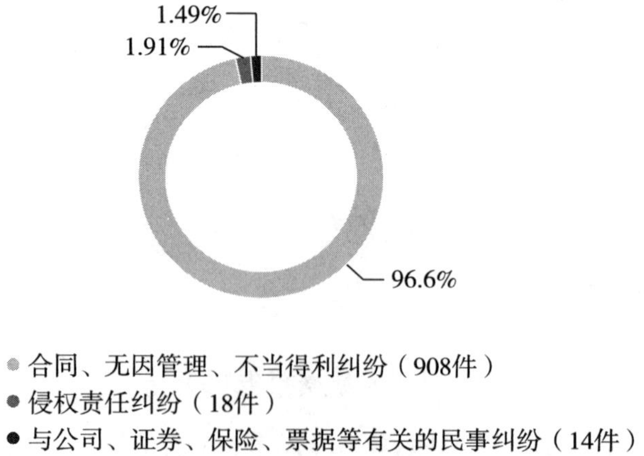

图 4-14 案由分布

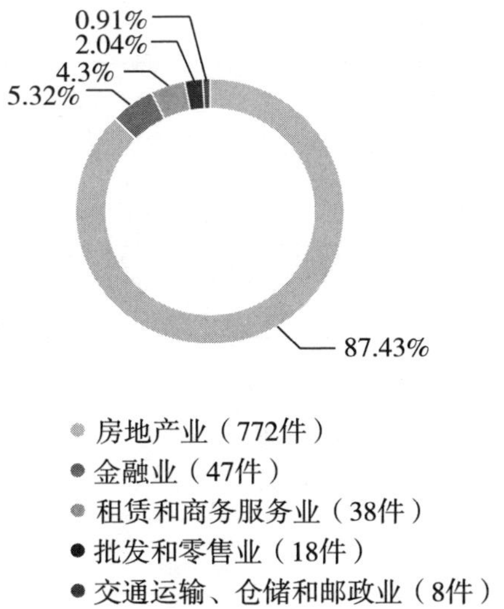

图 4-15　行业分布

司法大数据报告（6）显示，《合同法司法解释二》第 10 条从 2015 年开始快速增加（见图 4-16）。从案由分类情况可以看到，民事当前最主要的案由是合同、无因管理、不当得利纠纷，有 1774 件，占一半以上；其次是与公司、证券、保险、票据等有关的民事纠纷，侵权责任纠纷，适用特殊程序案件案由，人格权纠纷（见图 4-17）。所涉及的民事案例当前的行业分布主要集中在房地产业，金融业，租赁和商务服务业，制造业，交通运输、仓储和邮政业（见图 4-18）。

司法大数据报告（6）

案例来源：Alpha 案例库，案由：民事，检索条件：《合同法司法解释二》第 10 条，案件数：1950 件，数据采集时间：2019 年 4 月 8 日。该条司法解释适用到裁判中的整体情况分析：

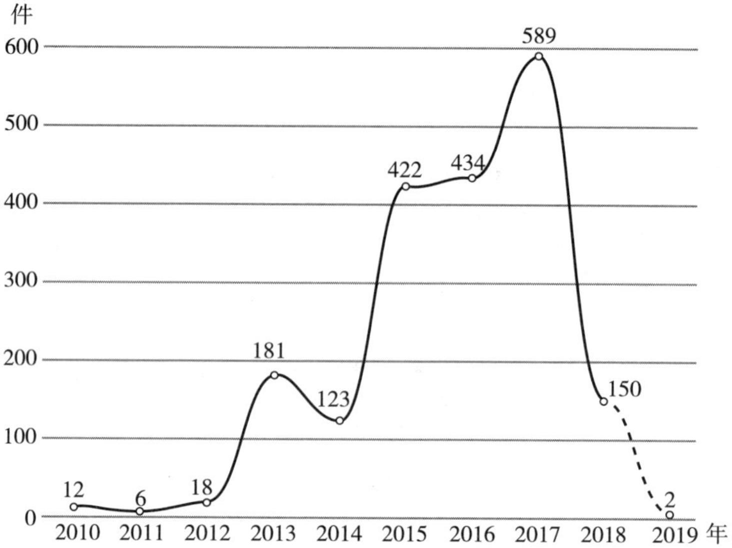

图 4-16　变化趋势

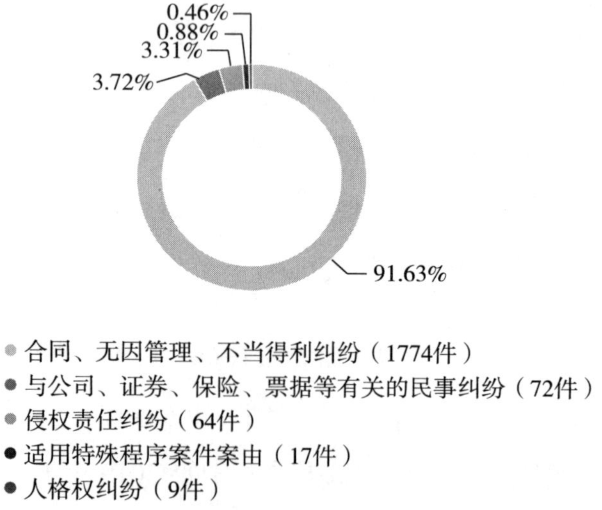

图 4-17　案由分布

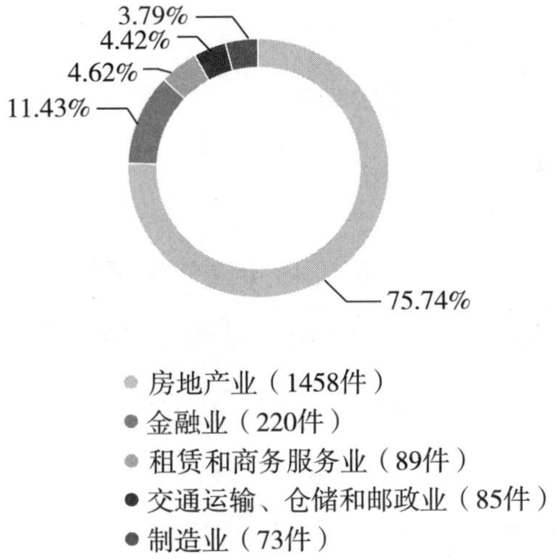

图 4-18　行业分布

5.《合同法司法解释二》第 18 条

该条司法解释[1]是对原《合同法》第 74 条[2]的进一步细化。司法解释将“放弃担保”“恶意延长”行为也纳入无偿行为中，扩大了无偿行为的范围，弥补了原《合同法》对于债务人无偿行为规定模糊的缺陷。在司法实践中，这三类情况作为无偿行为也达成了司法界和学术界的普遍共识。但是仔细研读司法解释的条文不难发现，“恶意延长到期债权的履行期”并非无偿处分财产权益的行为，仅仅是处分时间的变更，其与前面两种行为的性质不同。此外，随着经济活动和关系的复杂，无偿处分财产权益的行为除了放弃债权或担保，还可能出现其他情形，如

〔1〕《合同法司法解释二》第 18 条规定：“债务人放弃其未到期的债权或者放弃债权担保，或者恶意延长到期债权的履行期，对债权人造成损害，债权人依照合同法第七十四条的规定提起撤销权诉讼的，人民法院应当支持。”

〔2〕原《合同法》第 74 条规定：“因债务人放弃其到期债权或者无偿转让财产，对债权人造成损害的，债权人可以请求人民法院撤销债务人的行为。债务人以明显不合理的低价转让财产，对债权人造成损害，并且受让人知道该情形的，债权人也可以请求人民法院撤销债务人的行为。撤销权的行使范围以债权人的债权为限。债权人行使撤销权的必要费用，由债务人负担。”

无偿转让财产等行为，只列明具体情况难免挂一漏万，因此应使用“等”字进行兜底。在《一审稿》[1]和《二审稿》中注意了这两方面的问题：首先将无偿行为分为无偿处分行为和恶意延长履行；其次将无偿处分行为中经常出现的情形进行列举后又加了“等”字进行兜底，并最终被《民法典》第538条采纳。

司法大数据报告（7）显示，《合同法司法解释二》第18条规则于2016年开始较多运用到民事裁判中（见图4-19）。当前适用该条司法解释的民事案例最主要的案由是合同、无因管理、不当得利纠纷，有60件，占一半以上；其次是与公司、证券、保险、票据等有关的民事纠纷以及物权纠纷（见图4-20）。所涉及的民事案件当前的行业分布主要集中在房地产业，金融业，农、林、牧、渔业，租赁和商务服务业，批发和零售业（见图4-21）。

司法大数据报告（7）

案例来源：Alpha案例库，案由：民事，检索条件：《合同法司法解释二》第18条，案件数量：63件，数据采集时间：2019年4月8日。该条司法解释适用到裁判中的整体情况分析：

〔1〕《一审稿》第327条规定：“因债务人以放弃其债权、放弃债权担保、无偿转让财产等方式无偿处分财产权益，或者恶意延长其到期债权的履行期限，影响债权人的债权实现的，债权人可以请求人民法院撤销债务人的行为。”

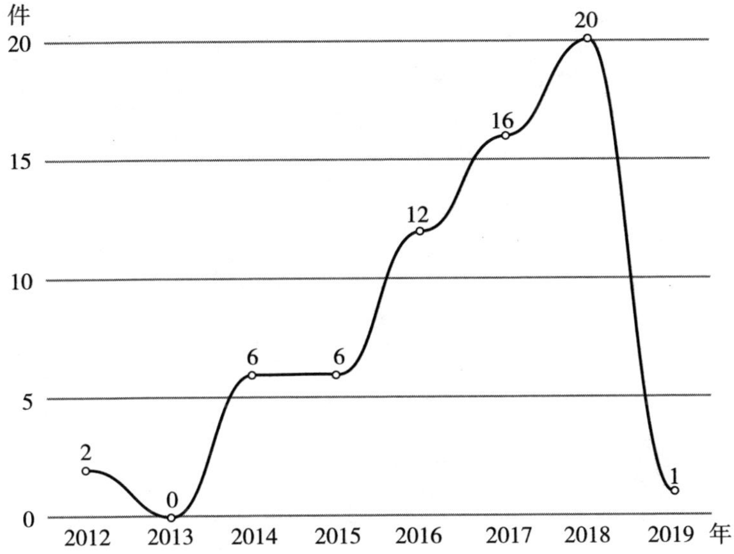

图 4–19　变化趋势

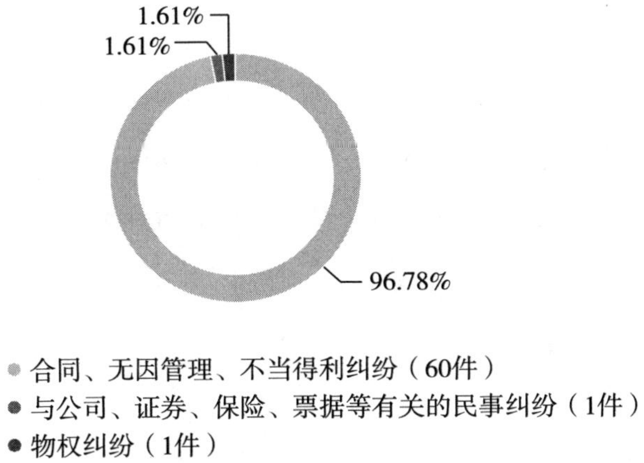

图 4–20　案由分布

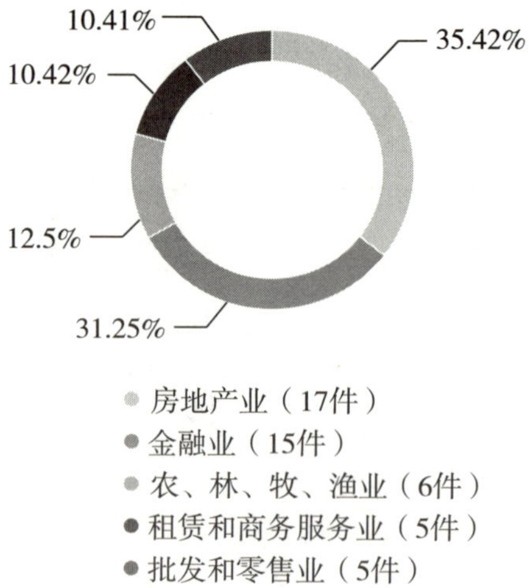

图 4-21 行业分布

6.《合同法司法解释二》第 20 条和第 21 条

第 20 条司法解释[1]是对于债务的清偿抵充顺序的规定。现行立法规定了债的抵偿制度，但是对债的清偿充抵顺序一直未作规定，而这个问题恰恰是各级人民法院审判实践中长期难以解决的。当债务人对于所有债权不能全部清偿时，如何认定清偿顺序，会影响利息的有无或多少。

第 21 条司法解释[2]也是有关债的充抵顺序的规定。这两条司法解释均是根据《民法总则》、原《合同法》的公平原则和诚实信用原则对次偿债情况进行解释，作为法定抵充填补了原《合同法》在债务履行方面的漏洞，可以吸纳入典。需要注意的是，这种法定抵充是在当事人之间没有

〔1〕《合同法司法解释二》第 20 条规定："债务人的给付不足以清偿其对同一债权人所负的数笔相同种类的全部债务，应当优先抵充已到期的债务；几项债务均到期的，优先抵充对债权人缺乏担保或者担保数额最少的债务；担保数额相同的，优先抵充债务负担较重的债务；负担相同的，按照债务到期的先后顺序抵充；到期时间相同的，按比例抵充。但是，债权人与债务人对清偿的债务或者清偿抵充顺序有约定的除外。"

〔2〕《合同法司法解释二》第 21 条规定："债务人除主债务之外还应当支付利息和费用，当其给付不足以清偿全部债务时，并且当事人没有约定的，人民法院应当按照下列顺序抵充：（一）实现债权的有关费用；（二）利息；（三）主债务。"

约定抵充顺序的情况下设定的。《一审稿》第350条[1]和第351条[2]分别吸收了这两条司法解释，但第350条将“债权人与债务人对清偿的债务或者清偿抵充顺序有约定的除外”删除，笔者认为不妥，法定抵充适用是要以约定抵充为除外条件的。此外，第350条增加了清偿债务时“由债务人在清偿时指定其履行的债务”，“债务人未做指定的”依法定抵充，这样的规定尊重了债务人在清偿债务时的意愿，是可以接受的，但是这种除外条件的设定并不能代替约定抵充。《民法典》第560条增加了“除当事人另有约定外”的除外条款的表述，完善了该条规则的法律适用。

从大数据来看，司法大数据报告（8）显示，《合同法司法解释二》第20条的规则于2013年开始大量运用到司法裁判中（见图4-22）。当前适应该条司法解释民事案件最主要的案由是合同、无因管理、不当得利纠纷，有5796件，占一半以上；其次是与公司、证券、保险、票据等有关的民事纠纷，海事海商纠纷，适用特殊程序案件案由，物权纠纷（见图4-23）。所涉及的民事案件当前的行业分布主要集中在制造业，批发和零售业，金融业，建筑业，房地产业（见图4-24）。

司法大数据报告（8）

案例来源：Alpha案例库，案由：民事，检索条件：《合同法司法解释二》第20条，案件数量：5905件，数据采集时间：2019年4月8日。该条司法解释适用到裁判中的整体情况分析：

---

〔1〕《一审稿》第350条规定：“债务人对同一债权人负担的数个债务种类相同，债务人的给付不足以清偿全部债务的，由债务人在清偿时指定其履行的债务。债务人未作指定的，应当优先履行已到期的债务；几项债务均到期的，优先履行对债权人缺乏担保或者担保最少的债务；担保数额相同的，优先履行债务负担较重的债务；负担相同的，按照债务到期的先后顺序履行；到期时间相同的，按比例履行。”

〔2〕《一审稿》第351条规定：“除履行主债务之外，债务人还应当支付利息和实现债权的有关费用，其给付不足以清偿全部债务的，除法律另有规定或者当事人另有约定以外，应当按照下列顺序履行：（一）实现债权的有关费用；（二）利息；（三）主债务。”

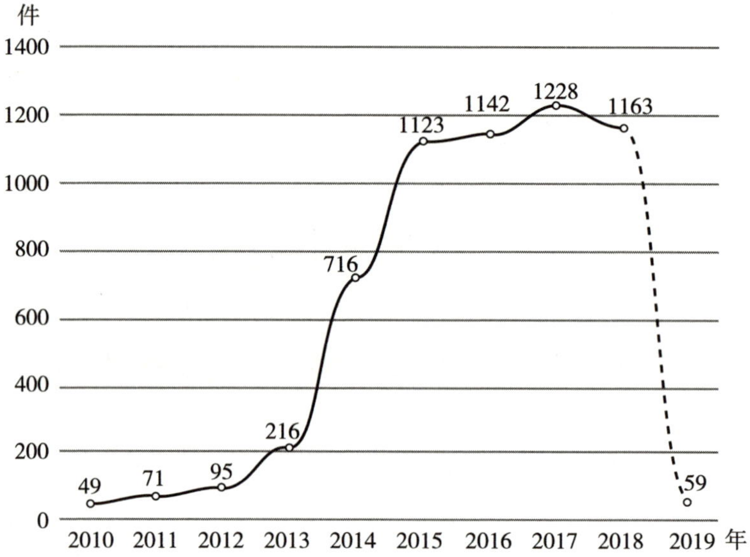

图 4-22　变化趋势

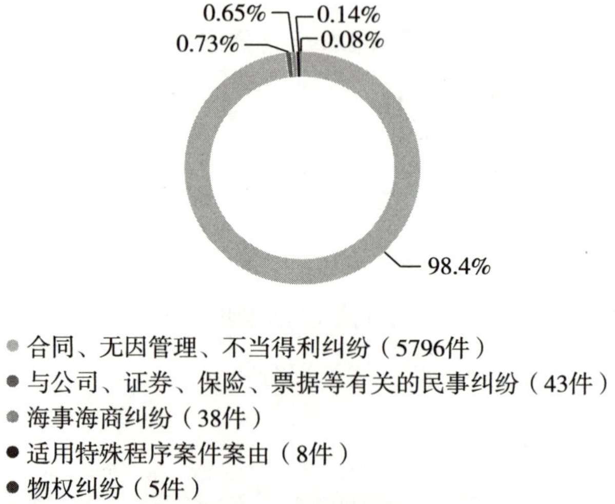

图 4-23　案由分布

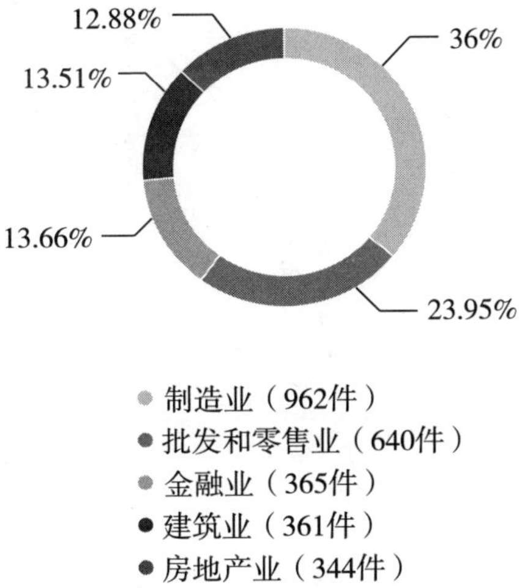

图 4-24　行业分布

司法大数据报告（9）显示，《合同法司法解释二》第 21 条的规则于 2013 年开始大量运用到司法裁判中（见图 4-25）。当前适用该条司法解释的民事案件最主要的案由是合同、无因管理、不当得利纠纷，有 35585 件，占一半以上；其次是与公司、证券、保险、票据等有关的民事纠纷，婚姻家庭、继承纠纷，物权纠纷，海事海商纠纷（见图 4-26）。所涉及的民事案件当前的行业分布主要集中在制造业，批发和零售业，房地产业，金融业，建筑业（见图 4-27）。

司法大数据报告（9）

案例来源：Alpha 案例库，案由：民事，检索条件：《合同法司法解释二》第 21 条，案件数量：35839 件，数据采集时间：2019 年 4 月 8 日。该条司法解释适用到裁判中的整体情况分析：

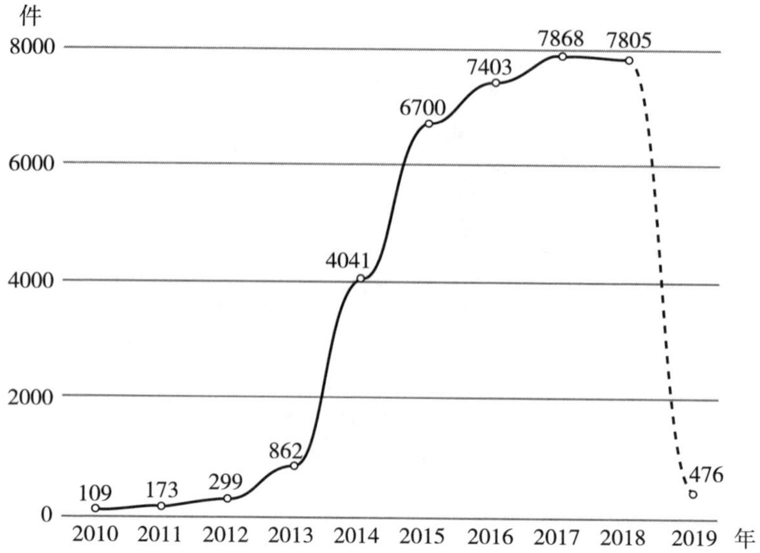

图 4-25 变化趋势

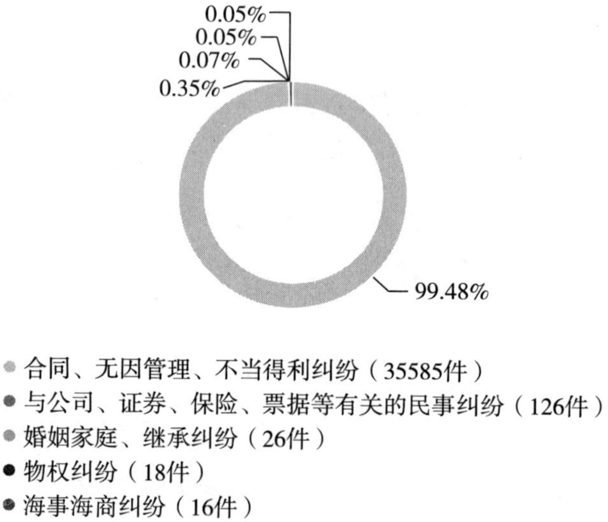

图 4-26 案由分布

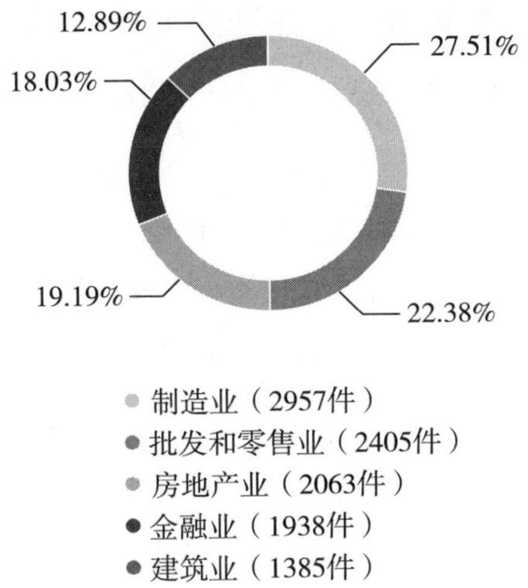

图 4-27　行业分布

二、全部吸收的内容

1.《合同法司法解释一》第 25 条

该条司法解释[1]是债权人行使撤销权后所被撤销的行为效力的认定。法律规定了在特定情况下法院可以支持债权人行使撤销权，但未进一步规定法院判决债务人放弃债权或转让财产的行为被撤销所产生的法律效力。那么到底是该行为自始没有法律效力还是撤销时没有法律效力呢？这种含混不清可能直接影响认定后续行为的效力。如该行为之后又发生债权或物权转让，其效力如何认定，是否为无权处分，直接由该行为的法律效力来认定，即该行为自始无效，基于该行为产生的其他物权变动应认定为无权处分。可见，该条司法解释在司法实践中具有重要的意义，并且已被吸收进《民法典》第 542 条。

〔1〕《合同法司法解释一》第 25 条规定："债权人依照合同法第七十四条的规定提起撤销权诉讼，请求人民法院撤销债务人放弃债权或转让财产的行为，人民法院应当就债权人主张的部分进行审理，依法撤销的，该行为自始无效。两个或者两个以上债权人以同一债务人为被告，就同一标的提起撤销权诉讼的，人民法院可以合并审理。"

司法大数据报告(10)显示,《合同法司法解释一》第25条的规则于2014年开始大量运用于司法裁判中(见图4-28)。目前适用该条司法解释的民事案件最主要的案由是合同、无因管理、不当得利纠纷,有337件,占一半以上;其次是与公司、证券、保险、票据等有关的民事纠纷,适用特殊程序案件案由(见图4-29)。所涉及的民事案件当前的行业分布主要集中在金融业,制造业,批发和零售业,房地产业,租赁和商务服务业(见图4-30)。

司法大数据报告(10)

案例来源:Alpha案例库,案由:民事,检索条件:《合同法司法解释一》第25条,案件数量:348件,数据采集时间:2019年4月8日。该条司法解释适用到裁判中的整体情况分析:

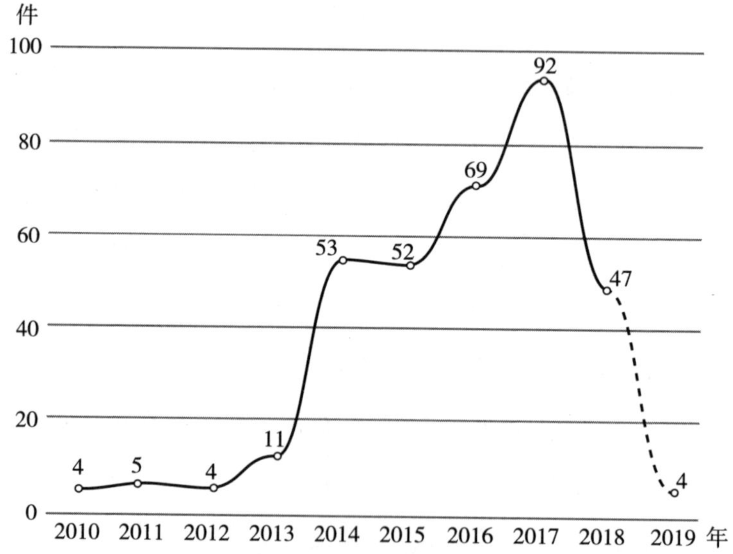

图4-28 变化趋势

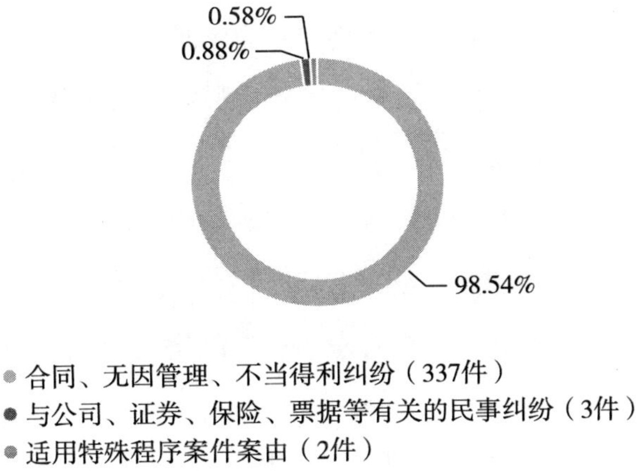

图 4-29　案由分布

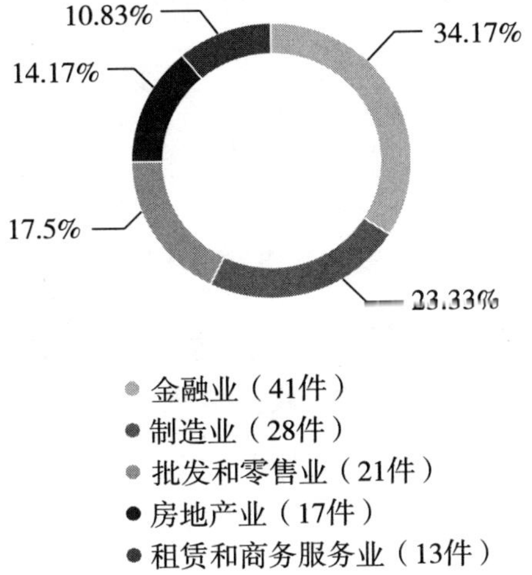

图 4-30　行业分布

2.《合同法司法解释一》第 26 条

该条司法解释[1]是对于债权人行使撤销权产生费用如何承担的规定。债权人能够行使撤销权的原因是债务人或者放弃其到期债权、无偿转让财产，或者以明显不合理的低价转让财产并对债权人造成损害，债务人明显违背诚实信用原则。因此，要让背信者承担因自己的行为而产生的成本。这样的权利义务设置才能有利于阻却行为人的不良倾向，激励守约方维护自己的合法权益，在司法实践中也能达到良好的法律指引作用。该条司法解释已被吸纳入《民法典》第 540 条。

司法大数据报告（11）显示，《合同法司法解释一》第 26 条规则于 2013 年开始较多运用到司法裁判中（见图 4-31）。当前适用该条司法解释的民事案件最主要的案由是合同、无因管理、不当得利纠纷，有 360 件，占一半以上；其次是物权纠纷，侵权责任纠纷，海事海商纠纷（见图 4-32）。所涉及民事案件的行业分布主要集中在金融业，批发和零售业，制造业，建筑业，租赁和商务服务业（见图 4-33）。

司法大数据报告（11）

案例来源：Alpha 案例库，案由：民事，检索条件：《合同法司法解释一》第 26 条，案件数量：369 件，数据采集时间：2019 年 4 月 8 日。该条司法解释适用到裁判中的整体情况分析：

〔1〕《合同法司法解释一》第 26 条规定："债权人行使撤销权所支付的律师代理费、差旅费等必要费用，由债务人负担；第三人有过错的，应当适当分担。"

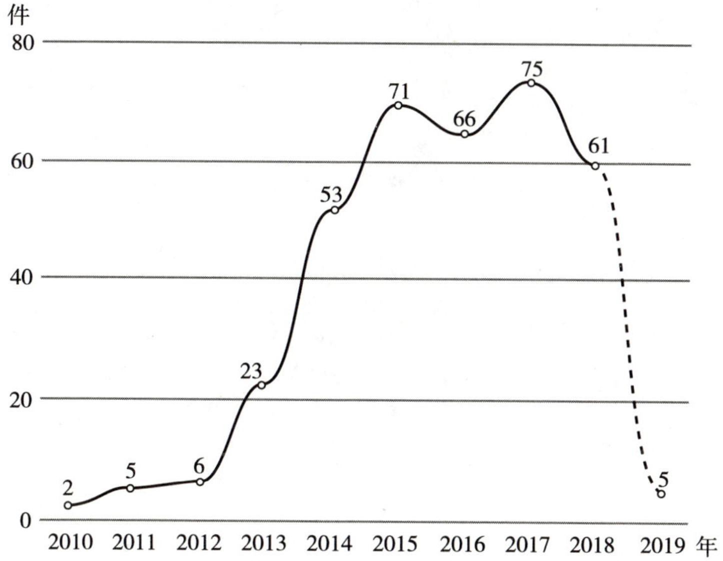

图 4-31　变化趋势

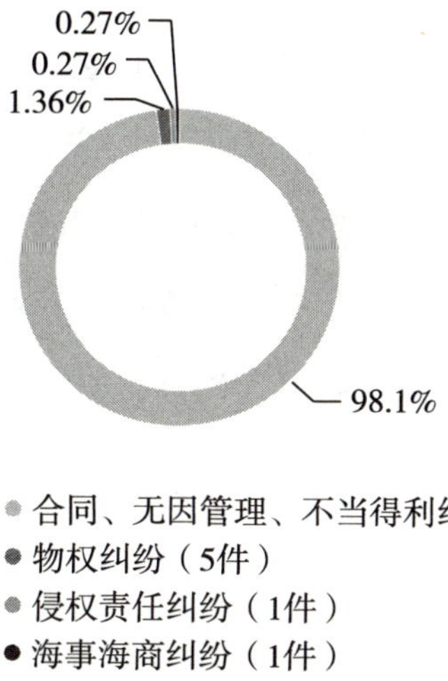

图 4-32　案由分布

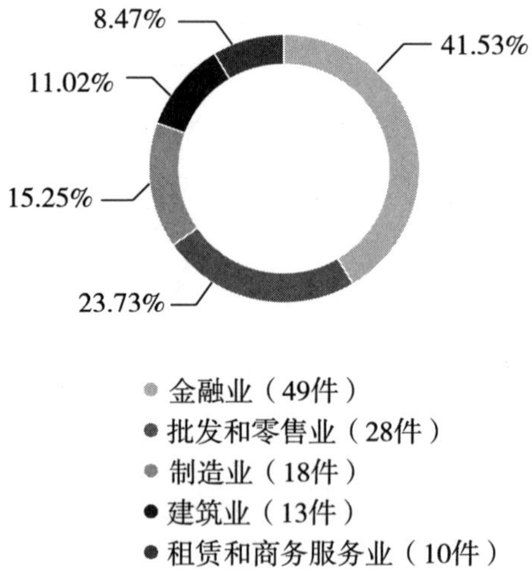

图 4-33　行业分布

3.《合同法司法解释二》第 3 条

该条司法解释[1]是有关悬赏广告的规定，即以广告声明对完成一定行为之人给予报酬的规定。《德国民法典》《日本民法典》《意大利民法典》《瑞士民法典》以及我国台湾地区“民法”均对悬赏广告有明文规定，但我国原《合同法》却未对悬赏广告进行规定。然而，有关悬赏广告的纠纷案件日益增加，除了传统民事领域的失物招领广告以外，悬赏广告还出现在刑事悬赏、证据悬赏、执行悬赏、行政悬赏等多个领域。因此《合同法司法解释二》第 3 条和《一审稿》《二审稿》第 291 条先后规定了悬赏广告规则，从其体系规则可以判断出立法者对于悬赏广告的鲜明态度，是将其作为合同要约来看待的。该条司法规则已被吸纳《民法典》第 499 条。

但是，立法对于悬赏广告的规定还是有些简单，笔者认为应该考虑

〔1〕《合同法司法解释二》第 3 条规定：“悬赏人以公开方式声明对完成一定行为的人支付报酬，完成特定行为的人请求悬赏人支付报酬的，人民法院依法予以支持。但悬赏有合同法第五十二条规定情形的除外。”

加入悬赏广告撤销的规定。比如《日本民法典》第529条之二：悬赏广告人不得撤回已规定作出其行为期间之广告。但其广告中保留撤回之权利的，不在此限。[1]第529条之三：无完成指定行为之人时，悬赏广告人得撤回未规定作出其指定行为期间之广告。但其广告中已表示不撤回之意思时，不在此限。[2]再如，《瑞士债务法》第8条第1款：广告人如在行为完成前撤回广告，除证明行为人不能完成其行为外，对于行为人因该广告善意支出的费用，应负赔偿责任，但以不超过预定报酬额为限。[3]此外，由于悬赏广告在一定领域内公开发布，因此完成悬赏任务的行为人可能为不特定的多人，所以也需要增加数人完成悬赏行为的报酬请求权规则。数人完成可能是数人先后完成或数人同时完成，前者应该以最先完成者作为被悬赏人，后者应使共同完成人均作为被悬赏人。后一情况者，倘若悬赏的性质决定悬赏金额不可分而只能由一人受领，或者悬赏广告已经指明悬赏金额只能由一人受领，则应当以抽签方式确定被悬赏者。[4]

司法大数据报告(12)显示，适用《合同法司法解释二》第3条的案件总数并不多，主要原因是实践中所涉及的有关悬赏纠纷的数量不大，但是这并没影响该条司法解释被吸收到法典中，该条司法解释的司法适用在2016年有所增加（见图4-34）。当前适用该条司法解释的民事案件最主要的案由是合同、无因管理、不当得利纠纷，有27件，占一半以上；其次是物权纠纷，与公司、证券、保险、票据等有关的民事纠纷，人

〔1〕《〈日本民法〉修订—中文版（中）》，载个人图书馆：http://www.360doc.com/content/18/0223/08/943329_731629699.shtml，2019年12月6日最后访问。

〔2〕《〈日本民法〉修订—中文版（中）》，载个人图书馆：http://www.360doc.com/content/18/0223/08/943329_731629699.shtml，2019年12月6日最后访问。

〔3〕参见刘承韪：《民法典合同编的立法建议》，载《法学杂志》2019年第3期。

〔4〕参见梁慧星：《中国民法典草案建议稿附理由（债权总则编）》，法律出版社2013年版，第66页。《德国民法典》第659条和《日本民法典》第531条对此有明文规定。

格权纠纷，侵权责任纠纷（见图 4−35）。所涉及的民事案件当前的行业分布主要集中在批发和零售业，信息传输、软件和信息技术服务业，金融业，住宿和餐饮业，租赁和商务服务业（见图 4−36）。

司法大数据报告（12）

案例来源：Alpha 案例库，案由：民事，检索条件：《合同法司法解释二》第 3 条，案件数量：32 件，数据采集时间：2019 年 4 月 8 日。该条司法解释适用到裁判中的整体情况分析：

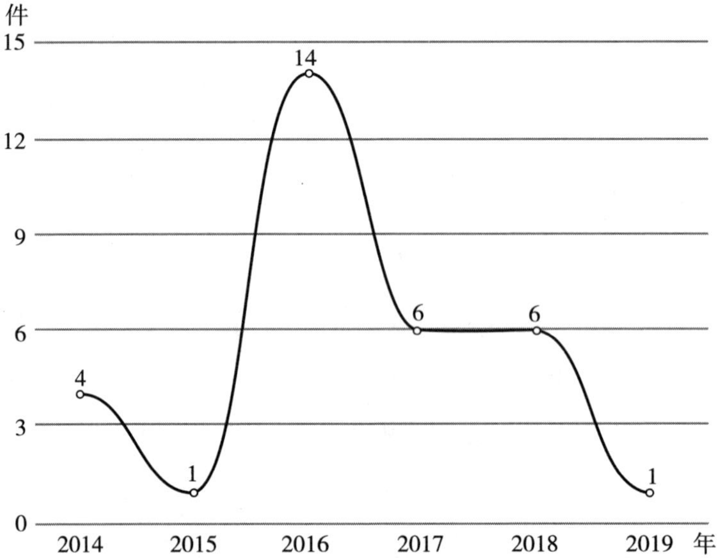

图 4−34 变化趋势

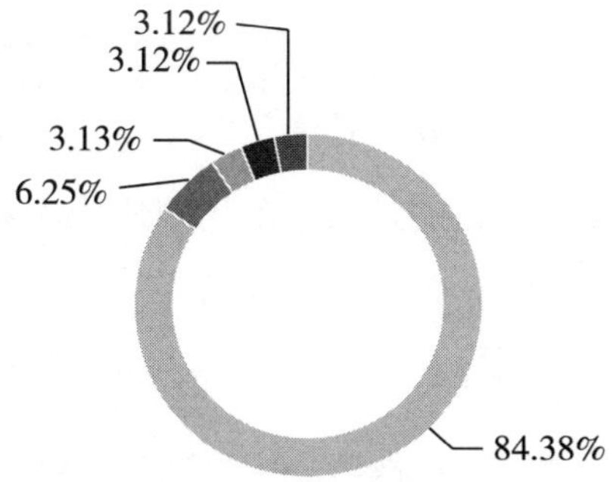

图 4-35　案由分布

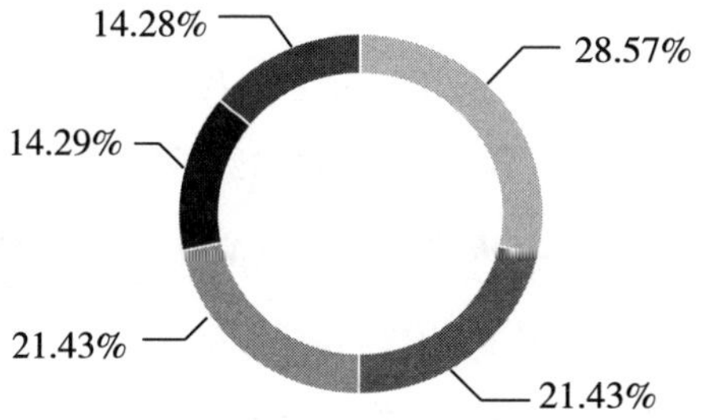

图 4-36　行业分布

4.《合同法司法解释二》第5条

该条司法解释是有关合同特殊盖章方式的解释，即当事人在合同书上摁手印对于合同成立的法律效力的规定。原《合同法》第32条[1]规定了订立合同的方式为“签字”和“盖章”，实践中我们常常采取签字或盖章，而“摁手印”为我国历史的传统，在我国广大农村地区甚至部分城市中许多人仍然习惯摁手印签约，并且这种签约方式早已达成社会的共识。如若司法部门对于摁手印不予认可，可能导致相当一部分合同无效。因此，立法应当赋予摁手印与签字和盖章同样的法律效力。《最高人民法院关于以法院专递方式邮寄送达民事诉讼文书的若干规定》（法释〔2004〕13号）第9条第1项使用“捺印”的提法，只是书面用语，不如“摁手印”通俗。为了使广大社会群众正确理解，2009年实施的《合同法司法解释二》从民间习惯、交易习惯角度出发，选用了“摁手印”的用语。在现代电子合同签名、电子支付中同样有摁手印的问题，特别是移动终端的支付平台一般可以选择采用电子指纹的方式付款、签约或身份认证。随着电子科学技术的发展，这种“摁手印”的方式将更广泛地扩大到电子合同领域。《一审稿》《二审稿》第285条规定：“当事人采用合同书形式订立合同的，当事人最后签字、盖章或者按指印的地点为合同成立的地点，但是当事人另有约定的除外。”已经将“按指印”作为与“签字”“盖章”平列的方式规定在立法中，只是采用了“指印”这种更加准确的表述方式。该条司法规则已被吸纳《民法典》第493条。

司法大数据报告（13）显示，《合同法司法解释二》第5条的规则于2014年开始大量运用到司法裁判中（见图4-37）。当前适用该条司法

〔1〕 原《合同法》第32条规定：“当事人采用合同书形式订立合同的，自双方当事人签字或者盖章时合同成立。”

解释的民事案件最主要的案由是合同、无因管理、不当得利纠纷，有 244 件，占一半以上；其次是婚姻家庭、继承纠纷，物权纠纷，与公司、证券、保险、票据等有关的民事纠纷，侵权责任纠纷（见图 4-38）。所涉及的民事案件主要集中在金融业，批发和零售业，房地产业，制造业，建筑业（见图 4-39）。

司法大数据报告（13）

案例来源：Alpha 案例库，案由：民事，检索条件：《合同法司法解释二》第 5 条，案件数量：278 件，数据采集时间：2019 年 4 月 8 日。该条司法解释适用到裁判中的整体情况分析：

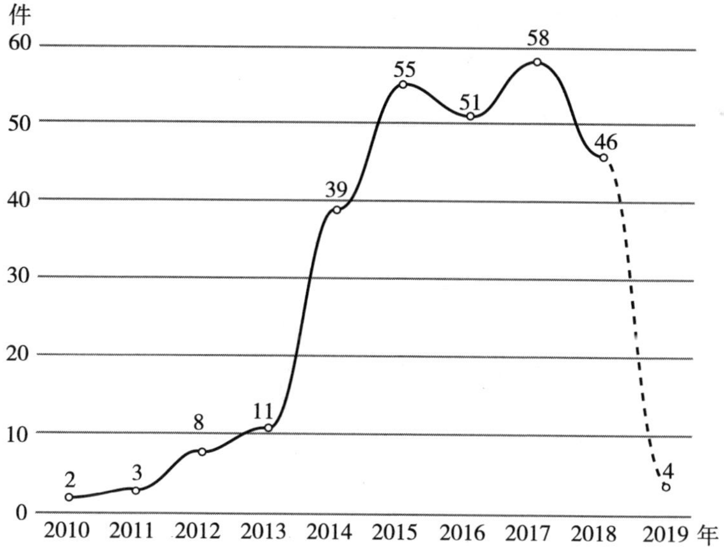

图 4-37　变化趋势

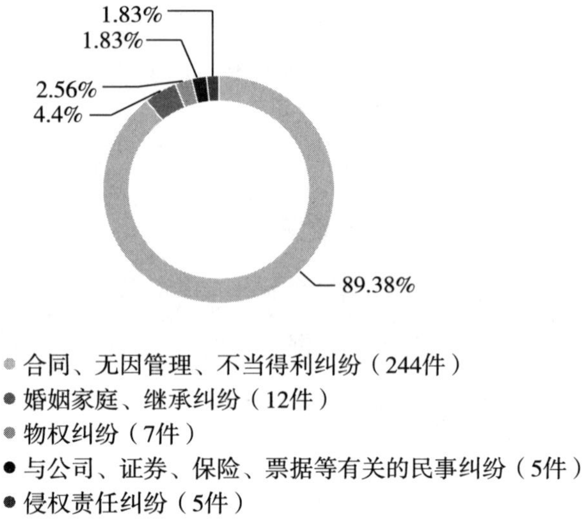

图 4-38 案由分布

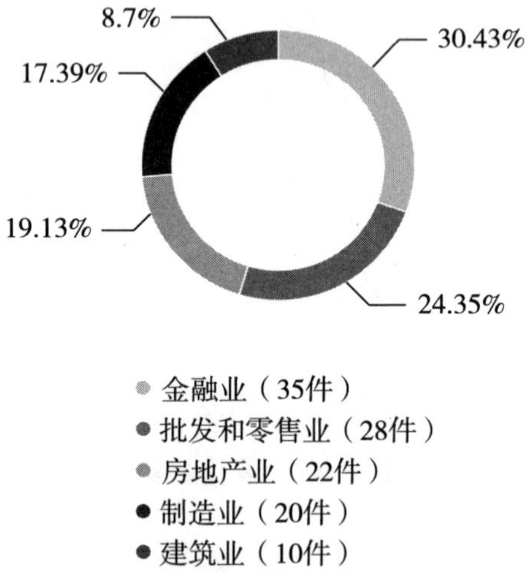

图 4-39 行业分布

5.《合同法司法解释二》第 23 条

该条司法解释[1]是对原《合同法》第 99 条规定的不得抵销的适用条件的补充，原《合同法》只对依照法律规定或者按照合同性质不得抵销的情形进行了规定，在司法实践中发现依当事人双方约定排除抵销的情形未规定在此列。而当事人双方以合同约定对符合原《合同法》第 99 条规定的抵销条件的到期债权不得予以抵销，是当事人对自己民事权利的自主处分，符合当事人意思自治原则，也符合《合同法》的立法精神，即当事人有约定的从其约定，无约定的依照合同法规定的原则。可见，抵销根据其产生的原因不同，应当包括法定抵销和约定抵销。考虑到原《合同法》建立抵销制度的目的是给合同当事人带来便利，若当事人自愿放弃，应该尊重当事人的意思表示。在司法实践中，有关债务抵销时常出现在银行与储户之间，银行经常直接扣划客户账户上的款项以抵销客户因贷款合同发生的债务。而客户如果希望限制银行的抵销权以保证经营活动的稳定，可以在借贷合同中约定排除抵销权，这种约定应该优先于法定抵销，因此该司法解释在实践中具有重要意义。《民法典》第 568 条已将该条规则吸纳进立法中。

司法大数据报告(14)显示,《合同法司法解释二》第 23 条的规则于 2014 年后运用到民事裁判中的数量明显增加(见图 4-40)。当前适用该条司法解释的民事案件最主要的案由是合同、无因管理、不当得利纠纷，有 314 件，占一半以上；其次是与公司、证券、保险、票据等有关的民事纠纷，劳动争议、人事争议，海事海商纠纷，物权纠纷(见图 4-41)。所涉及的民事案件当前的行业分布主要集中在制造业，批发和零售业，房地产业，金融业，租赁和商务服务业(见图 4-42)。

〔1〕《合同法司法解释二》第 23 条规定："对于依照合同法第九十九条的规定可以抵销的到期债权，当事人约定不得抵销的，人民法院可以认定该约定有效。"

司法大数据报告（14）

案例来源：Alpha 案例库，案由：民事，检索条件：《合同法司法解释二》第 23 条，案件数量：384 件，数据采集时间：2019 年 4 月 8 日，该条司法解释适用到裁判中的整体情况分析：

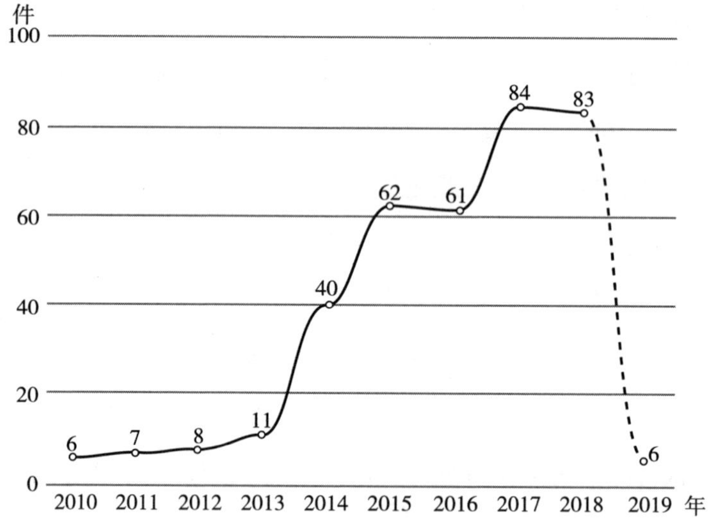

图 4-40 变化趋势

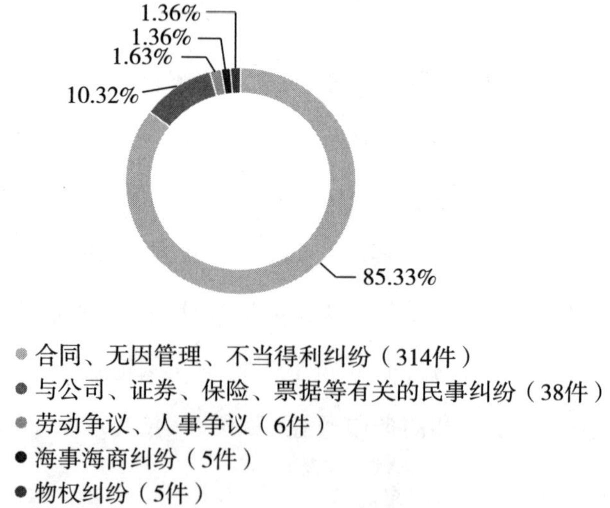

图 4-41 案由分布

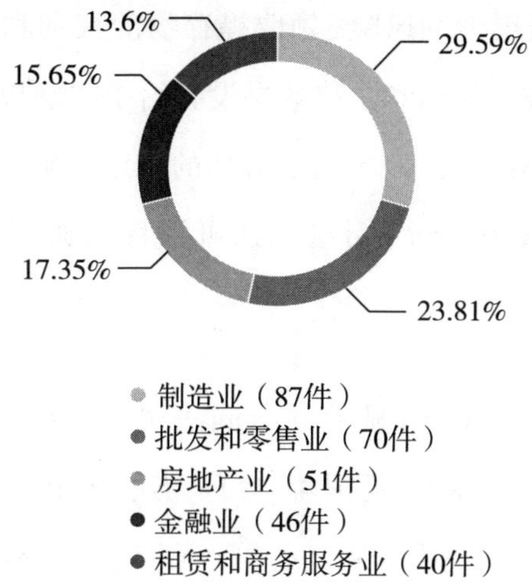

图 4-42　行业分布

6.《合同法司法解释二》第 25 条

该条司法解释[1]是对于提存规则的成立时间以及法律效果作出的规定。所谓提存是由于债权人的原因，债务人无法向债权人清偿到期债务，债务人将合同标的物交付给特定的提存部门，从而完成债务的清偿，使合同消灭的制度。[2]1988 年《最高人民法院关于贯彻执行〈中华人民共和国民法通则〉若干问题的意见（试行）》第 104 规定："债权人无正当理由拒绝债务人履行义务，债务人将履行的标的物向有关部门提存的，应当认定债务已经履行。因提存所支出的费用，应当由债权人承担。提存期间，财产收益归债权人所有，风险责任由债权人承担。"此规定将提存作为债务履行的方式。司法部于 1995 年颁布了《提存公证规则》，对于提存规则又做了明确规范。1999 年的原《合同法》第 101 条至第 104 条将提存规则正式入典，进一步明确了提存的条件、提存通

〔1〕《合同法司法解释二》第 25 条规定："依照合同法第一百零一条的规定，债务人将合同标的物或者标的物拍卖、变卖所得价款交付提存部门时，人民法院应当认定提存成立。提存成立的，视为债务人在其提存范围内已经履行债务。"

〔2〕参见王利明：《合同法研究》（第 2 卷），中国人民大学出版社 2003 年版，第 330 页。

知、提存标的毁损灭失的风险、领取提存物的权利和期限等作了规定，但是对于提存的成立时间和法律效果没有给予明确规定，造成审判中认识不一致或裁判不统一。该条司法解释的规定的确弥补了立法的漏洞，在长期的司法实践中得到了社会的认可，《民法典》第571条将该司法解释纳入了立法中。

司法大数据报告（15）显示，《合同法司法解释二》第25条运用到司法裁判中的案例并不多（见图4-43）。当前适用该条司法解释的民事案件的案由分布由多至少分别是合同、无因管理、不当得利纠纷，与公司、证券、保险、票据等有关的民事纠纷（见图4-44）。所涉及的民事案件当前的行业分布主要集中在租赁和商务服务业，制造业，批发和零售业，农、林、牧、渔业，房地产业（见图4-45）。

司法大数据报告（15）

案例来源：Alpha案例库，案由：民事，检索条件：《合同法司法解释二》第25条，案件数量：35件，数据采集时间：2019年4月8日。该条司法解释适用到裁判中的整体情况分析：

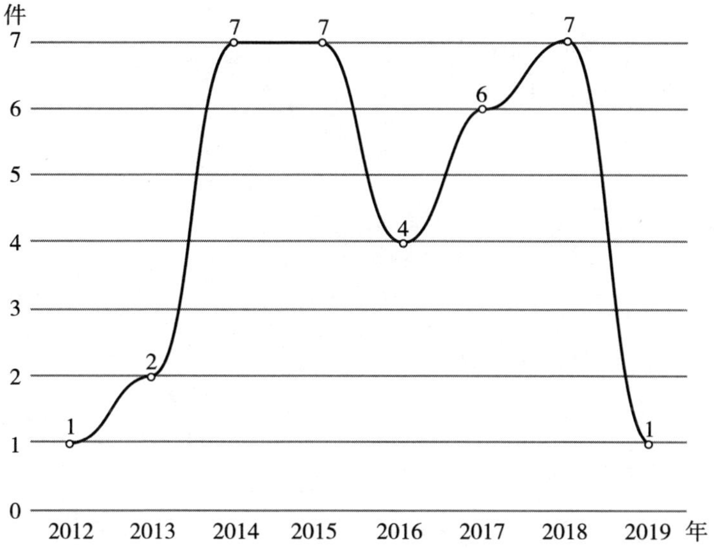

图 4-43　变化趋势

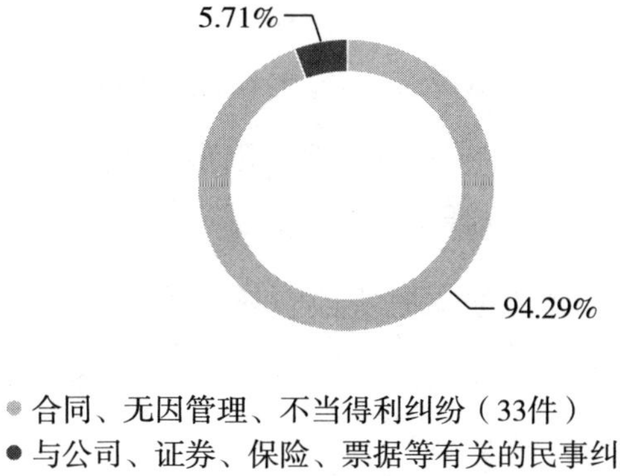

图 4-44　案由分布

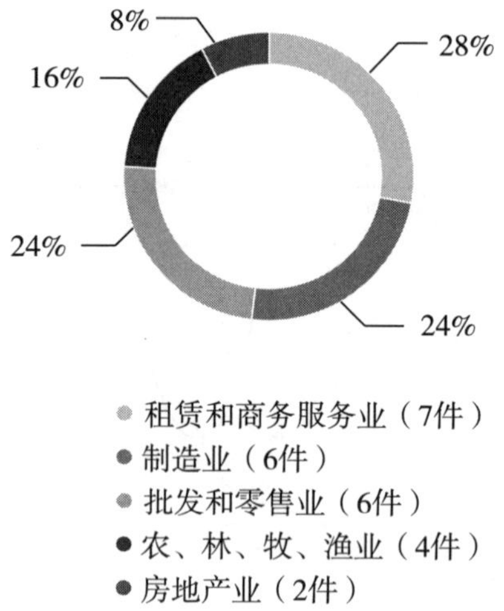

图 4-45 行业分布

7.《合同法司法解释二》第 26 条

该条款是合同履行中有关情势变更的解释。所谓情势变更原则，是指合同有效成立后，因不可归责于双方当事人的事由发生重大变化而使合同的基础动摇或者丧失，若继续维持合同会显失公平，因此允许变更合同内容或解除合同的原则。[1]根据条文可见，"情势"是指"客观情况"，具体泛指一切与合同有关的客观事实，如经济危机、政策调整、战争等，概念的重点在于"与合同有关"这个限定词上，即排除了与合同无关或者对合同影响甚微的"情势"。[2]所谓"变更"，是指合同赖以成立的环境或基础发生异常之变动。这种合同成立的基础或环境的客观基础的变动有可能导致合同当事人预期的权利义务严重不对等，从而使原先的合同失去其本来的意义。

情势变更条款符合法律的公平原则和价值取向。合同在订立时候是公平的，由于合同生效后社会环境发生重大变化，若依然按照原合同

〔1〕 参见王家福主编:《中国民法学·民法债权》，法律出版社 1991 年版，第 393 页。
〔2〕 参见[德]卡斯腾·海尔斯特尔、许德风:《情势变更原则研究》，载《中外法学》2004 年第 4 期。

执行，将使一方当事人遭受重大的损害，显失公平。这种情况下法院运用情势变更规则，变更合同的内容或者解除合同，通过双方当事人分担因异常损害所造成的风险，来平衡当事人之间的利益失衡，这符合法律的公平原则。在具体的司法实践中，情势变更的情形很多，要根据具体情况来判断是否构成情势变更，应以具体导致合同基础之丧失，是否导致合同目的落空，是否导致对价关系障碍作为判断。[1]倘若只是导致合同一般变化，则不认为是情势变更，要严格认定合同订立前后变化是否构成情势变更，严格与其他情况相区分。[2]

在我国司法实务界，情势变更规则从提出、适用到达成共识经历了二十多年。最高人民法院在（1992）第 29 号函中写道："由于发生了当事人无法预见和预防的情势变更……仍按原合同约定的价格……显失公平"，当事人可以变更或解除合同。可以看出司法界根据合同的原则提出了情势变更规则。1993 年的《全国经济审判工作座谈会纪要》（〔1993〕8 号文）指出：由于不可归则于当事人双方的原因，作为合同基础的客观情况发生了非当事人所能预见的根本性变化，以致按原合同履行显失公平的，可以根据当事人的申请，按情势变更的原则变更或解除合同。该纪要表明司法机关肯定了情势变更规则。在原《合同法》起草过程中曾经加入过情势变更规则，但是在最终定稿中却将其删除了。此后，在 2009 年颁布的《合同法司法解释二》中，情势变更规则被写入，成为司法审判的正式依据。在接下来的十年中，《合同法司法解释二》第 26 条被法官大量适用并达成共识。此外，在国际商事中，《联合国国际货物销售合同公约》《维也纳条约法公约》《国际商事合同通则》等也

〔1〕 参见梁慧星：《中国民法经济法诸问题》，法律出版社 1991 年版，第 226 页。
〔2〕 参见［德］沈德咏主编：《最高人民法院关于合同法司法解释（二）理解与适用》，人民法院出版社 2009 年版，第 191~192 页。

明文规定了情势变更规则，如果争议的涉外案件适用这些公约，法院进行审理时，也在适用公约所规定的情势变更规则。[1]

从情势变更规则符合社会价值取向并已达成社会共识的角度来看，该规则已经被吸纳《民法典》第533条。但是新法对司法解释的四处进行了修改，笔者认为前两处修改不当，后两处修改得当。具体如下：第一处将“客观情况”变更为“合同基础”不合适，因为司法界和社会大众对于“客观情况”的称谓已普遍接受并形成使用习惯，而“合同基础”是德国法的理论，改变表述将增大话语体系的立法成本，并且“客观情况”较之于“合同基础”所表达的意思更加准确、贴切。发生重大变化的不是基础本身，而是客观情况的变化导致合同基础丧失，适用客观情况表述去歧义，而用“合同基础”这种表述涵盖主观基础和客观基础两方面，并不准确。第二处是删去了“不能实现合同目的”，对于继续履行的结果只保留“对于当事人一方明显不公平”，这样导致以偏概全。因为除了显失公平是情势变更的一般情形以外，“客观情况”重大变化导致合同目的无法实现也可以作为情势变更的主张缘由，并且“不能实现合同目的”也是英美合同法情势变更的主要情形之一，作为我国情势变更的内容也是没有问题的。第三处删除了“非不可抗力造成的”因素，即将不可抗力造成的情事变更也纳入了该规则的适用范畴，具有合理性。第四处加入了再协商义务的具体化，使解决问题的途径更加周全。“受不利影响的当事人可以请求与对方重新协商”的设置值得称赞，其取代了实体法程序的静态视角，运用动态视角观察合同，增设了双方当事人交涉的机会。[2]再协商义务在《国际商事合同通则》(UPICC)、《欧洲合同

〔1〕 参见崔建远主编：《合同法》，法律出版社2003年版，第93页。
〔2〕 参见[日]加藤雅信：《民法学说百年史》，牟宪魁等译，商务印书馆2017年版，第608页。

法原则》(PECL)中都有规定。[1]

司法大数据报告(16)显示,《合同法司法解释二》第26条的规则于2013年开始大量运用到司法裁判中(见图4-46)。当前适用该条司法解释的民事案件最主要的案由是合同、无因管理、不当得利纠纷,有6094件,占一半以上;其次是与公司、证券、保险、票据等有关的民事纠纷,物权纠纷,知识产权与竞争纠纷,劳动争议、人事争议(见图4-47)。所涉及的民事案件当前的行业分布主要集中在房地产业,租赁和商务服务业,批发和零售业,制造业,建筑业(见图4-48)。

司法大数据报告(16)

案例来源:Alpha案例库,案由:民事,检索条件:《合同法司法解释二》第26条,案件数量:6326条,数据采集时间:2019年4月8日。该条司法解释适用到裁判中的整体情况分析:

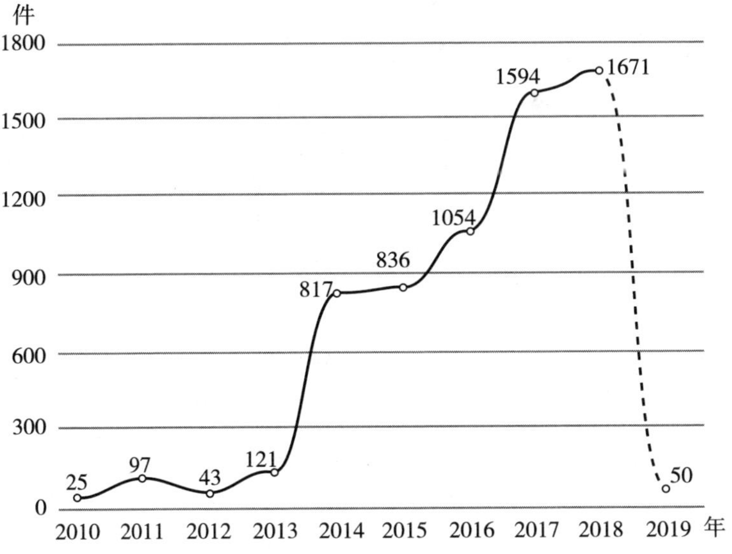

图4-46　变化趋势

〔1〕参见韩世远:《合同法总论》,法律出版社2018年版,第507页。

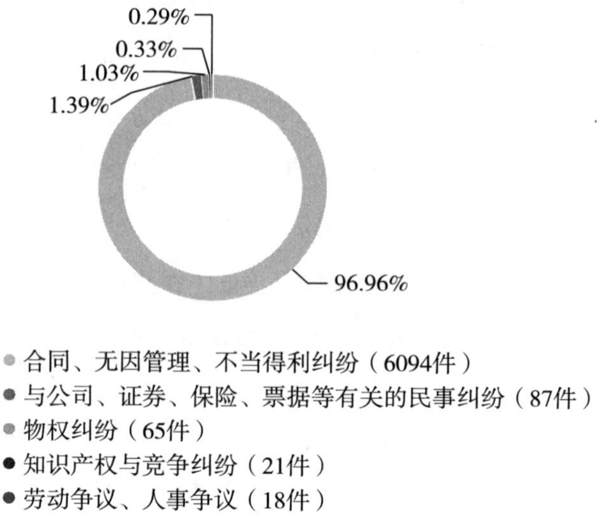

图 4-47　案由分布

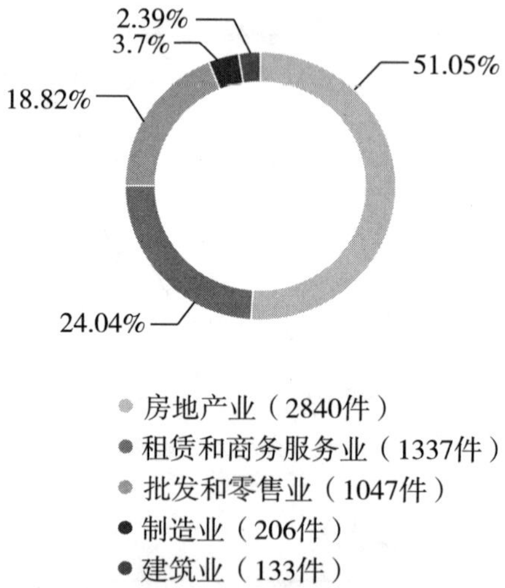

图 4-48　行业分布

第二节　合同法分则部分的入典情况

一、《买卖合同司法解释》

1. 部分吸收

(1)《买卖合同司法解释》第 2 条

该条司法解释[1]是对于预约合同的规定，原《合同法》缺失了对于预约合同的规定，当事人一方违反预约合同，是否追究或者如何追究违反方责任的判决不尽一致，违反预约应承担违约责任还是缔约过失责任争论不休，给司法实践带来困扰。随着经济科技的发展，商业模式日趋复杂，由古典经济关系建立起来的"要约—承诺"这种简单的缔约方式已经不能满足市场主体对于缔约方式多样化的需求。现代交易中，存在大量的预约如意向书、预订书、认购书、允诺书、订购书、谅解备忘录、定金收据等，这些预约如何认定是司法解释需要解决的重要问题。不过，以上这些预约的形式不一定都能构成预约合同，如签订意向书、备忘录是否可以视为预约合同需要进一步考察，意向书只是表明双方存在缔约的意向，本身并未就合同的权利义务达成合意，一般而言意向书不能被认定为预约。[2]备忘录要对于当事人产生约束，首先要构成预约合同。《民法典》第 495 条依然将"意向书"列为预约合同的形态需要进一步考察。此外，《民法典》仅仅将违反预约合同约定的法律后果归为

[1] 《买卖合同司法解释》第 2 条规定："当事人签订认购书、订购书、预订书、意向书、备忘录等预约合同，约定在将来一定期限内订立买卖合同，一方不履行订立买卖合同的义务，对方请求其承担预约合同违约责任或者要求解除预约合同并主张损害赔偿的，人民法院应予支持。"

[2] 参见王利明：《〈民法典分编（草案）· 合同编〉的意见》，载 http://www.civillaw.com.cn/zt/t/?id=34837，2019 年 4 月 1 日最后访问。

“承担预约合同的违约责任”，但是对于该违约责任具体是什么语焉不详，也需要进一步完善。

司法大数据报告（17）显示，《买卖合同司法解释》第 2 条的规则从 2014 年开始大量适用到司法裁判中（见图 4-49）。当前适用该条司法解释的民事案件的案由分布由多至少分别是民事、行政（见图 4-50）。所涉及的民事案件当前的行业分布主要集中在房地产业，租赁和商务服务业，批发和零售业，制造业，建筑业（见图 4-51）。

司法大数据报告（17）

案例来源：Alpha 案例库，案由：未设，检索条件：《买卖合同司法解释》第 2 条，案件数量：2824 件，数据采集时间：2019 年 5 月 8 日。该条司法解释适用到裁判中的整体情况分析：

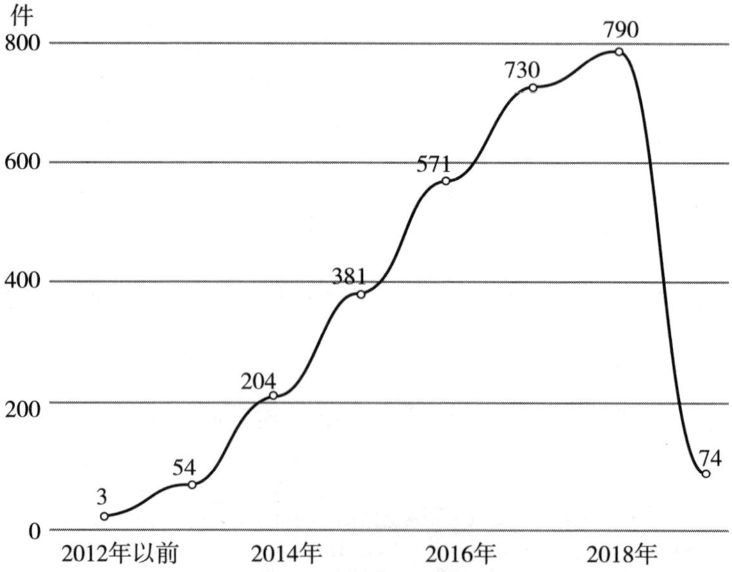

图 4-49　变化趋势

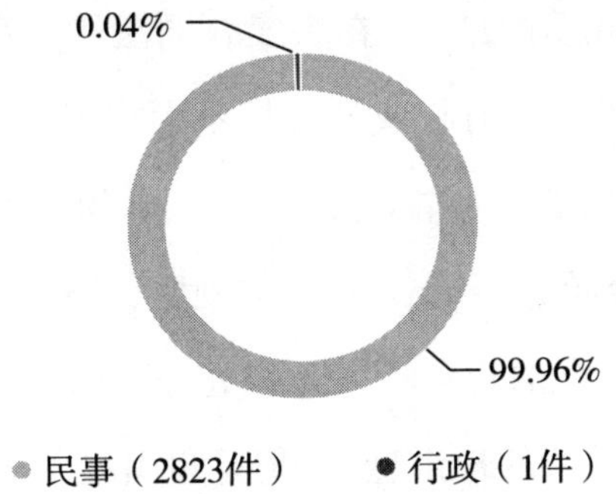

图 4-50　案由分布

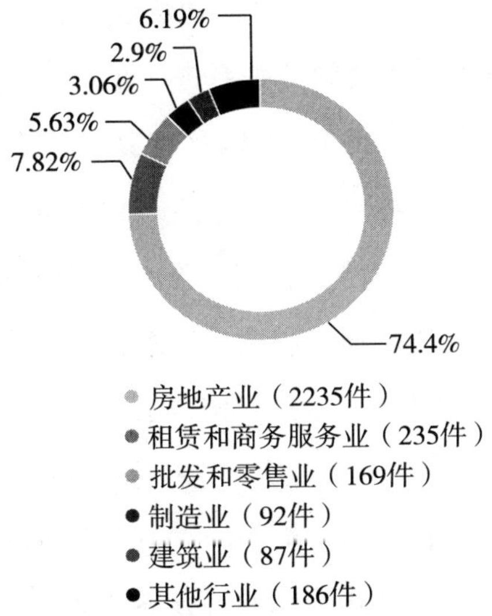

图 4-51　行业分布

（2）《买卖合同司法解释》第 3 条

该条司法解释[1]是无权处分情形下买卖合同的效力以及违约救济的规定。根据物权区分原则，该条司法解释遵循了《物权法》第 15 条关于物权变动原因与结果区分原则，即买卖合同是物权变动的原因行为，

〔1〕《买卖合同司法解释》第 3 条规定："当事人一方以出卖人在缔约时对标的物没有所有权或者处分权为由主张合同无效的，人民法院不予支持。出卖人因未取得所有权或者处分权致使标的物所有权不能转移，买受人要求出卖人承担违约责任或者要求解除合同并主张损害赔偿的，人民法院应予支持。"

所有权转移是物权变动的结果，在买卖合同法律关系中，确立了出卖人在缔约时对标的物没有所有权或处分权不影响买卖合同效力的规则，并且因无权处分导致所有权不能转移出卖人承担违约赔偿责任的规则。该规则改变了原《合同法》第 51 条〔1〕的规定，否认了理论上将无权处分合同视为效力待定合同的观点。〔2〕无权处分问题被学界比喻为“法学上的精灵”〔3〕，具有其独特的理论魅力，但是也引发了司法实践的困扰和关注，出卖人未取得处分权而订立合同的效力认定问题也经历了多年的周折和反复。通过《物权法》第 15 条在司法实务界才基本上确立了区分原则，根据该原则出台的《买卖合同司法解释》，其第 3 条对于原《合同法》第 51 条与第 132 条之间的关系进一步梳理，最终在司法审判实践中对于无权处分情形下合同效力以及出卖人责任才有了基本一致的认定。然而，该条司法解释对原《合同法》第 51 条的修改，一直遭到学术界的诟病，有学者认为：“承认合同法第 51 条无权处分合同规则的错误，也不能由最高人民法院通过制定司法解释予以修改！理由很简单：最高人民法院无权修改法律。谁有权修改法律？唯有立法者（在中国是全国人民代表大会及其常务委员会）有权修改法律。最高人民法院无权修改法律。”〔4〕因此，该条司法解释确立下来的规定应当借此次《民法典》编纂之机被吸纳入立法中。但是立法条文不宜将“法院是否受理”作为内容，而是对当事人实体权利义务进行直接规定。《民法典》第 597 条对于无权处分合同的效力做了正面的规定，即对于无处分权买卖合同作出解除和违约责任的规定，鉴于合同效力是合同履行、变更、解除、违

〔1〕 原《合同法》第 51 条规定：“无处分权的人处分他人财产，经权利人追认或者无处分权的人订立合同后取得处分权的，该合同有效。”

〔2〕 参见许中缘、夏沁：《原〈合同法〉修改：从合同法典回归民法典合同法编》，载《晋阳学刊》2017 年第 3 期。

〔3〕 王泽鉴：《民法学说与判例研究》（第五册），中国政法大学出版社 1998 年版，第 87 页。

〔4〕 梁慧星：《裁判的方法》，法律出版社 2012 年版，第 125 页；崔建远：《无权处分合同的效力、不安抗辩、解除及债务承担》，载《法学研究》2013 年第 6 期。

约责任等的基本前提，也就是确立了合同的效力。

司法大数据报告（18）显示，《买卖合同司法解释》第 3 条的规则从 2013 年后大量运用到司法案件中（见图 4-52）。当前适用该条司法解释的民事案件最主要的案由是民事，有 10423 件，占一半以上；其次是行政，执行，国家赔偿（见图 4-53）。所涉及的民事案件当前的行业分布主要集中在房地产业，批发和零售业，金融业，租赁和商务服务业，制造业（见图 4-54）。

司法大数据报告（18）

案例来源：Alpha 案例库，检索条件：《买卖合同司法解释》第 3 条，案件数量：10433 件，数据采集时间：2019 年 5 月 8 日。该条司法解释适用到裁判中的整体情况分析：

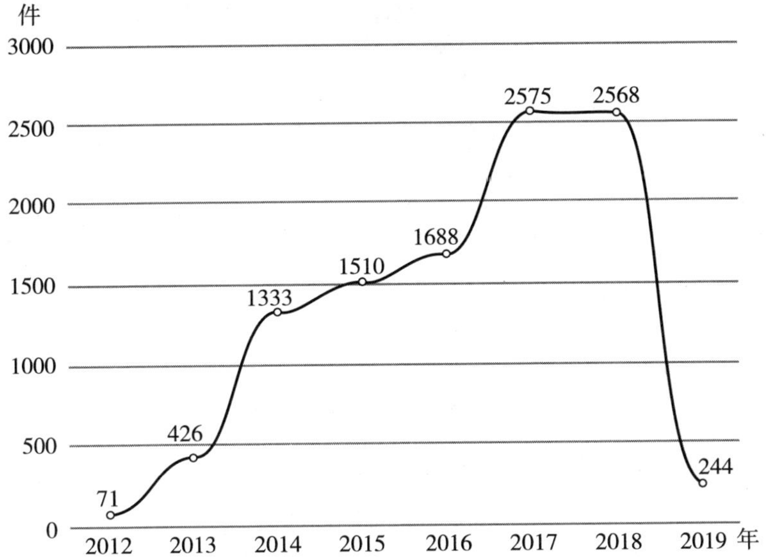

图 4-52　变化趋势

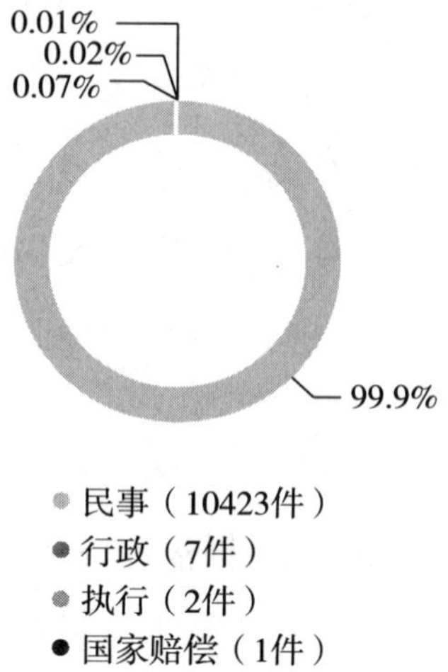

图 4-53 案由分布

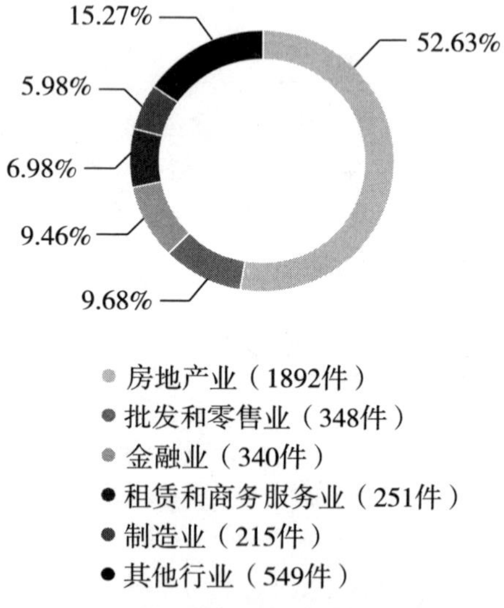

图 4-54 行业分布

(3)《买卖合同司法解释》第 35 条

该条司法解释[1]确立了所有权保留中出卖人取回权以及损害赔偿请求权的规则。在所有权保留制度下，标的物的所有权与占有外观是分离的，出卖人保留所有权而不占有标的物，这种所有权具有何种性质，发生何种效力，在民法理论和立法实践上存在较大的分歧，导致司法实践不统一，故而对于保留所有权的性质和效力的确定有利于更好地统一司法裁判。取回权的行使能够有效地解决出卖人相关合同义务履行的保障问题。《民法典》第 642 条将出卖人的取回权和损害赔偿请求权吸纳入典，并设计了当事人实现取回权进行协商的环节，协商不成参照担保物权实现程序，这样的立法设计更加完善。

司法大数据报告（19）显示，《买卖合同司法解释》第 35 条的规则于 2014 年后大量运用到民事案件中（见图 4-55）。当前适用该条司法解释的民事案件最主要的案由是合同、无因管理、不当得利纠纷，有 890 件，占一半以上；其次是物权纠纷类，适用特殊程序案件案由，与公司、证券、保险、票据等有关的民事纠纷，劳动争议、人事争议（见图 4-56）。所涉及民事案件当前的行业分布主要集中在批发和零售业，制造业，交通运输、仓储和邮政业，租赁和商务服务业，科学研究和技术服务业（见图 4-57）。

司法大数据报告（19）

案例来源：Alpha 案例库，检索条件：《买卖合同司法解释》第 35

〔1〕《买卖合同司法解释》第 35 条规定："当事人约定所有权保留，在标的物所有权转移前，买受人有下列情形之一，对出卖人造成损害，出卖人主张取回标的物的，人民法院应予支持：(一)未按约定支付价款的；(二)未按约定完成特定条件的；(三)将标的物出卖、出质或者作出其他不当处分的。取回的标的物价值显著减少，出卖人要求买受人赔偿损失的，人民法院应予支持。"

条，案件数量：995 件，数据采集时间：2019 年 5 月 8 日。该条司法解释适用到裁判中的整体情况分析：

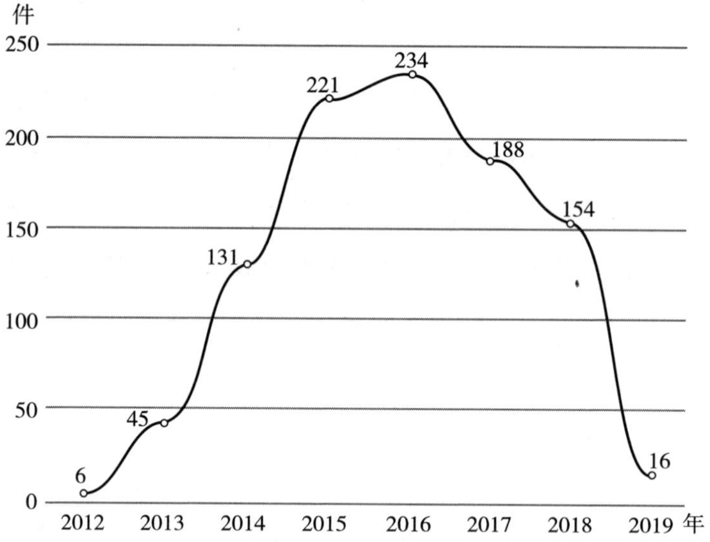

图 4-55 变化趋势

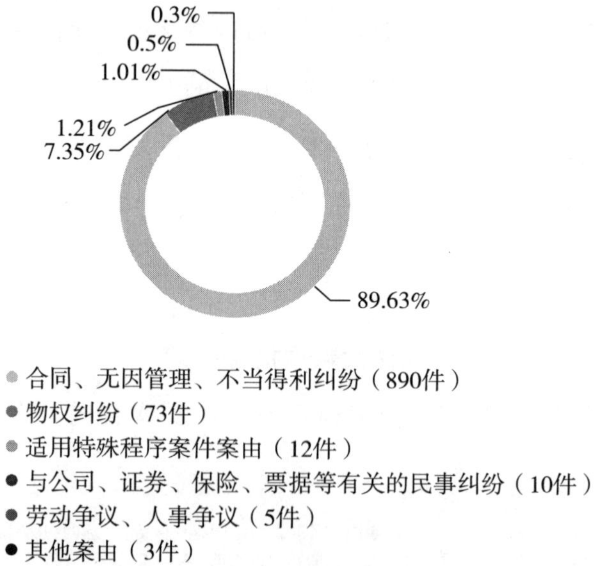

图 4-56 案由分布

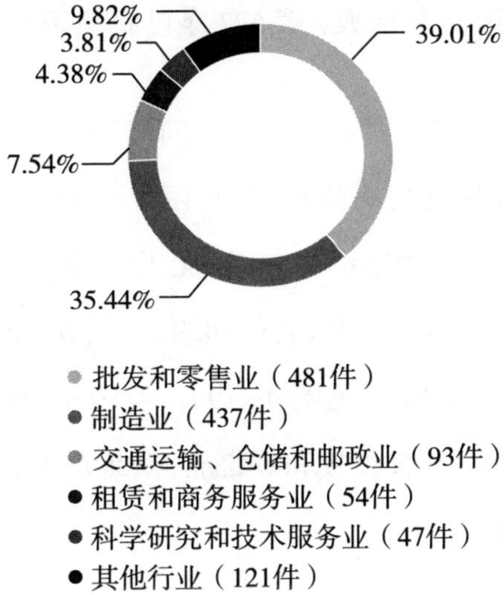

图 4-57　行业分布

2. 全部吸收

（1）《买卖合同司法解释》第 15 条

该条司法解释[1]是标的物数量和外观瑕疵的规定。标的物的质量瑕疵分为外观瑕疵和隐蔽瑕疵，其中外观瑕疵是一般方法可以发现的。由于标的物的数量、规格、型号等外观瑕疵属于当事人尽到一般合理注意义务即能发现的，因此其与隐蔽瑕疵的归责原则不同。原《合同法》第 157 条只是笼统地规定“没有约定检验期间的，应当及时检验”，并未区分外观瑕疵与隐蔽瑕疵，存在立法漏洞。随着网购方式的普及，因标的额数量的纠纷与日俱增，消费者通过网购、邮购等方式进行小额买卖，若当事人签收的确认单、送货单等单据上载明数量的，应当推定买受人在签收时对数量进行了核验，这也符合经验常识。该条司法解释正是弥补了原《合同法》在外观瑕疵方面的漏洞，又利用简单易行的方式

〔1〕《买卖合同司法解释》第 15 条规定：“当事人对标的物的检验期间未作约定，买受人签收的送货单、确认单等载明标的物数量、型号、规格的，人民法院应当根据合同法第一百五十七条的规定，认定买受人已对数量和外观瑕疵进行了检验，但有相反证据足以推翻的除外。”

分配责任、定分止争。《民法典》第 623 条已将该条司法解释吸纳入典。

司法大数据报告(20)显示,《买卖合同司法解释》第 15 条的规则于 2014 年开始大量运用到司法裁判中(见图 4-58)。当前适用该条司法解释的民事案件最主要的案由是合同、无因管理、不当得利纠纷类,有 720 件,占一半以上;其次是侵权责任纠纷,与公司、证券、保险、票据等有关的民事纠纷,物权纠纷(见图 4-59)。所涉及的民事案例当前的行业分布主要集中在制造业,批发和零售业,房地产业,建筑业,科学研究和技术服务业(见图 4-60)。

司法大数据报告(20)

案例来源:Alpha 案例库,检索条件:《买卖合同司法解释》第 15 条,案件数量:729 件,数据采集时间:2019 年 5 月 8 日。该条司法解释适用到裁判中的整体情况分析:

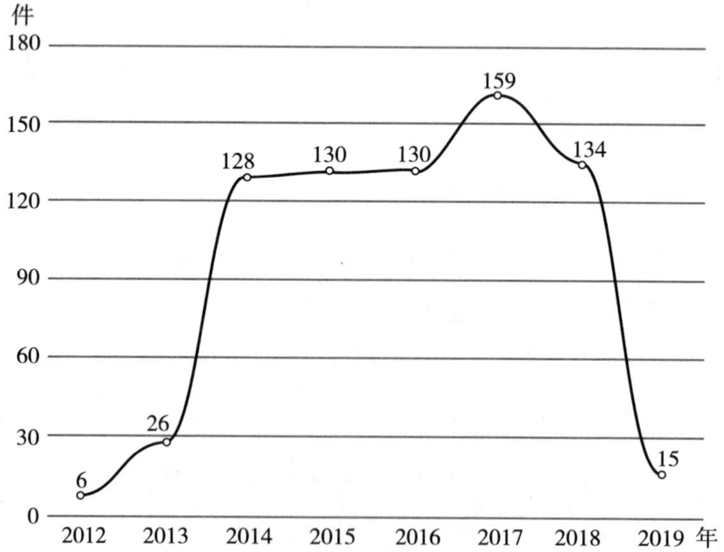

图 4-58 变化趋势

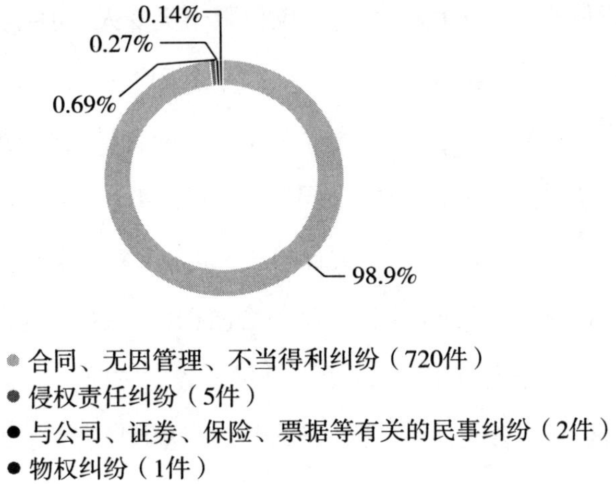

图 4-59　案由分布

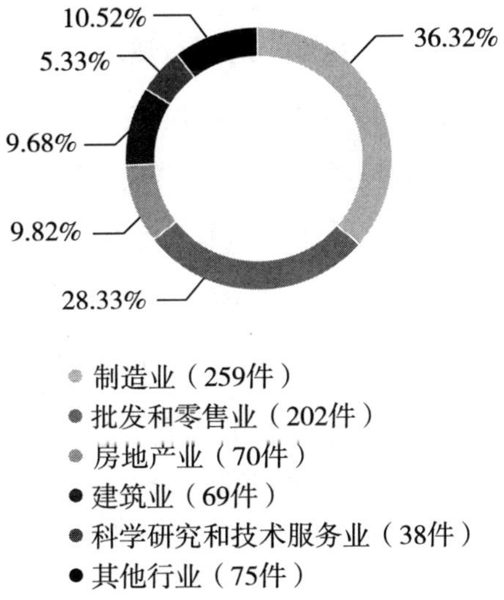

图 4-60　行业分布

（2）《买卖合同司法解释》第 16 条

该条司法解释[1]是有关向第三人履行合同中检验标准的规则。在司

〔1〕《买卖合同司法解释》第 16 条规定："出卖人依照买受人的指示向第三人交付标的物，出卖人和买受人之间约定的检验标准与买受人和第三人之间约定的检验标准不一致的，人民法院应当根据合同法第六十四条的规定，以出卖人和买受人之间约定的检验标准为标的物的检验标准。"

法实践中，行使检验义务的人不一定仅仅限于买受人，可能是向买卖合同以外的第三人履行，而买受人与第三人之间对于检验标准可能存在特殊约定，即为向第三人履行的合同，又称“为第三人的合同”。当买卖双方签订的合同检验标准与“为第三人的合同”检验标准不一致时，检验标准以哪个合同为准，实践中存在争议，原《合同法》也未明确规定，存在立法漏洞。一般认为，这种合同与普通的买卖、赠与合同相比，只是其合同内容中增加了一项“向第三人履行条款”，以变更给付义务的方向，“向第三人履行的合同，其结构是基本合同加第三人约款。”[1]司法解释确立了以基础合同约定为检验标准的规则，符合合同相对性的立法原则，也遵循了原《合同法》第 64 条的立法逻辑，即“当事人约定由债务人向第三人履行债务”的情形，并没有提及第三人是否享有直接的履行请求权，而是以债权人与债务人之间的约定为履行标准。《民法典》第 624 条已将该条司法解释吸收。

司法大数据报告（21）显示，《买卖合同司法解释》第 16 条的规则于 2015 年后大量运用于司法裁判中（见图 4-61）。当前适用该条司法解释的民事案件的案由分布由多至少分别是合同、无因管理、不当得利纠纷，侵权责任纠纷（见图 4-62）。所涉及的民事案件当前的行业分布主要集中在房地产业，金融业，制造业，批发和零售业，科学研究和技术服务业（见图 4-63）。

司法大数据报告（21）

案例来源：Alpha 案例库，检索条件：《买卖合同司法解释》第 16 条，案件数量：363 件，数据采集时间：2019 年 5 月 8 日。该条司法解释适用到裁判中的整体情况分析：

〔1〕 胡康生主编：《中华人民共和国合同法释义》，法律出版社 1999 年版，第 113 页。

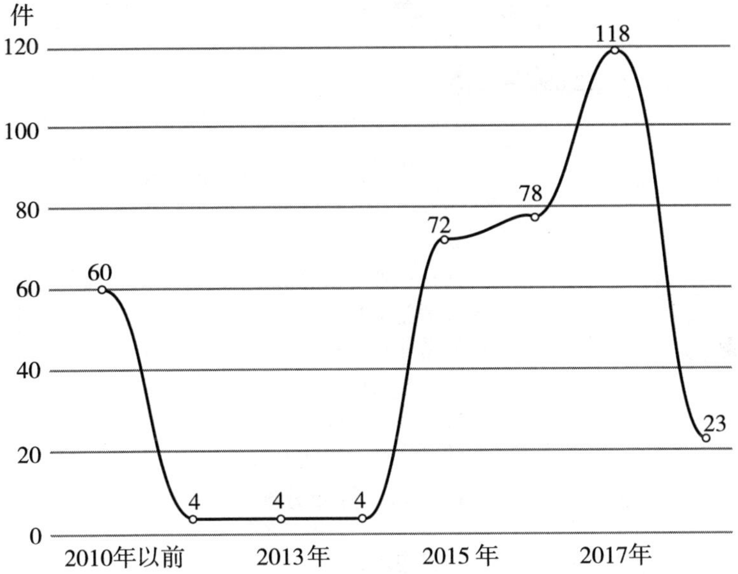

图 4-61　变化趋势

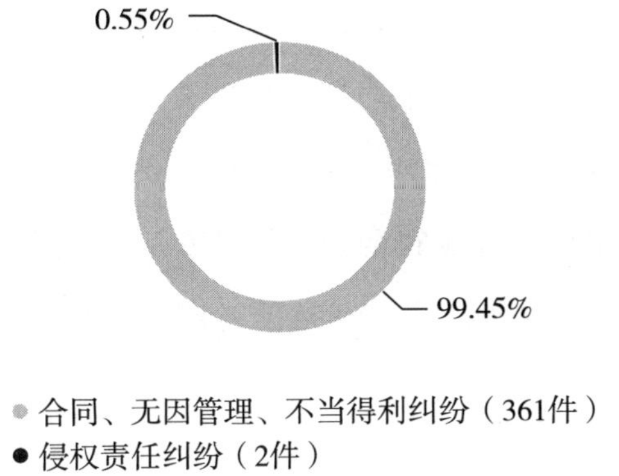

图 4-62　案由分布

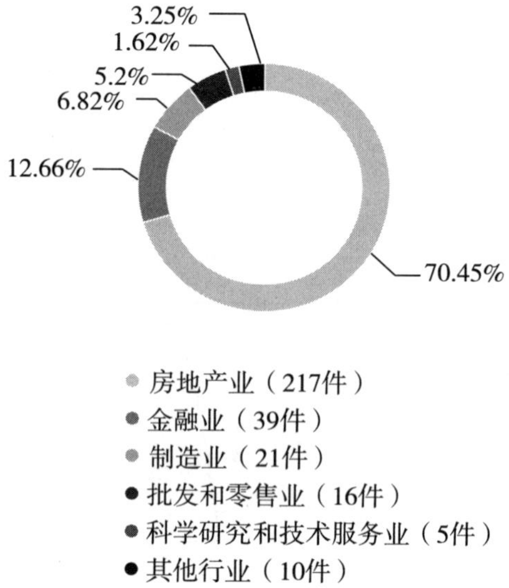

图 4-63　行业分布

(3)《买卖合同司法解释》第 28 条

该条司法解释[1]是规定买卖合同中定金罚则与损失赔偿之间的关系。原《合同法》对于定金和损害赔偿之间的关系没有明确规定，致使法院在处理同类案件时的裁判尺度不一致。该条司法解释正是参考了原《合同法》第 114 条[2]对于违约金与损失赔偿金的规定，同时考虑到违约金制度与定金制度的异同，确定了定金与损失赔偿之间的规则。这在促进司法统一的同时，也符合原《合同法》关于违约金和损失赔偿规则的制度安排。《民法典》第 588 条已将该条司法解释吸纳入典，具有明显的立法意义。

---

〔1〕《买卖合同司法解释》第 28 条规定："买卖合同约定的定金不足以弥补一方违约造成的损失，对方请求赔偿超过定金部分的损失的，人民法院可以并处，但定金和损失赔偿的数额总和不应高于因违约造成的损失。"

〔2〕原《合同法》第 114 条规定："当事人可以约定一方违约时应当根据违约情况向对方支付一定数额的违约金，也可以约定因违约产生的损失赔偿额的计算方法。约定的违约金低于造成的损失的，当事人可以请求人民法院或者仲裁机构予以增加；约定的违约金过分高于造成的损失的，当事人可以请求人民法院或者仲裁机构予以适当减少。当事人就迟延履行约定违约金的，违约方支付违约金后，还应当履行债务。"

司法大数据报告（22）显示，《买卖合同司法解释》第 28 条的规则于 2017 年后大量运用到司法裁判中（见图 4-64）。当前适用该条司法解释的民事案件最主要的案由是合同、无因管理、不当得利纠纷，有 1075 件，占一半以上；其次是与公司、证券、保险、票据等有关的民事纠纷，海事海商纠纷，知识产权与竞争纠纷，侵权责任纠纷（见图 4-65）。所涉及的民事案件当前的行业分布主要集中在房地产业，租赁和商务服务业，批发和零售业，制造业，建筑业（见图 4-66）。

司法大数据报告（22）

案例来源：Alpha 案例库，检索条件：《买卖合同司法解释》第 28 条，案件数量：1095 件，数据采集时间：2019 年 5 月 8 日。该条司法解释适用到裁判中的整体情况分析：

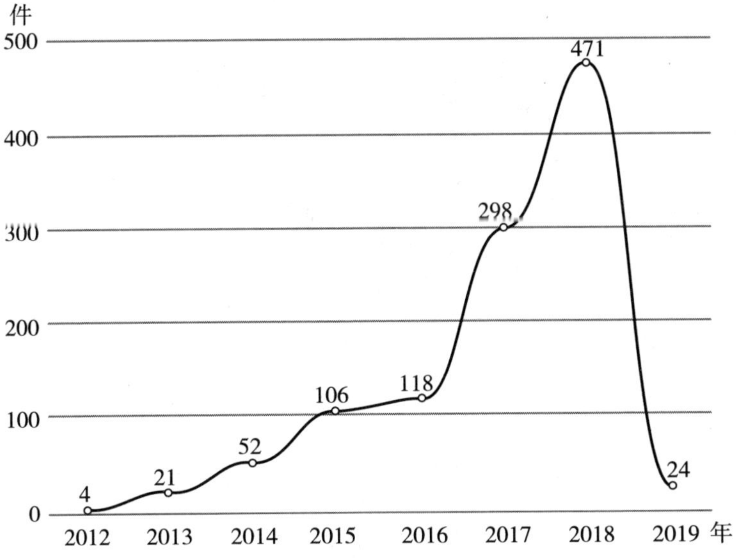

图 4-64　变化趋势

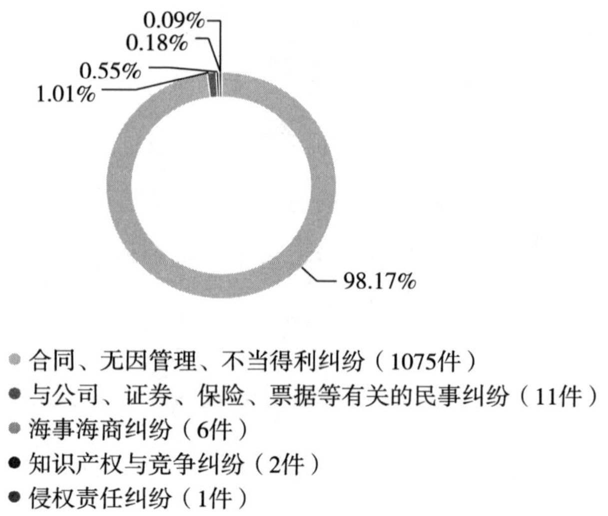

图 4-65　案由分布

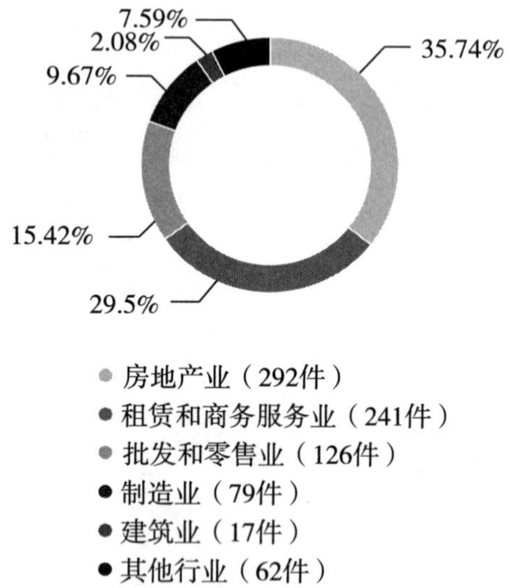

图 4-66　行业分布

二、《商品房买卖合同司法解释》

《商品房买卖合同司法解释》第 15 条是涉及商品房买卖合同解除权的行使期限的规则。解除合同虽然对合同双方当事人利益具有重大影响，甚至关系市场交易的效率和安全，但是在司法实践中，对于“合理期限”并没有明确的判断，特别是在“法律没有规定或者当事人没有约定解除权行使期限”的情况下。合同解除权是一种形成权，不受诉讼时效的限制而受到除斥期间的限制，该解释第 2 款即是对商品房合同解除权行使期限除斥期间的规定。需要注意的是，“一年”期间不是绝对期间，如果对方在解除权发生之日起一年内催告了解除权人行使权利，则一年的期间就应顺延三个月，在司法实践中其适用效果良好，因此该条款可以上升为合同法的规则，《民法典》第 564 条已将该条司法解释吸纳。

司法大数据报告（23）显示，《商品房买卖合同司法解释》第 15 条的规则于 2014 年后大量运用到民事裁判中（见图 4–67）。当前适用该条司法解释的民事案件的案由分布由多至少分别是民事，执行（见图 4–68）。所涉及的民事案件当前的行业分布主要集中在房地产业，金融业，租赁和商务服务业，批发和零售业，建筑业（见图 4–69）。

司法大数据报告（23）

案例来源：Alpha 案例库，检索条件：《商品房买卖合同司法解释》第 15 条，案件数量：5455 件，数据采集时间：2019 年 5 月 8 日。该条司法解释适用到裁判中的整体情况分析：

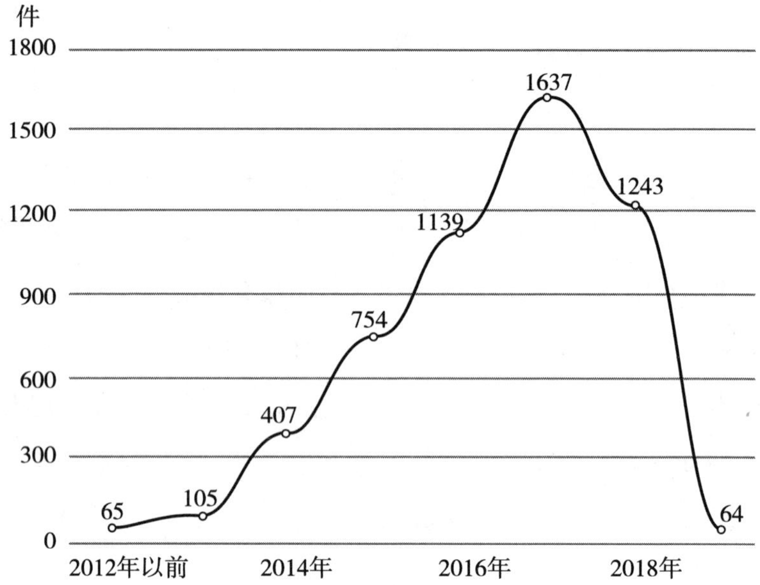

图 4-67　变化趋势

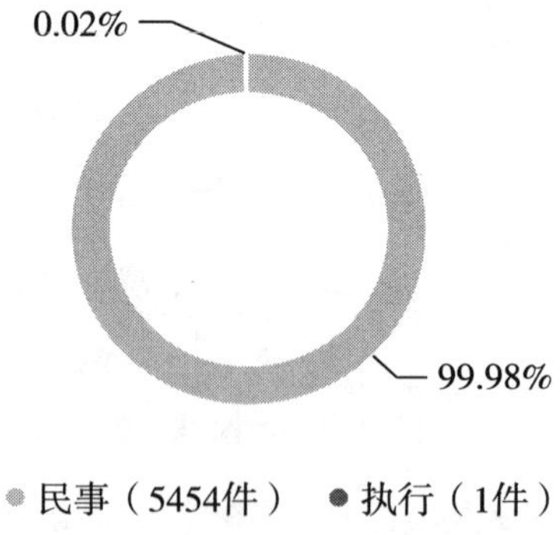

图 4-68　案由分布

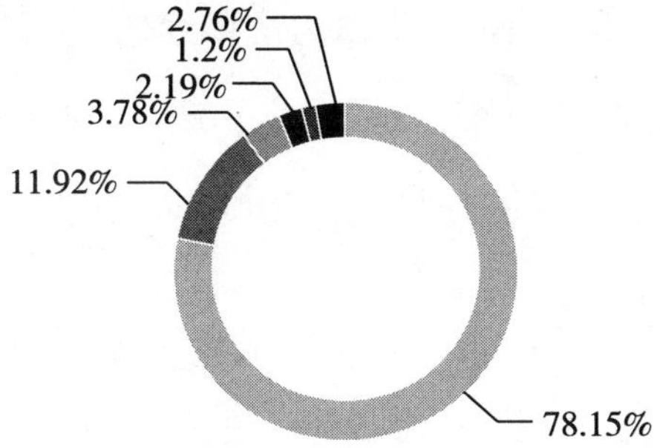

图 4-69　行业分布

三、《房屋租赁合同司法解释》

1.《房屋租赁合同司法解释》第 15 条～第 17 条

第 15 条司法解释[1]是关于超过承租人剩余租赁期限的转租期间的效力规则；第 16 条司法解释[2]是出租人同意转租的推定；第 17 条司法解释[3]是关于次承租人的代位请求权规则。随着房地产市场的发展，城镇房屋租赁经营方式开始多样化，其中转租问题涉及较为复杂的法律关系，而原《合同法》中涉及转租的法律条文仅有一项，在司法实践中经常会遇到大量问题。一方面原《合同法》要鼓励物尽其用，支持转租；另一方面法律对于超过承租人剩余租赁期限的转租期间的效力并未作出规定，这就造成转租纠纷，司法裁判不统一时有发生。《房屋租赁合

〔1〕《房屋租赁合同司法解释》第 15 条规定："承租人经出租人同意将租赁房屋转租给第三人时，转租期限超过承租人剩余租赁期限的，人民法院应当认定超过部分的约定无效。但出租人与承租人另有约定的除外。"

〔2〕《房屋租赁合同司法解释》第 16 条规定："出租人知道或者应当知道承租人转租，但在六个月内未提出异议，其以承租人未经同意为由请求解除合同或者认定转租合同无效的，人民法院不予支持。因租赁合同产生的纠纷案件，人民法院可以通知次承租人作为第三人参加诉讼。"

〔3〕《房屋租赁合同司法解释》第 17 条第 1 款规定："因承租人拖欠租金，出租人请求解除合同同时，次承租人请求代承租人支付欠付的租金和违约金以抗辩出租人合同解除权的，人民法院应予支持。但转租合同无效的除外。"

同司法解释》第 15 条～第 17 条作为法律续造，不但弥补了立法缺陷，而且也符合契约自由的原则，可以引入立法。《民法典》第 717 条～第 719 条分别将这三条司法解释吸纳，上升为立法。

司法大数据报告（24）显示，《房屋租赁合同司法解释》第 15 条的规则于 2013 年后大量适用于民事裁判中（见图 4-70）。当前适用该条司法解释的民事案件最主要的案由是合同、无因管理、不当得利纠纷，有 1607 件，占一半以上；其次是物权纠纷类，侵权责任纠纷，适用特殊程序案件案由（见图 4-71）。所涉及的民事案件当前的行业分布主要集中在租赁和商务服务业，房地产业，批发和零售业，制造业，住宿和餐饮业（见图 4-72）。

司法大数据报告（24）

案例来源：Alpha 案例库，检索条件：《房屋租赁合同司法解释》第 15 条，案件数量：1741 件，数据采集时间：2019 年 5 月 15 日。该条司法解释适用到裁判中的整体情况分析：

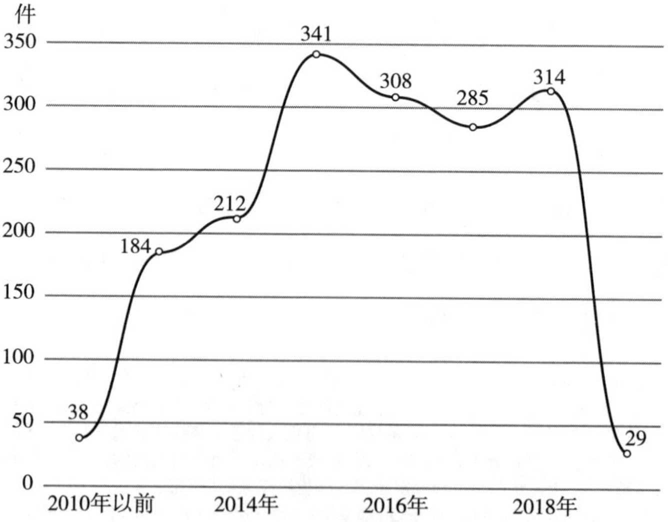

图 4-70 变化趋势

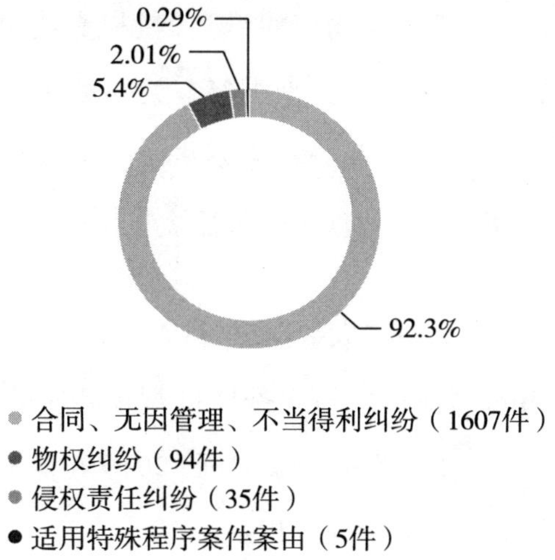

图 4-71　案由分布

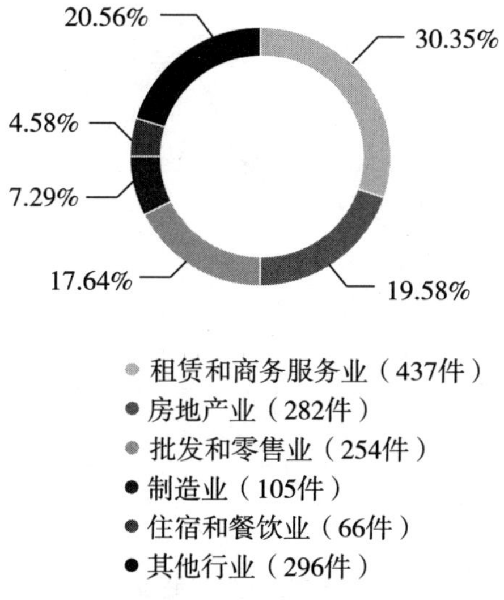

图 4-72　行业分布

司法大数据报告(25)显示,《房屋租赁合同司法解释》第 16 条的规则于 2014 年后大量运用到民事案件中(见图 4-73)。当前适用该条司法解释的民事案件最主要的案由是合同、无因管理、不当得利纠纷,有

2110件，占一半以上；其次是物权纠纷类，侵权责任纠纷，适用特殊程序案件案由，与公司、证券、保险、票据等有关的民事纠纷（见图4-74）。所涉及的司法解释当前的行业分布主要集中在批发和零售业，房地产业，租赁和商务服务业，制造业，住宿和餐饮业（见图4-75）。

司法大数据报告（25）

案例来源：Alpha案例库，检索条件：《房屋租赁合同司法解释》第16条，案件数量：2201件，数据采集时间：2019年5月15日。该条司法解释适用到裁判中的整体情况分析：

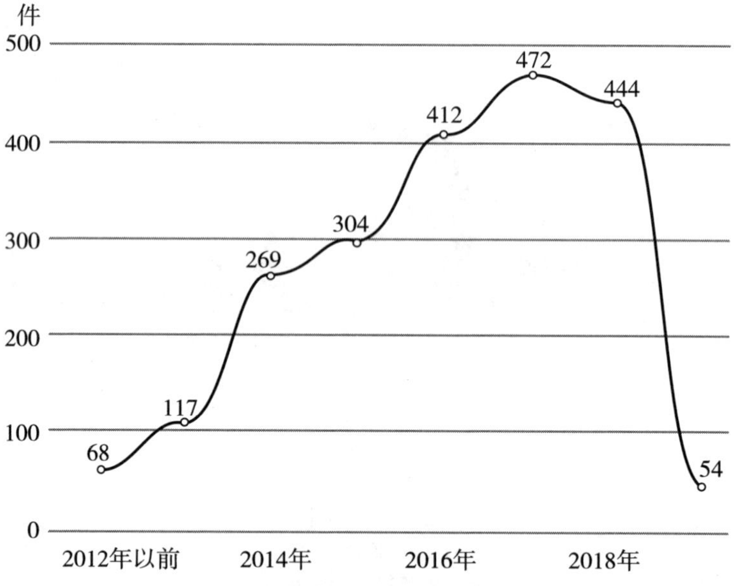

图4-73　变化趋势

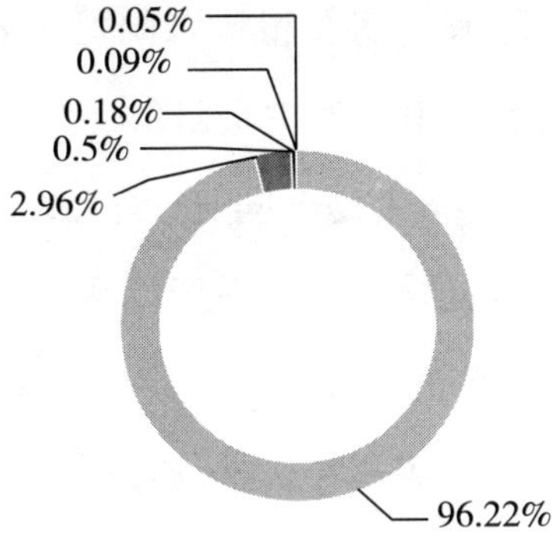

- 合同、无因管理、不当得利纠纷（2110件）
- 物权纠纷（65件）
- 侵权责任纠纷（11件）
- 适用特殊程序案件案由（4件）
- 与公司、证券、保险、票据等有关的民事纠纷（2件）
- 其他案由（1件）

图 4-74　案由分布

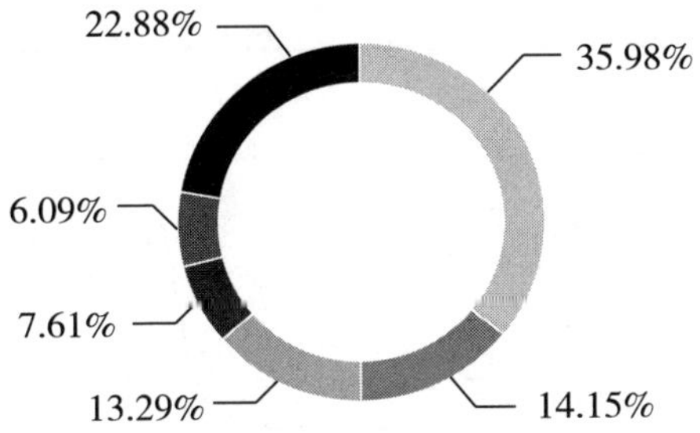

- 批发和零售业（544件）
- 房地产业（214件）
- 租赁和商务服务业（201件）
- 制造业（115件）
- 住宿和餐饮业（92件）
- 其他行业（346件）

图 4-75　行业分布

司法大数据报告(26)显示,《房屋租赁合同司法解释》第17条的规则于2017年后大量适用于民事案例中(见图4-76)。当前适用该条司法解释的民事案件最主要的案由是合同、无因管理、不当得利纠纷,有517件,占一半以上;其次是物权纠纷,适用特殊程序案件案由(见图4-77)。所涉及的民事案件当前的行业分布主要集中在租赁和商务服务业,批发和零售业,房地产业,住宿和餐饮业,制造业(见图4-78)。

司法大数据报告(26)

案例来源:Alpha案例库,检索条件:《房屋租赁合同司法解释》第17条,案件数量:545件,数据采集时间:2019年5月15日。该条司法解释适用到裁判中的整体情况分析:

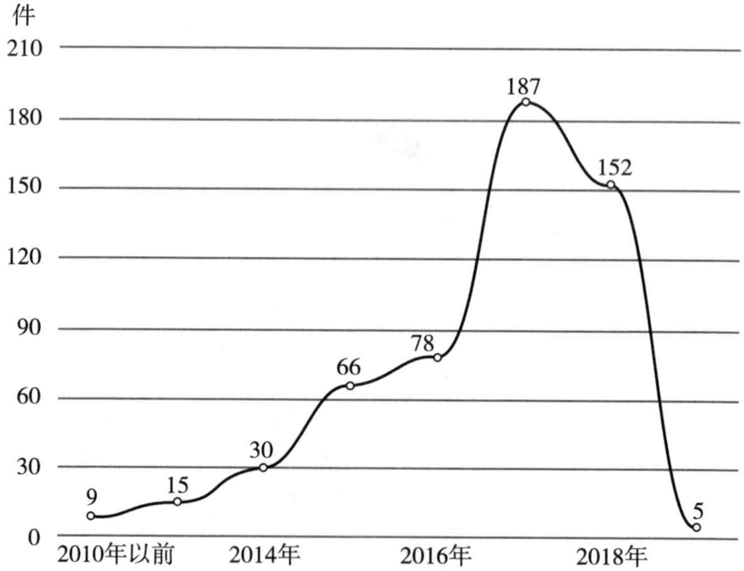

图4-76 变化趋势

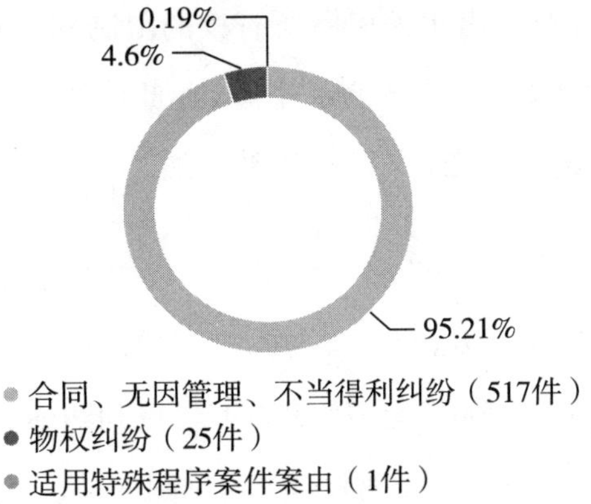

图 4-77　案由分布

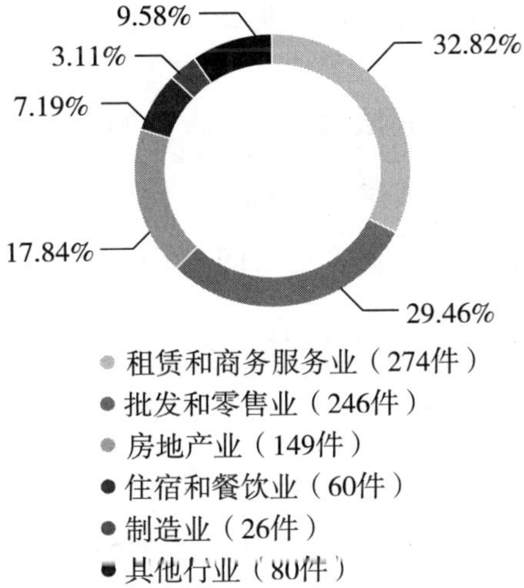

图 4-78　行业分布

2.《房屋租赁合同司法解释》第 23 条

该条司法解释[1]是关于拍卖程序中承租人优先购买权的保护规则。我国原《合同法》第 230 条对于承租人优先购买权的规定过于简单，现实中行政法规、地方性法规与规章的规定又不尽相同，导致司法裁判不一致。该条司法解释明确承租人在租赁房屋拍卖时行使优先购买权的

〔1〕《房屋租赁合同司法解释》第 23 条规定："出租人委托拍卖人拍卖租赁房屋，应当在拍卖 5 日前通知承租人。承租人未参加拍卖的，人民法院应当认定承租人放弃优先购买权。"

规则，一方面实现对于出租人房屋所有权的限制和承租人的保护，另一方面又顾及房屋购买第三人的交易安全，因此该条司法解释具备吸纳入典的条件，《民法典》第727条已经将其吸纳。

司法大数据报告(27)显示，《房屋租赁合同司法解释》第23条运用到民事案件的数量并不多(见图4-79)。当前适用该条司法解释的民事案件最主要的案由是合同、无因管理、不当得利纠纷，有38件，占一半以上；其次是侵权责任纠纷，物权纠纷(见图4-80)。所涉及的当前的行业分布主要集中在批发和零售业，金融业，租赁和商务服务业，居民服务，修理和其他服务业，制造业(见图4-81)。

司法大数据报告(27)

案例来源：Alpha案例库，检索条件：《房屋租赁合同司法解释》第23条，案件数量：43件，数据采集时间：2019年5月16日。该条司法解释适用到裁判中的整体情况分析：

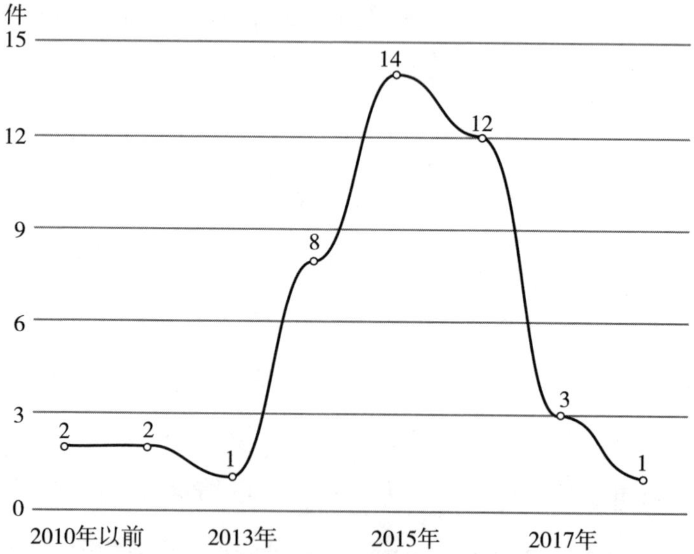

图4-79 变化趋势

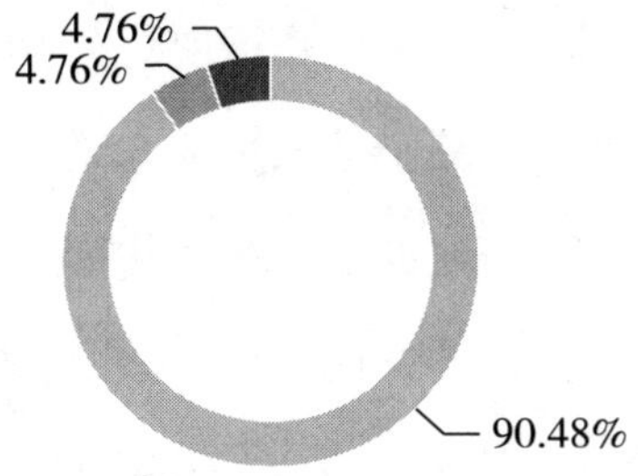

● 合同、无因管理、不当得利纠纷（38件）
● 侵权责任纠纷（2件）
● 物权纠纷（2件）

图 4-80 案由分布

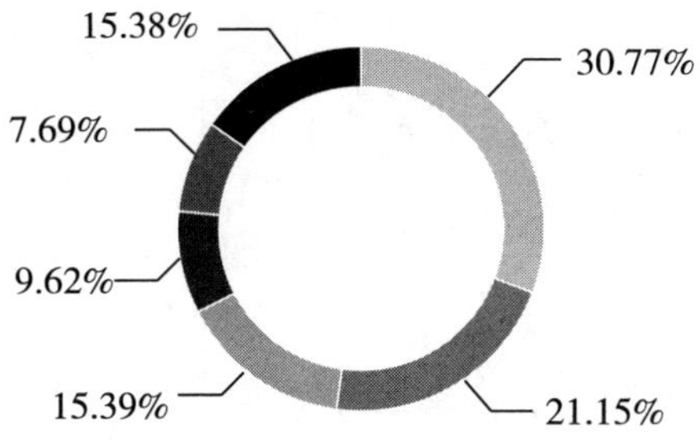

● 批发和零售业（16件）
● 金融业（11件）
● 租赁和商务服务业（8件）
● 居民服务、修理和其他服务业（5件）
● 制造业（4件）
● 其他行业（8件）

图 4-81 行业分布

3.《房屋租赁合同司法解释》第 24 条

该条司法解释[1]是关于承租人行使优先购买权例外情形的规定。原《合同法》赋予了承租人基于债权关系享有优先购买权，体现了对于承租人的保护，具有一定的进步性。然而共有人也对于房屋具有优先购买权，当这两项优先权存在冲突的时候，哪一个更具有优先性是法律应该给予明确回答的关键。原《合同法》在此方面恰恰存在漏洞。该条司法解释针对这一问题，给予了明确的回答，共有人优先购买权产生于共有人所有权关系中，具有物权性质，应当优先于承租人给予债权具有的优先购买权。这种制度顺位的安排，既符合民法的基本原则，又能解决优先权冲突的纠纷，应该将此条司法解释入典。《民法典》第 726 条已将该条司法解释的基本内容吸纳入典。

司法大数据报告（28）显示，《房屋租赁合同司法解释》第 24 条的规则于 2014 年后较多运用到民事案件中（见图 4-82）。当前适用该司法解释的民事案件最主要的案由是合同、无因管理、不当得利纠纷，有 221 件，占一半以上；其次是物权纠纷，侵权责任纠纷（见图 4-83）。所涉及的民事案件当前的行业分布主要集中在房地产业，交通运输、仓储和邮政业，制造业，批发和零售业，租赁和商务服务业（见图 4-84）。

司法大数据报告（28）

案例来源：Alpha 案例库，案由：民事，检索条件：《房屋租赁合同司

[1] 《房屋租赁合同司法解释》第 24 条规定："具有下列情形之一，承租人主张优先购买房屋的，人民法院不予支持：

（一）房屋共有人行使优先购买权的；

（二）出租人将房屋出卖给近亲属，包括配偶、父母、子女、兄弟姐妹、祖父母、外祖父母、孙子女、外孙子女的；

（三）出租人履行通知义务后，承租人在十五日内未明确表示购买的；

（四）第三人善意购买租赁房屋并已经办理登记手续的。"

法解释》第 24 条，案件数量：261 件，数据采集时间：2020 年 2 月 3 日。

该条司法解释适用到裁判中的整体情况分析：

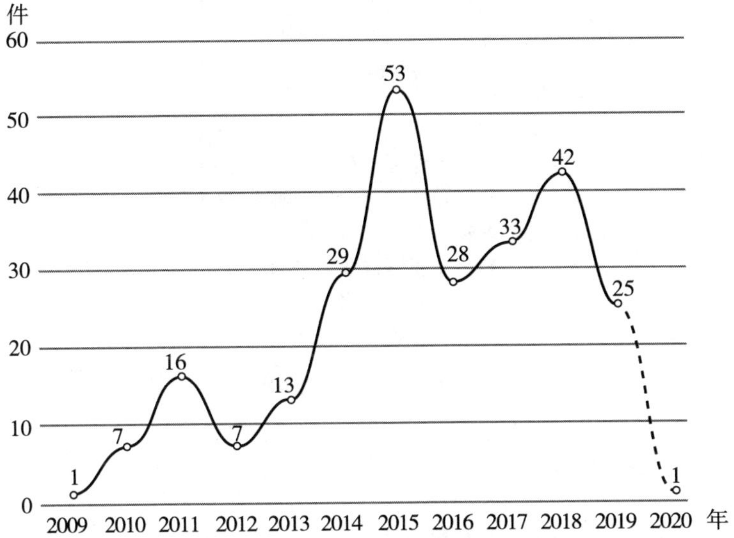

图 4-82　变化趋势

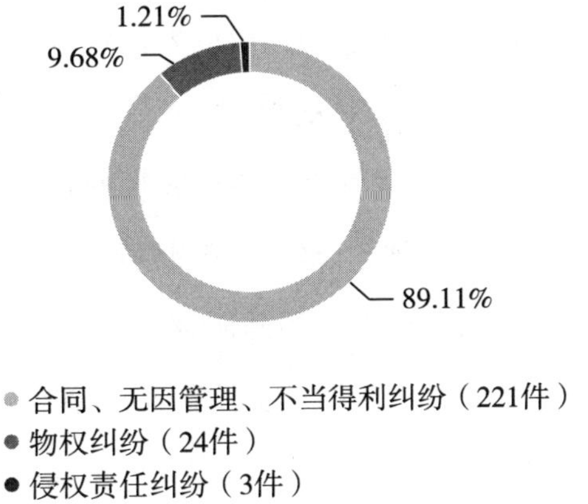

图 4-83　案由分布

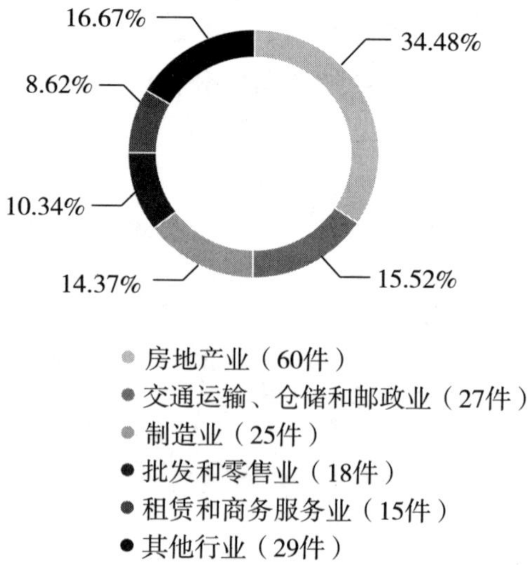

图 4-84 行业分布

四、《融资租赁合同司法解释》

1.《融资租赁合同司法解释》第 5 条

该条司法解释[1]是关于拒绝受领租赁物的规则。国内外立法中，目前尚无对于承租人拒绝受领租赁物作出的专门规定，然而买受人具有拒绝受领不符合合同约定的标的物的权利，依理推之，承租人当然也有拒绝受领租赁物的权利。但是买受人拒绝受领标的物是有条件的，否则构成违约，同理承租人拒绝受领的条件也应明确规定。该条司法解释正是弥补了原《合同法》规定在此方面的漏洞，《民法典》第 740 条已吸纳该条司法解释入典。然而，司法大数据显示引用此条司法解释解决纠纷的案件数量并不多，但是笔者认为这并不影响立法引入，吸纳该条司法解

〔1〕《融资租赁合同司法解释》第 5 条规定："出卖人违反合同约定的向承租人交付标的物的义务，承租人因下列情形之一拒绝受领租赁物的，人民法院应予支持：

（一）租赁物严重不符合约定的；

（二）出卖人未在约定的交付期间或者合理期间内交付租赁物，经承租人或者出租人催告，在催告期满后仍未交付的。

承租人拒绝受领租赁物，未及时通知出租人，或者无正当理由拒绝受领租赁物，造成出租人损失，出租人向承租人主张损害赔偿的，人民法院应予支持。"

释入典有利于完善融资租赁合同法体系。

司法大数据报告（29）显示，《融资租赁合同司法解释》第 5 条的规则运用到司法裁判中的次数非常少（见图 4-85），仅有 3 件。当前适用该条司法解释的案由分布由多至少分别是融资租赁合同纠纷，借款合同纠纷（见图 4-86）。所涉及的民事案件当前的行业分布主要集中在金融业，制造业，采矿业，居民服务、修理和其他服务业，房地产业（见图 4-87）。

司法大数据报告（29）

案例来源：Alpha 案例库，检索条件：《融资租赁合同司法解释》第 5 条，案件数量：3 件，数据采集时间：2019 年 5 月 17 日。该条司法解释适用到裁判中的整体情况分析：

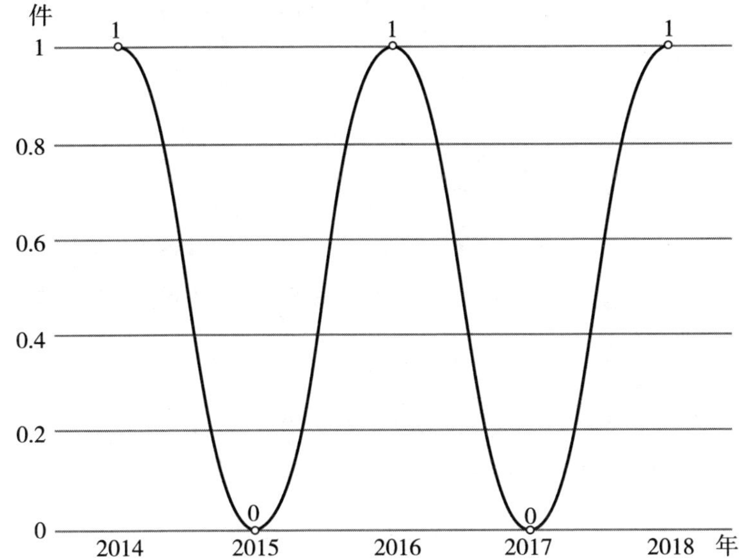

图 4-85　变化趋势

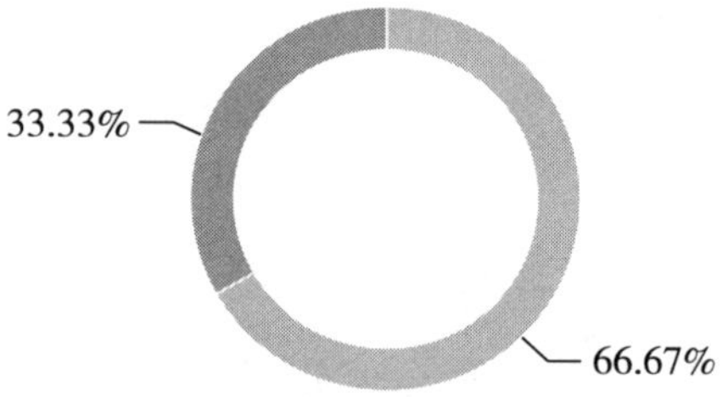

图 4-86　案由分布

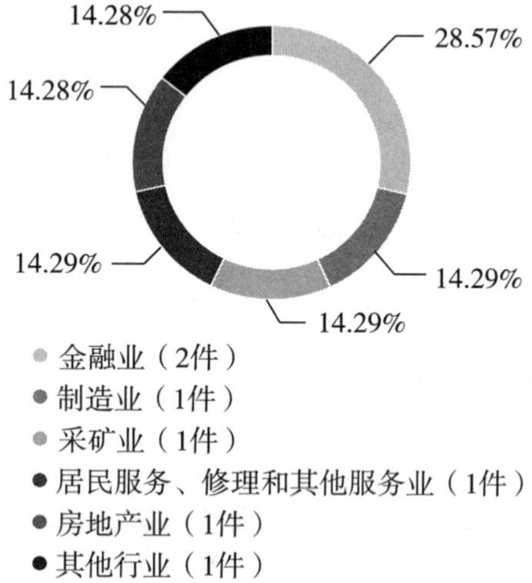

图 4-87　行业分布

2.《融资租赁合同司法解释》第 6 条

该条司法解释[1]是关于索赔权行使与租金给付义务的规定。原《合同法》第 240 条赋予了承租人可以行使索赔请求的权利，然而对于承租人行使索赔权不影响其履行支付租金的义务，以及当承租人依赖出租人的技能确定租赁物或者出租人干预选择租赁物时，承租人能否减轻或者免除相应租金支付的义务存在争议。实践中，承租人与出租人经常产生纠纷，司法裁判不尽相同，明确三方当事人在索赔权行使和租金给付方

〔1〕《融资租赁合同司法解释》第 6 条规定："承租人对出卖人行使索赔权，不影响其履行融资租赁合同项下支付租金的义务，但承租人以依赖出租人的技能确定租赁物或者出租人干预选择租赁物为由，主张减轻或者免除相应租金支付义务的除外。"

面的权利义务边界，有利于定分止争，符合社会价值，《民法典》第 742 条已将此条司法解释吸纳入典。

司法大数据报告（30）显示，《融资租赁合同司法解释》第 6 条的规则运用到司法裁判的数据不是很多（见图 4–88）。当前适用该条司法解释的民事案件最主要的案由是融资租赁合同纠纷，有 115 件，占一半以上；其次是追偿权纠纷，其他合同纠纷，买卖合同纠纷，租赁合同纠纷（见图 4–89）。所涉及的民事案件当前的行业分布主要集中在金融业，批发和零售业，制造业，租赁和商务服务业，交通运输、仓储和邮政业（见图 4–90）。

司法大数据报告（30）

案例来源：Alpha 案例库，检索条件：《融资租赁合同司法解释》第 6 条，案件数量：126 件，数据采集时间：2019 年 5 月 17 日。该条司法解释适用到裁判中的整体情况分析：

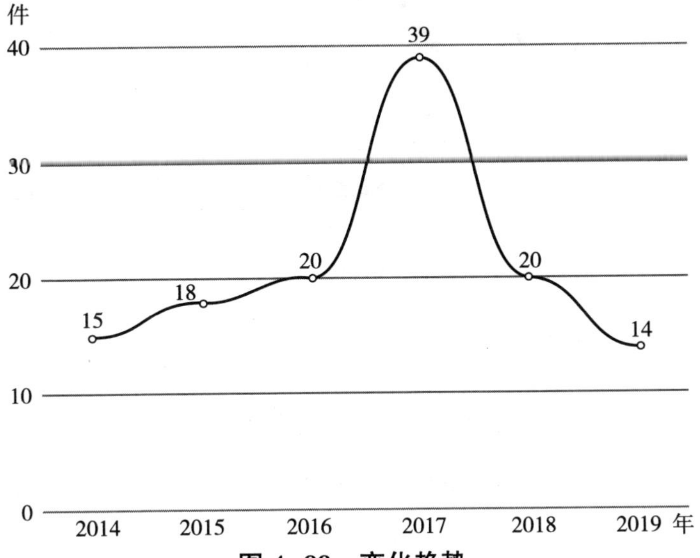

图 4–88　变化趋势

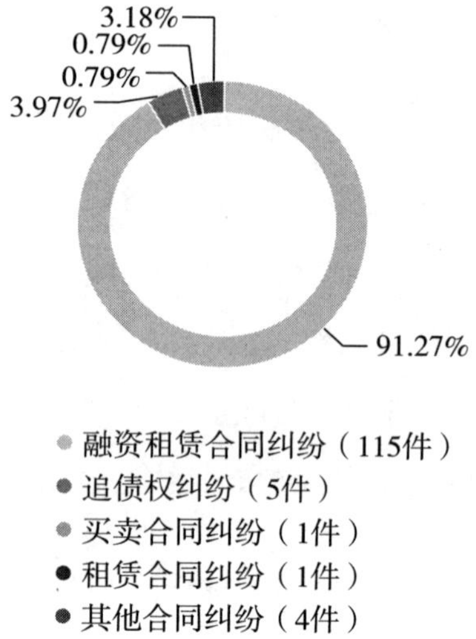

图 4-89　案由分布

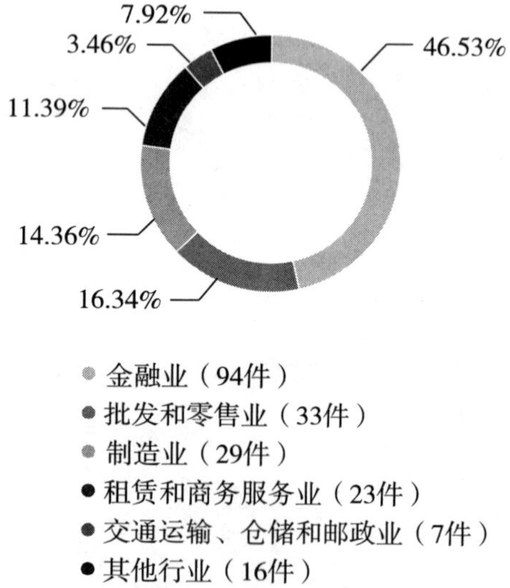

图 4-90　行业分布

3.《融资租赁合同司法解释》第 7 条

该条司法解释[1]是关于租赁物的风险负担规则。在行业认可的国际惯例中，融资租赁合同中的租赁物风险负担不同于传统租赁行业。传统租赁中，租赁物毁损、灭失的风险由出租人承担，而融资租赁中，这一风险由承租人承担，这种行业惯例符合融资租赁的本质特征。但由于我国立法中并无明确融资租赁物的风险负担规则，导致司法实践中存在争议，《民法典》第 751 条已经将这一行业惯例吸纳入典。

司法大数据报告（31）显示，《融资租赁合同司法解释》第 7 条的规则运用到司法裁判的数量并不算多（见图 4-91）。当前适用该司法解释的民事案件最主要的案由是合同、无因管理、不当得利纠纷，有 46 件，占一半以上；其次是与公司、证券、保险、票据等有关的民事纠纷，海事海商纠纷（见图 4-92）。所涉及的民事案件当前的行业分布主要集中在金融业，交通运输、仓储和邮政业，租赁和商务服务业，批发和零售业以及制造业（见图 4-93）。

司法大数据报告（31）

案例来源：Alpha 案例库，检索条件：《融资租赁合同司法解释》第 7 条，案件数量：48 件，数据采集时间：2019 年 5 月 17 日。该条司法解释适用到裁判中的整体情况分析：

〔1〕《融资租赁合同司法解释》第 7 条规定："承租人占有租赁物期间，租赁物毁损、灭失的风险由承租人承担，出租人要求承租人继续支付租金的，人民法院应予支持。但当事人另有约定或者法律另有规定的除外。"

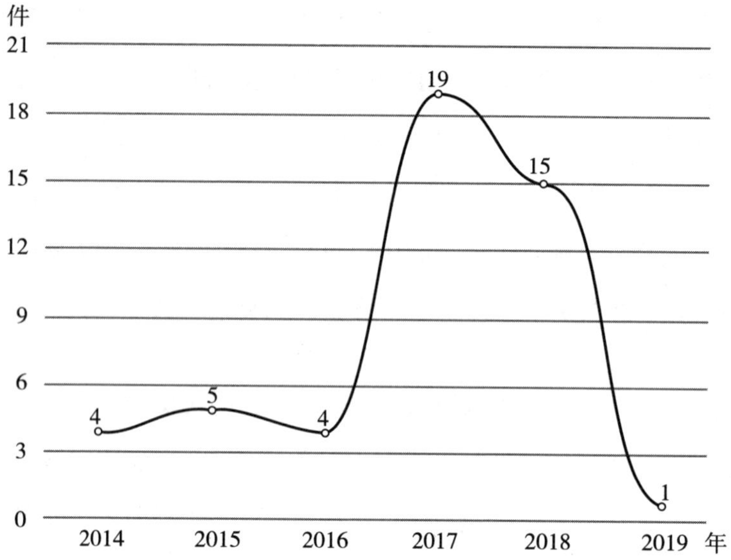

图 4-91　变化趋势

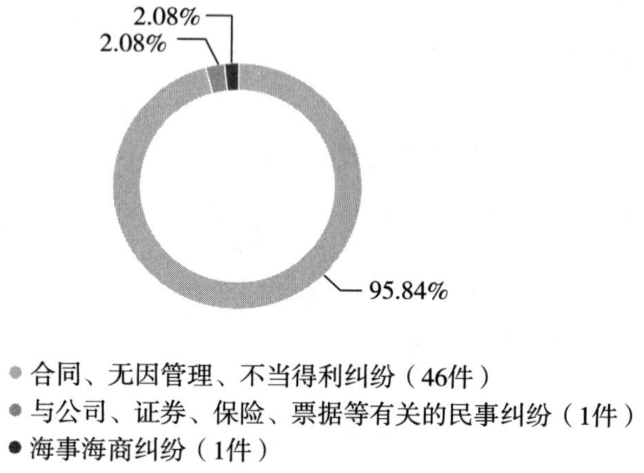

图 4-92　案由分布

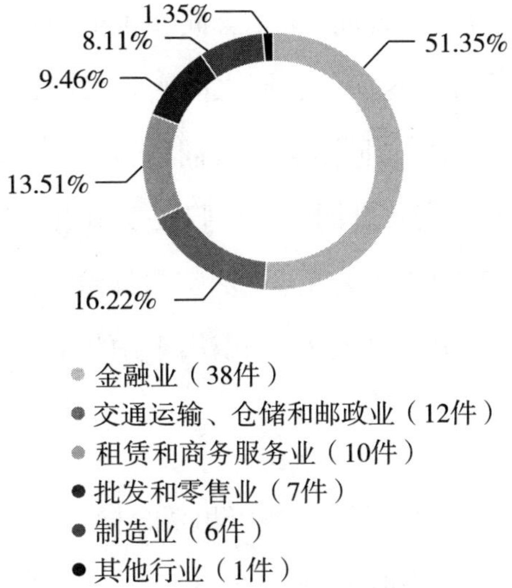

图 4-93 行业分布

4.《融资租赁合同司法解释》第 10 条

该条司法解释[1]是关于租赁物期满补偿的规定。原《合同法》未对租赁物毁损、灭失及其他无法返还的情形作出规定，立法的空白致使融资租赁出租人应有的权利无法获得充分地保护。因此该条司法解释应当入典，以明确出租人对于租赁物期满补偿的权利。虽然在司法实践中，相关案例极少（运用 Alpha 法律大数据平台搜索未找到适用该规则的司法案例），但是为了完善出租人这一权利体系，《民法典》第 758 条依然将该条司法解释吸纳。

---

〔1〕《融资租赁合同司法解释》第 10 条规定："当事人约定租赁期间届满后租赁物归出租人的，因租赁物毁损、灭失或者附合、混同于他物导致承租人不能返还，出租人要求其给予合理补偿的，人民法院应予支持。"

5.《融资租赁合同司法解释》第11条

该条司法解释[1]是关于出租人和承租人均可解除合同的情形。由于融资租赁合同涉及两份合同(买卖合同和租赁合同)、三方当事人(出卖人、出租人、租赁人),这两份合同之间密切关联,买卖合同是融资租赁合同的基础,融资租赁合同是买卖合同的目的。因此,受到买卖合同或出卖人的影响,融资租赁合同因不可归责于出租人和承租人的原因导致合同履行不能的情况更为复杂,立法空白导致司法实践的争议不断、裁判不一。该条司法解释正是对于司法漏洞的补充,《民法典》第754条将其吸纳入典。

司法大数据报告(32)显示,《融资租赁合同司法解释》第11条的规则在司法裁判中运用的并不多(见图4-94)。当前适用该条司法解释的民事案件的案由分布由多至少分别是合同、无因管理、不当得利纠纷,海事海商纠纷(见图4-95)。所涉及的民事案件当前的行业分布主要集中在金融业,批发和零售业,租赁和商务服务业,制造业,卫生和社会工作(见图4-96)。

司法大数据报告(32)

案例来源:Alpha案例库,检索条件:《融资租赁合同司法解释》第11条,案件数量:31件,数据采集时间:2019年5月18日。该条司法解释适用到裁判中的整体情况分析:

〔1〕《融资租赁合同司法解释》第11条规定:"有下列情形之一,出租人或者承租人请求解除融资租赁合同的,人民法院应予支持:(一)出租人与出卖人订立的买卖合同解除、被确认无效或者被撤销,且双方未能重新订立买卖合同的;(二)租赁物因不可归责于双方的原因意外毁损、灭失,且不能修复或者确定替代物的;(三)因出卖人的原因致使融资租赁合同的目的不能实现的。"

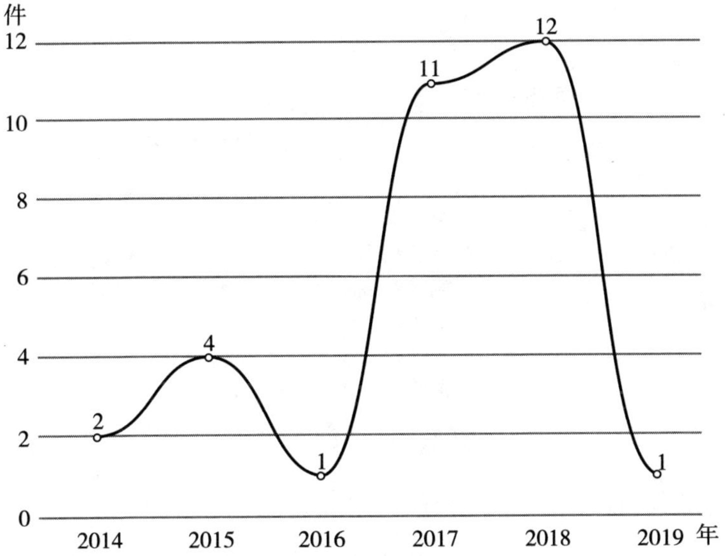

图 4-94　变化趋势

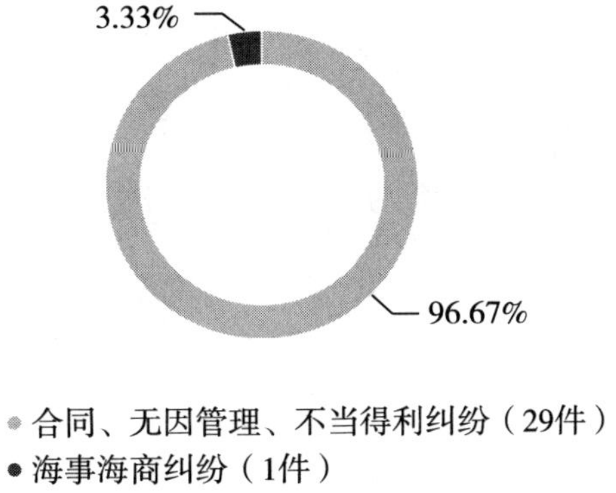

图 4-95　案由分布

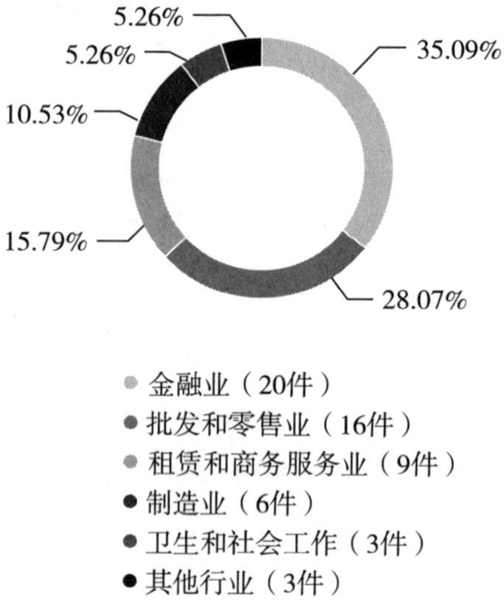

图 4-96 行业分布

6.《融资租赁合同司法解释》第 12 条

该条司法解释[1]是关于出租人可解约情形的规定，第一项是承租人私自处分租赁物的行为，该行为无效。虽然融资租赁合同具有不可解约性，但是当承租人严重违约时，还是要赋予出租人解约权，这一点原《合同法》未给予明确规定，存在漏洞，笔者认为应予规定。不过，《民法典》第 753 条仅将该条司法解释第一项吸纳入典，其他三种情形未吸纳入典，为了保持司法实践中裁判的统一性，仍需将未吸纳款项保留在司法解释中。

---

〔1〕《融资租赁合同司法解释》第 12 条规定："有下列情形之一，出租人请求解除融资租赁合同的，人民法院应予支持：

（一）承租人未经出租人同意，将租赁物转让、转租、抵押、质押、投资入股或者以其他方式处分租赁物的；

（二）承租人未按照合同约定的期限和数额支付租金，符合合同约定的解除条件，经出租人催告后在合理期限内仍不支付的；

（三）合同对于欠付租金解除合同的情形没有明确约定，但承租人欠付租金达到两期以上，或者数额达到全部租金百分之十五以上，经出租人催告后在合理期限内仍不支付的；

（四）承租人违反合同约定，致使合同目的不能实现的其他情形。"

司法大数据报告（33）显示，《融资租赁合同司法解释》第 12 条的规则于 2017 年后大量运用到民事裁判中（见图 4-97）。当前适用该司法解释的民事案件最主要的案由是合同、无因管理、不当得利纠纷，有 2749 件，占一半以上；其次是海事海商纠纷，与公司、证券、保险、票据等有关的民事纠纷，适用特殊程序案件案由（见图 4-98）。所涉及的民事案件当前的行业分布主要集中在金融业，租赁和商务服务业，制造业，批发和零售业，交通运输、仓储和邮政业（见图 4-99）。

司法大数据报告（33）

案例来源：Alpha 案例库，检索条件：《融资租赁合同司法解释》第 12 条，案件数量：2760 件，数据采集时间：2019 年 5 月 19 日。该条司法解释适用到裁判中的整体情况分析：

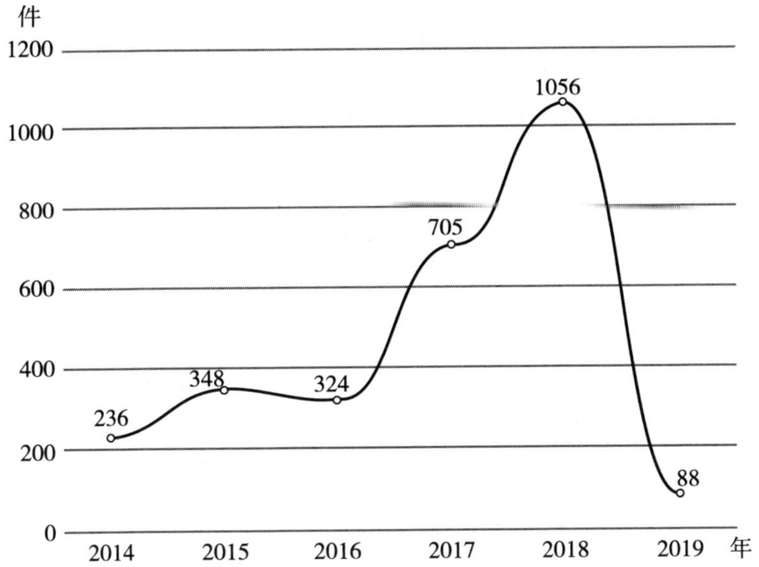

图 4-97　变化趋势

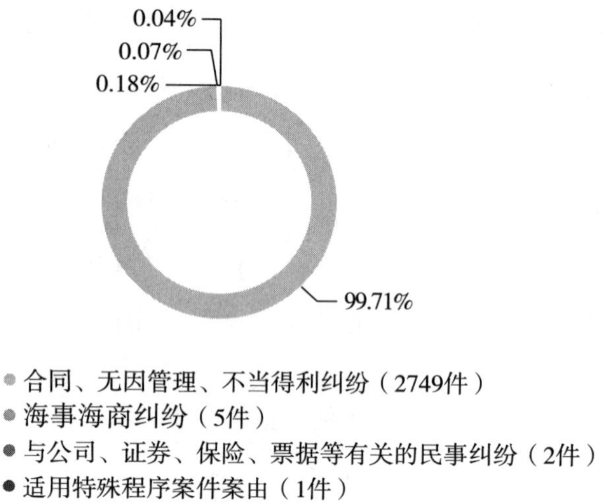

图 4-98　案由分布

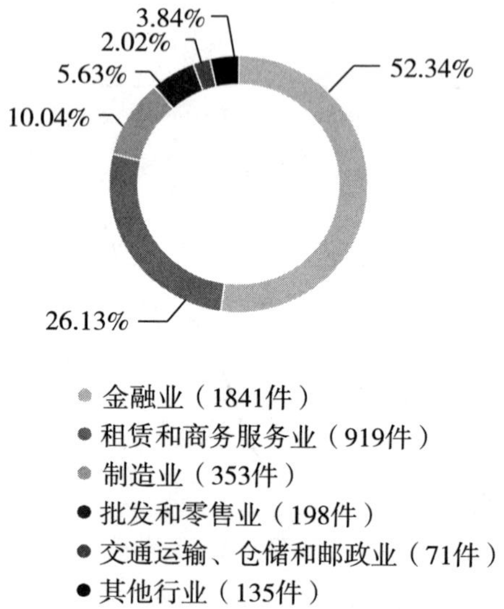

图 4-99　行业分布

7.《融资租赁合同司法解释》第 16 条

该条司法解释[1]是有关融资租赁合同因买卖合同影响而解除后果的规定。融资租赁合同因买卖合同被解除、被确认无效或者被撤销而解除的，属于因当事人以外的原因导致合同解除，承租人并无违约行为，其是否需要对融资租赁合同的解除承担损失赔偿责任，原《合同法》并无明文规定，司法实践中裁判不一致，该司法解释条款正是对于这一情况给予明确，《民法典》第 755 条已将此条司法解释吸收。

司法大数据报告（34）显示，《融资租赁合同司法解释》第 16 条的规则运用到司法裁判中的数量较少（见图 4-100）。当前适用该司法解释的民事案件的案由分布由多至少分别是合同、无因管理、不当得利纠纷，海事海商纠纷（见图 4-101）。所涉及的民事案件当前的行业分布主要集中在金融业，制造业，批发和零售业，交通运输、仓储和邮政业，租赁和商务服务业（见图 4-102）。

司法大数据报告（34）

案例来源：Alpha 案例库，检索条件：《融资租赁合同司法解释》第 16 条，案件数量：13 件，数据采集时间：2019 年 5 月 19 日。该条司法解释适用到裁判中的整体情况分析：

〔1〕《融资租赁合同司法解释》第 16 条规定："融资租赁合同因买卖合同被解除、被确认无效或者被撤销而解除，出租人根据融资租赁合同约定，或者以融资租赁合同虽未约定或约定不明，但出卖人及租赁物系由承租人选择为由，主张承租人赔偿相应损失的，人民法院应予支持。出租人的损失已经在买卖合同被解除、被确认无效或者被撤销时获得赔偿的，应当免除承租人相应的赔偿责任。"

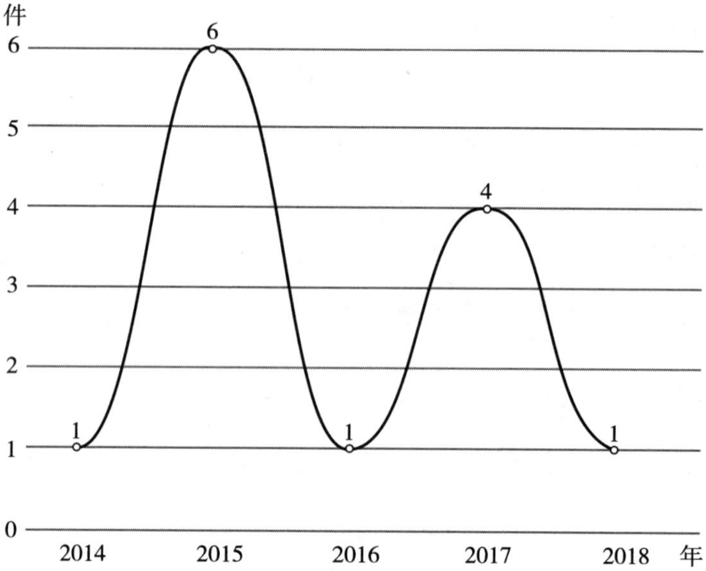

图 4-100　变化趋势

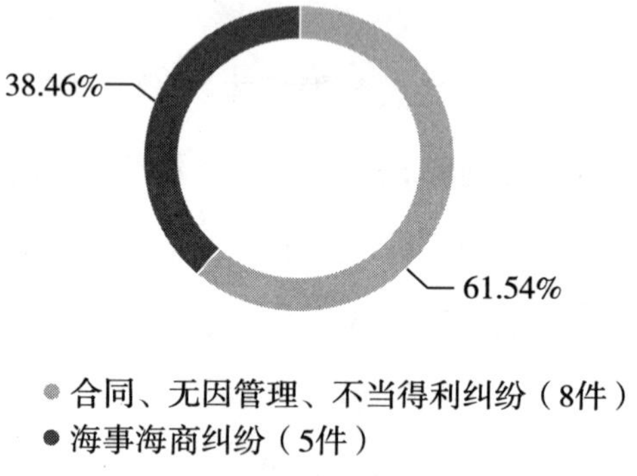

图 4-101　案由分布

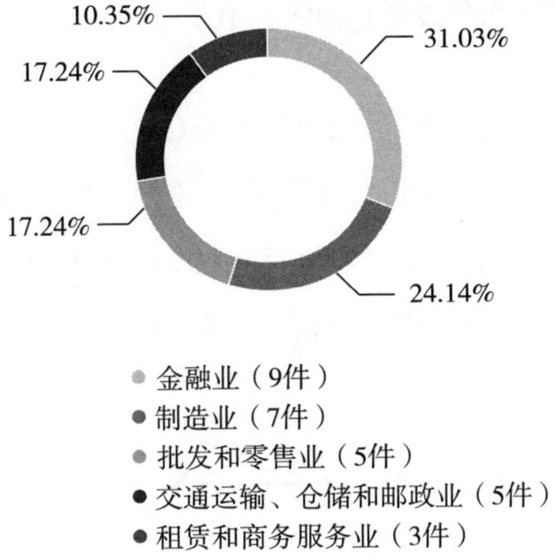

图 4-102　行业分布

8.《融资租赁合同司法解释》第 17 条

该条司法解释[1]是有关出租人妨碍租赁物占有使用的规定。原《合同法》第 245 条明确："出租人应当保证承租人对租赁物的占有和使用。"但该规定过于笼统，在司法实践中，承租人对于出租人以种种理由干扰其对租赁物的占有和使用而造成损害的情况索赔无据。本解释就是针对这种情况赋予承租人请求赔偿的权利，《民法典》第 748 条已将该条司法解释吸纳入典。

司法大数据报告（35）显示，《融资租赁合同司法解释》第 17 条的规则运用到司法裁判的数量较少（见图 4-103）。当前适用该司法解释的民事案件的案由分布全部为融资租赁合同纠纷（见图 4-104）。所涉及的民事案件当前的行业分布主要集中在金融业，批发和零售业，制造

〔1〕《融资租赁合同司法解释》第 17 条规定："出租人有下列情形之一，影响承租人对租赁物的占有和使用，承租人依照合同法第二百四十五条的规定，要求出租人赔偿相应损失的，人民法院应予支持：(一)无正当理由收回租赁物；(二)无正当理由妨碍、干扰承租人对租赁物的占有和使用；(三)因出租人的原因导致第三人对租赁物主张权利；(四)不当影响承租人对租赁物占有、使用的其他情形。"

业，交通运输、仓储和邮政业（见图 4-105）。

司法大数据报告（35）

案例来源：Alpha 案例库，检索条件：《融资租赁合同司法解释》第 17 条，案件数量：11 件，数据采集时间：2019 年 5 月 19 日。该条司法解释适用到裁判中的整体情况分析：

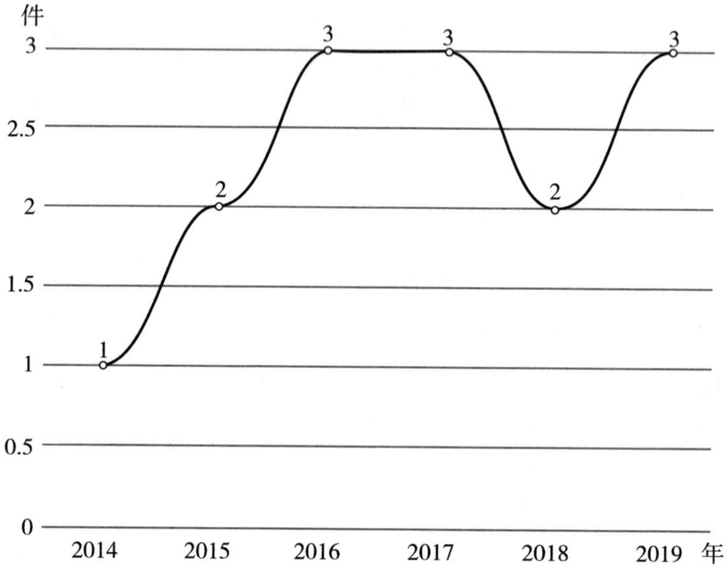

图 4-103 变化趋势

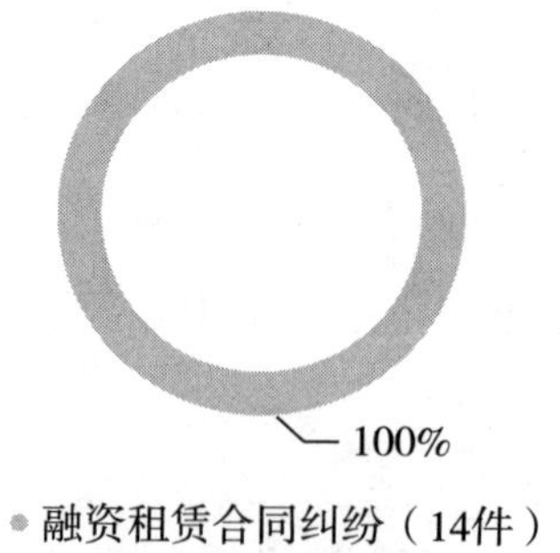

图 4-104 案由分布

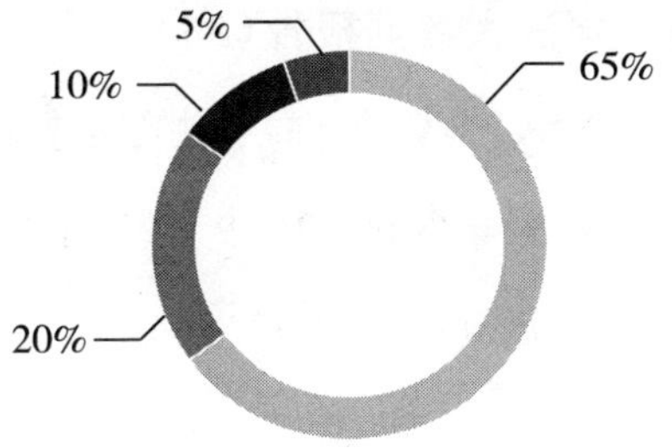

图 4-105　行业分布

9.《融资租赁合同司法解释》第 18 条

该条司法解释[1]是有关妨碍索赔责任承担的规则。虽然原《合同法》第 240 条涉及索赔问题，但是仍然存在不足，如因出租人的过错造成索赔逾期或不能索赔，该过错应当如何界定；若供货合同或租赁合同中未同时约定转让索赔权，则承租人不能向出卖人进行索赔，这明显缺乏合理性。该条司法解释正是弥补这些漏洞，《民法典》第 743 条已将其入典。

司法大数据报告(36)显示，《融资租赁合同司法解释》第 18 条运用到司法裁判的案例很少(见图 4-106)。目前适用该条司法解释的民事案件的案由分布全部为融资租赁合同纠纷(见图 4-107)。所涉及的民事案件当前的行业分布主要集中在金融业，租赁和商务服务业，制造业(见图 4-108)。

〔1〕《融资租赁合同司法解释》第 18 条规定："出租人有下列情形之一，导致承租人对出卖人索赔逾期或者索赔失败，承租人要求出租人承担相应责任的，人民法院应予支持：(一)明知租赁物有质量瑕疵而不告知承租人的；(二)承租人行使索赔权时，未及时提供必要协助的；(三)怠于行使融资租赁合同中约定的只能由出租人行使对出卖人的索赔权的；(四)怠于行使买卖合同中约定的只能由出租人行使对出卖人的索赔权的。"

司法大数据报告（36）

案例来源：Alpha 案例库，检索条件：《融资租赁合同司法解释》第 18 条，案件数量：3 件，数据采集时间：2019 年 5 月 19 日。该条司法解释适用到裁判中的整体情况分析：

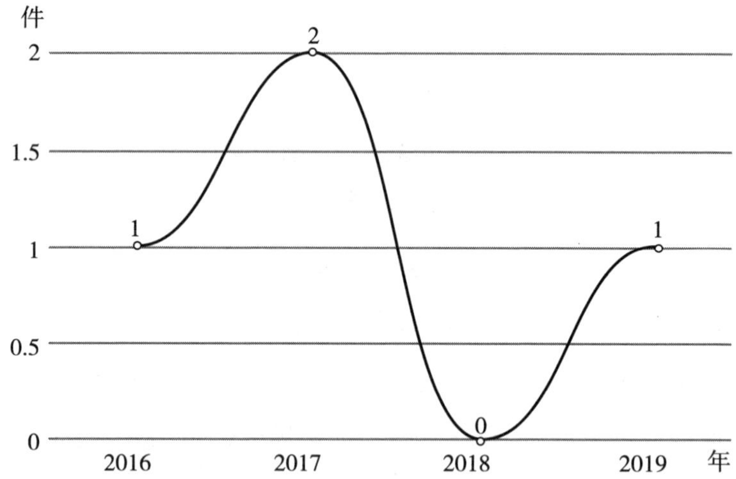

图 4-106 变化趋势

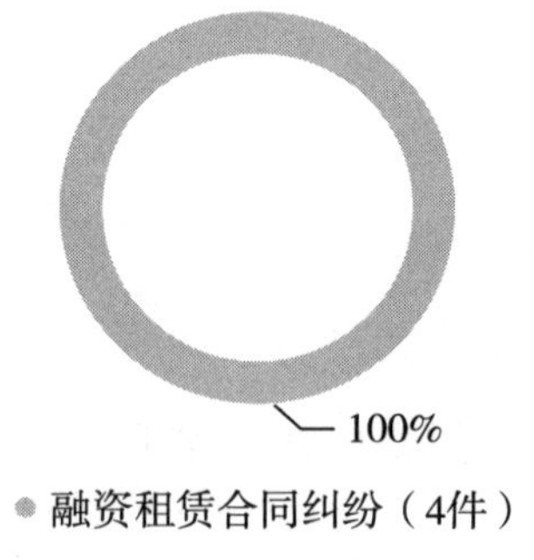

图 4-107 案由分布

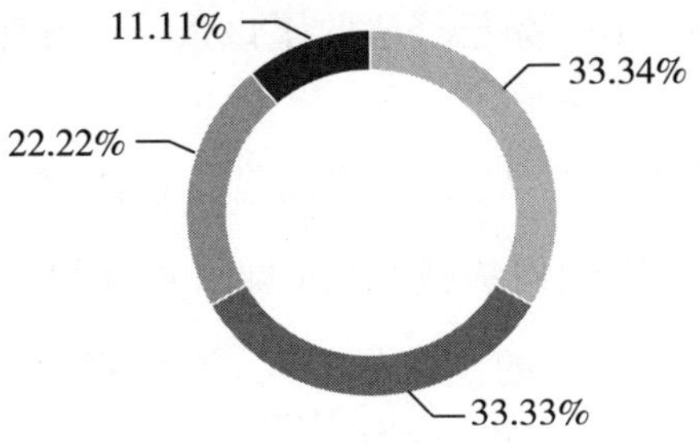

图 4-108　行业分布

五、《民间借贷司法解释》

《民间借贷司法解释》第 25 条[1]是关于民间借贷对于利息没有约定或者约定不明所做的规定。在民间借贷中，出借人大多为了获得资金的孳息而暂时放弃资金的使用权，故一般的民间借贷条款多带有利息条款。但由于当事人缔约能力的局限或其他原因，也会出现对于利息没有约定或约定不明的情况。对于实践中出现的这种情况，原《合同法》并没有给予明确的制度安排，这就造成了司法裁判不统一，理论界众说纷纭。有观点认为，无论民间借贷主体如何，对于利息没有约定或约定不明的，一律按照无息对待；有观点认为，这种情况应当按照银行同类贷款利率计算。该条司法解释区分了利息没有约定与约定不明的法律后果，以及自然人民间借贷与非自然人民间借贷之间的差异，并引入了"习惯"作为判断利率计算的标准，这一规则继承了《民法总则》将"习惯"作为法律渊源的立法脉络。因此，该条司法解释应该被立法所吸

〔1〕《民间借贷司法解释》第 25 条规定："借贷双方没有约定利息，出借人主张支付借期内利息的，人民法院不予支持。自然人之间借贷对利息约定不明，出借人主张支付利息的，人民法院不予支持。除自然人之间借贷的外，借贷双方对借贷利息约定不明，出借人主张利息的，人民法院应当结合民间借贷合同的内容，并根据当地或者当事人的交易方式、交易习惯、市场利率等因素确定利息。"

收，目前《民法典》第680条已经吸收了该条司法解释的主要部分。

司法大数据报告（37）显示，《民间借贷司法解释》第25条的规则于2015年后大量应用到司法裁判中（见图4-109）。当前适用该条司法解释的民事案件最主要的案由是合同、无因管理、不当得利纠纷，有105971件，占一半以上；其次是婚姻家庭、继承纠纷，与公司、证券、保险、票据等有关的民事纠纷，劳动争议、人事争议，物权纠纷（见图4-110）。所涉及的民事案件当前的行业分布主要集中在批发和零售业，制造业，房地产业，科学研究和技术服务业，建筑业（见图4-111）。

司法大数据报告（37）

案例来源：Alpha案例库，检索条件：《民间借贷司法解释》第25条，案件数量：106497件，数据采集时间：2020年2月4日。该条司法解释适用到裁判中的整体情况分析：

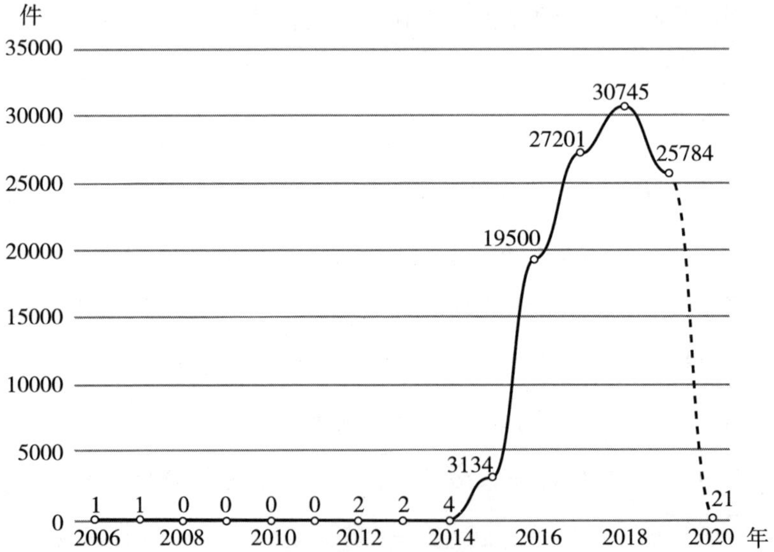

图4-109 变化趋势

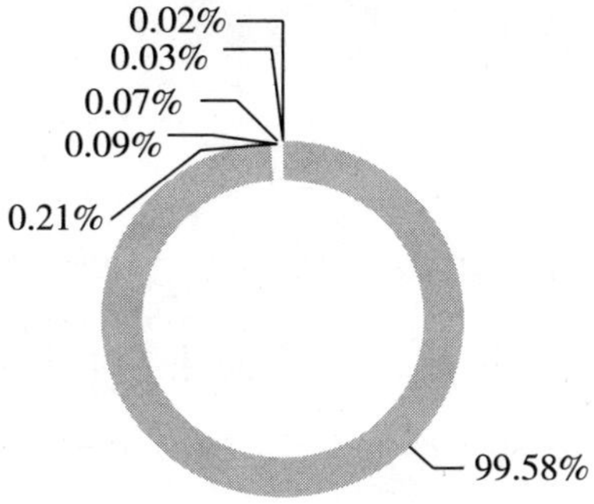

- 合同、无因管理、不当得利纠纷（105971件）
- 婚姻家庭、继承纠纷（224件）
- 与公司、证券、保险、票据等有关的民事纠纷（93件）
- 劳动争议、人事争议（78件）
- 物权纠纷（30件）
- 其他案由（26件）

图 4-110　案由分布

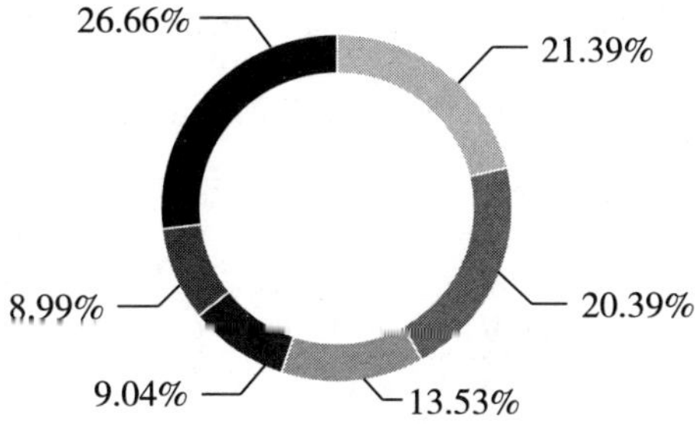

- 批发和零售业（2507件）
- 制造业（2390件）
- 房地产业（1586件）
- 科学研究和技术服务业（1060件）
- 建筑业（1053件）
- 其他行业（3124件）

图 4-111　行业分布

六、《建设工程司法解释一》

1.《建设工程司法解释一》第2条、第3条

这两条司法解释[1]分别是关于合同无效后工程验收合格或不合格的处理原则。工程竣工而合同无效，原《合同法》对于承包人的工程价款如何支付没有明确规定，造成立法漏洞。《建设工程司法解释一》第2条针对验收合格的情况，第3条针对验收不合格的情况进行规定，有利于司法裁判的统一，符合社会的价值观，《民法典》第793条已将这两条司法解释吸纳入典。

司法大数据报告（38）显示，《建设工程司法解释一》第2条、第3条的规则于2012年开始大量应用于司法裁判中（见图4-112）。当前适用该条司法解释的民事案件最主要的案由是民事，有33729件，占一半以上；其次是执行、行政（见图4-113）。所涉及的民事案件当前的行业分布主要集中在建筑业，房地产业，制造业，批发和零售业，租赁和商务服务业（见图4-114）。

司法大数据报告（38）

案例来源：Alpha案例库，检索条件：《建设工程司法解释一》第2条、《建设工程司法解释一》第3条，案件数量：33731件，数据采集时间：2019年5月20日。这两条司法解释适用到裁判中的整体情况分析：

---

〔1〕《建设工程司法解释一》第2条规定："建设工程施工合同无效，但建设工程经竣工验收合格，承包人请求参照合同约定支付工程价款的，应予支持。"第3条规定："建设工程施工合同无效，且建设工程经竣工验收不合格的，按照以下情形分别处理：（一）修复后的建设工程经竣工验收合格，发包人请求承包人承担修复费用的，应予支持；（二）修复后的建设工程经竣工验收不合格，承包人请求支付工程价款的，不予支持。因建设工程不合格造成的损失，发包人有过错的，也应承担相应的民事责任。"

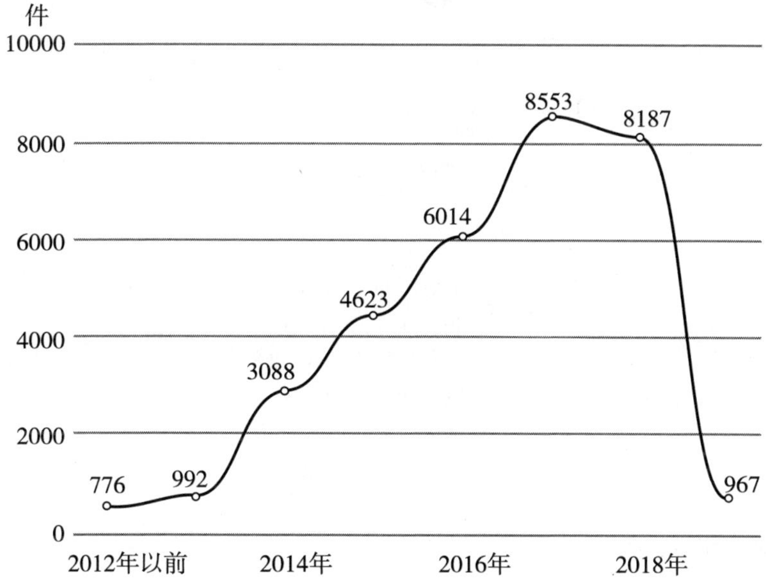

图 4-112　变化趋势

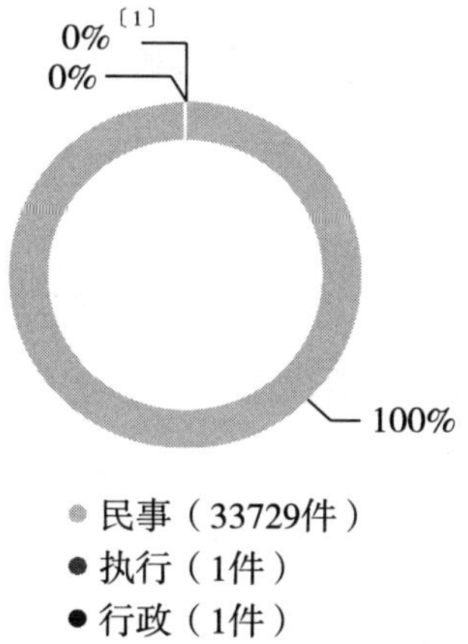

图 4-113　案由分布

〔1〕 由于行政、执行案件占比仅为 1/33731，故在案由分布图中显示为 0%。

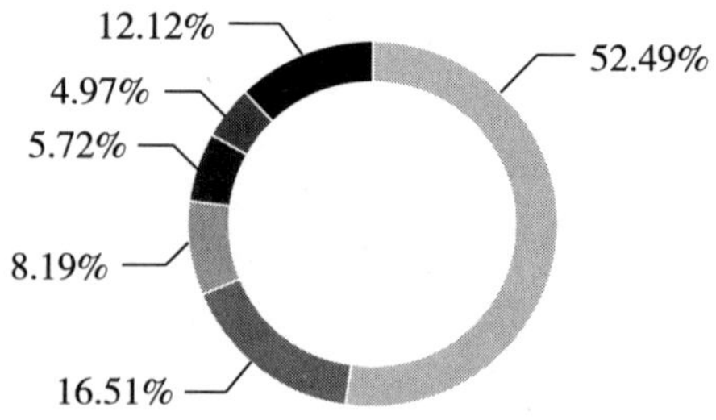

图 4-114　行业分布

2.《建设工程司法解释一》第 8 条～第 10 条

这三条司法解释[1]是关于发包人和承包人解除权及责任的规则。原《合同法》对于发包人和承包人的解除权虽然有原则性的规定，但过于笼统。这三条司法解释针对非法转包、分包、不符合强制性标准、不履行协助义务等违法行为，赋予守约方解除权，符合社会价值观和法律原则，《民法典》第 806 条将其入典。

司法大数据报告（39）显示，《建设工程司法解释一》第 8 条～第 10 条的规则于 2014 年后大量运用到司法裁判中（见图 4-115）。当前适用该条司法解释的民事案件最主要的案由是合同、无因管理、不当得利纠

〔1〕《建设工程司法解释一》第 8 条规定："承包人具有下列情形之一，发包人请求解除建设工程施工合同的，应予支持：（一）明确表示或者以行为表明不履行合同主要义务的；（二）合同约定的期限内没有完工，且在发包人催告的合理期限内仍未完工的；（三）已经完成的建设工程质量不合格，并拒绝修复的；（四）将承包的建设工程非法转包、违法分包的。"第 9 条规定："发包人具有下列情形之一，致使承包人无法施工，且在催告的合理期限内仍未履行相应义务，承包人请求解除建设工程施工合同的，应予支持：（一）未按约定支付工程价款的；（二）提供的主要建筑材料、建筑构配件和设备不符合强制性标准的；（三）不履行合同约定的协助义务的。"第 10 条规定："建设工程施工合同解除后，已经完成的建设工程质量合格的，发包人应当按照约定支付相应的工程价款；已经完成的建设工程质量不合格的，参照本解释第三条规定处理。因一方违约导致合同解除的，违约方应当赔偿因此而给对方造成的损失。"

纷，共有 1300 件，占一半以上；其次是海事海商纠纷，侵权责任纠纷（见图 4-116）。所涉及的民事案件当前的行业分布主要集中在建筑业，房地产业，制造业，批发和零售业，租赁和商务服务业（见图 4-117）。

司法大数据报告（39）

案例来源：Alpha 案例库，检索条件：《建设工程司法解释一》第 8 条、《建设工程司法解释一》第 9 条、《建设工程司法解释一》第 10 条，案件数量：1307 件，数据采集时间：2019 年 5 月 20 日。这三条司法解释适用到裁判中的整体情况分析：

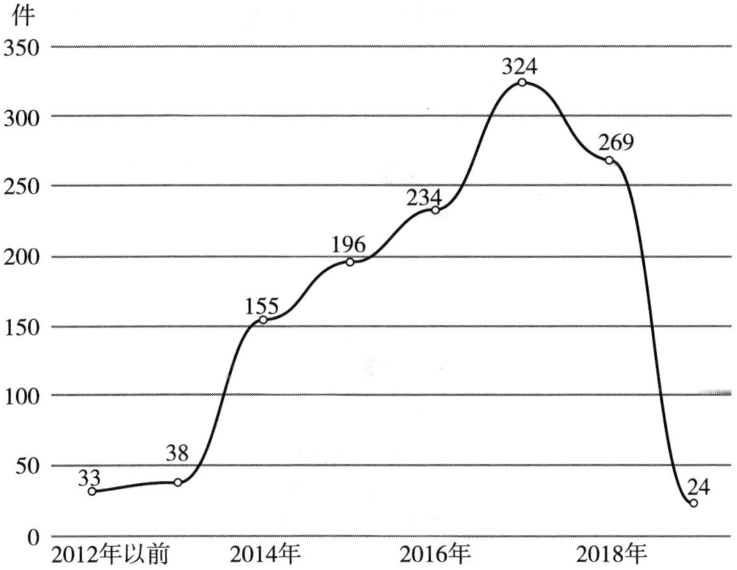

图 4-115　变化趋势

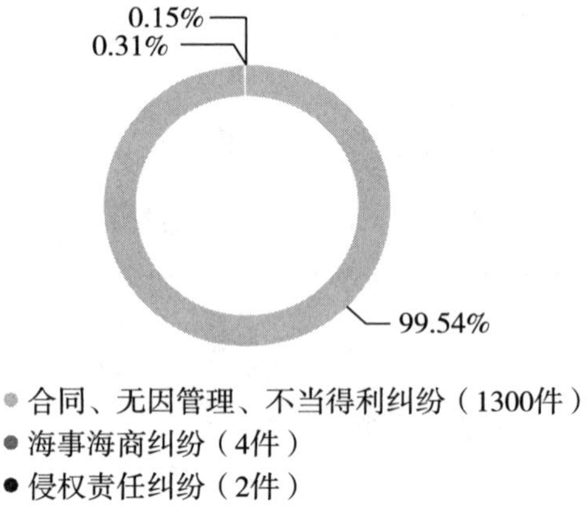

图 4-116　案由分布

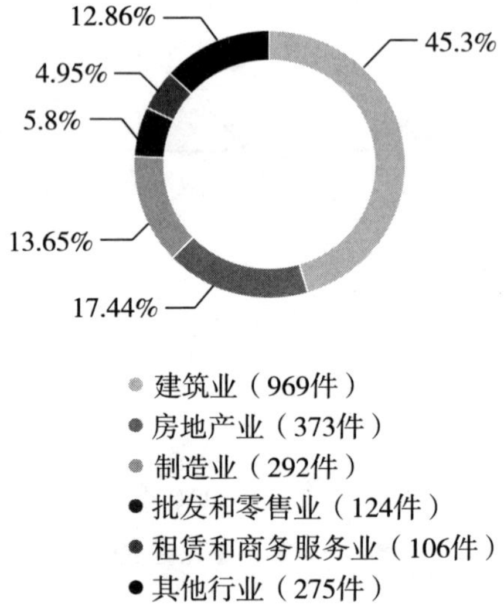

图 4-117　行业分布

七、《技术合同司法解释》

1.《技术合同司法解释》第31条、第35条

这两条司法解释[1]是关于技术咨询和技术服务合同中未约定而产生工作费用如何负担的规则。在技术合同中一般均会约定工作费用由哪一方承担，但是在少数情况下对于工作中产生的费用负担忘记约定或约定不明，费用由哪一方负担原《合同法》中并无明确规定，导致当事人产生争议。这两条司法解释的第1款分别对于技术咨询合同与技术服务合同的费用负担给予明确规定，符合社会共识，为司法实践中定分止争发挥作用，应该纳入立法。而这两条司法解释的第2款内容是对于立法的细化，不易吸纳入典，《民法典》第886条将这两条司法解释的部分条款吸纳入典。

司法大数据报告(40)显示，《技术合同司法解释》第31条、第35条的规则在司法裁判中运用数量不多(见图4-118)。当前适用该司法解释的民事案件的案由分布由多至少分别是技术服务合同纠纷，其他技术合同纠纷(见图4-119)。应当注意的是，技术合同纠纷其自身亦具有相当数量的案例。所涉及的民事案件当前的行业分布主要集中在制造业，科学研究和技术服务业，信息传输、软件和信息技术服务业，批发和零售业，建筑业(见图4-120)。

---

〔1〕《技术合同司法解释》第31条规定："当事人对技术咨询合同受托人进行调查研究、分析论证、试验测定等所需费用的负担没有约定或者约定不明确的，由受托人承担。当事人对技术咨询合同委托人提供的技术资料和数据或者受托人提出的咨询报告和意见未约定保密义务，当事人一方引用、发表或者向第三人提供的，不认定为违约行为，但侵害对方当事人对此享有的合法权益的，应当依法承担民事责任。"第35条规定："当事人对技术服务合同受托人提供服务所需费用的负担没有约定或者约定不明确的，由受托人承担。技术服务合同受托人发现委托人提供的资料、数据、样品、材料、场地等工作条件不符合约定，未在合理期限内通知委托人的，视为其对委托人提供的工作条件予以认可。委托人在接到受托人的补正通知后未在合理期限内答复并予补正的，发生的损失由委托人承担。"

司法大数据报告（40）

案例来源：Alpha 案例库，检索条件：《技术合同司法解释》第 31 条、《技术合同司法解释》第 35 条，案件数量：12 件，数据采集时间：2019 年 5 月 23 日。该两条司法解释适用到裁判中的整体情况分析：

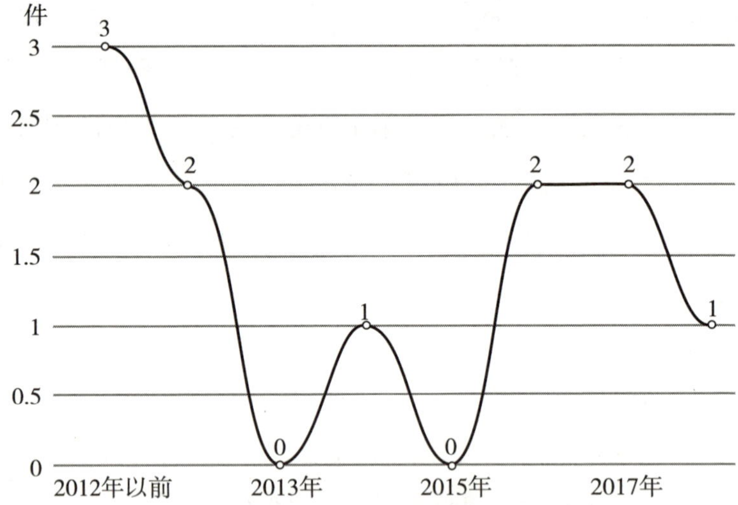

图 4-118 变化趋势

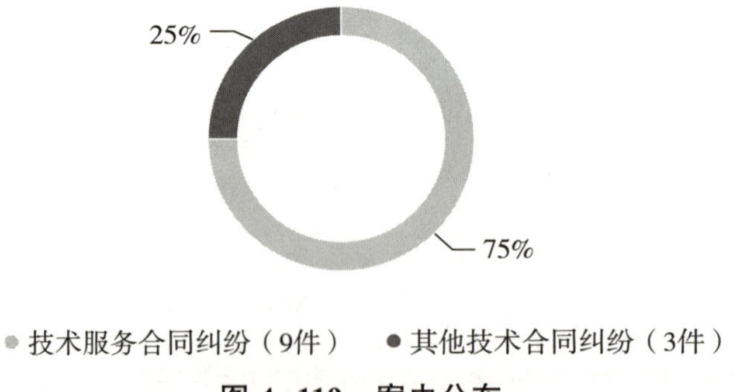

图 4-119 案由分布

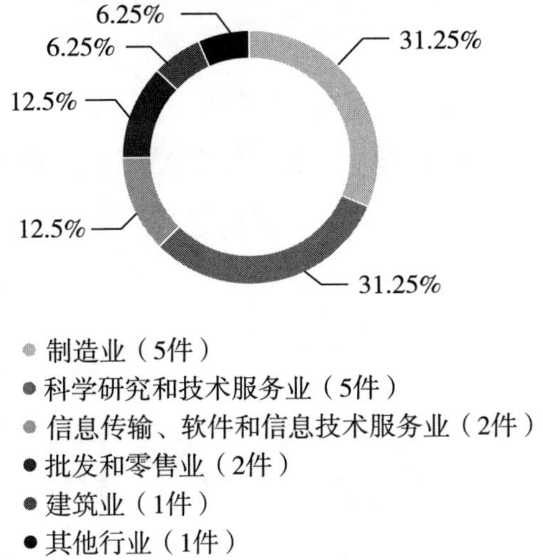

图 4-120　行业分布

2.《技术合同司法解释》第 40 条

该条司法解释[1]是关于中介人未促成合同成立报酬如何支付的规则。在技术合同中出现这种情况的数量并不多(在 ICOURT 数据库中只能搜索到一个案例[2]),但是随着中介合同关系的日益增多,该项规则可以推广到中介合同中,解决司法实践中中介合同的纠纷,《民法典》第 964 条吸纳了该条司法解释的部分内容。

〔1〕《技术合同司法解释》第 40 条规定:“中介人未促成委托人与第三人之间的技术合同成立的,其要求支付报酬的请求,人民法院不予支持;其要求委托人支付其从事中介活动必要费用的请求,应当予以支持,但当事人另有约定的除外。

中介人隐瞒与订立技术合同有关的重要事实或者提供虚假情况,侵害委托人利益的,应当根据情况免收报酬并承担赔偿责任。”

〔2〕郑州市众智质量认证咨询有限公司与郑州众易软件开发有限公司技术合同纠纷案,河南省高级人民法院(2015)豫法民管字第 00279 号。

第五章　合同法司法解释的清理与保留条款

最高人民法院颁布的司法解释的功能主要表现在两个方面：一是法律探索，犹如改革摸着石头过河一样，为国家立法进行探索和准备，积累必要经验；二是法律渊源，弥补法律漏洞，指导审判实践。

在《民法典》的编纂中，司法解释的第一项功能已经充分体现出来，《民法典》合同编已经吸收了合同法司法解释的47个条款，剩下的272个司法解释条款仍然需要分类处理。其中那些与《民法典》相抵触的司法解释条款和施行类司法解释条款均应当清理，而另外的一些依然能够指导司法实践的技术说明类、程序类司法解释条款仍需要保留适用。本章将详细介绍清理和保留的条款及其原因，并尝试探讨民法典框架下司法解释的体系重构。

第一节 合同法司法解释的清理条款

一、与立法抵触的条款需要清理

1.《合同法司法解释二》第24条

该条司法解释[1]是对合同解除或者债务抵销的异议期间及其法律后果的解释。原《合同法》第96条和第99条对于合同解除和抵销的异议权作了规定，但是未规定该异议权的行使期限。该司法解释就是对合同解除时，非解约方异议权的行使作了具体规定，对原《合同法》解除和抵销条款进行了细化。该解释条款是司法机构为追求法律关系的稳定性，借助于异议程序，将本应该由解除或抵销通知人一方承担的风险转移给被通知方。在实体法上，这种做法侵害了被通知方享有的时效方面的利益，造成严重的权利失衡；在程序法上，该条规定的消极确认之诉并无特别的确认利益，并不能在法律体系中找到支撑，应当删除。

2.《买卖合同司法解释》第34条

该条司法解释[2]是对所有权保留制度的明确以及适用范围的规定。原《合同法》第134条确立了所有权保留制度，但仅仅是原则性规定，未对该制度作出明确、详细的规定。商事领域因所有权保留产生了较多的纠纷争议，司法实践中也存在较多分歧，如所有权保留制度的适用范

[1] 《合同法司法解释二》第24条规定："当事人对合同法第九十六条、第九十九条规定的合同解除或者债务抵销虽有异议，但在约定的异议期限届满后才提出异议并向人民法院起诉的，人民法院不予支持；当事人没有约定异议期间，在解除合同或者债务抵销通知到达之日起三个月以后才向人民法院起诉的，人民法院不予支持。"

[2] 《买卖合同司法解释》第34条规定："买卖合同当事人主张合同法第一百三十四条关于标的物所有权保留的规定适用于不动产的，人民法院不予支持。"

围未作区分、所有权保留的效力范围等。所有权保留是指“买卖合同中，买受人先占有、使用买卖标的物，但在双方当事人约定的特定条件成就前，出卖人仍保留标的物的所有权，条件成就后，标的物的所有权才移转于买受人”。[1]所有权保留制度最早出现于古罗马时代的《十二铜表法》，大陆法系也认可该制度，美国法上的所有权保留制度称为“附条件买卖”交易类型，该交易方式受到广泛的欢迎，其与分期付款交易形态紧密结合。然而，所有权保留的适用范围各国规定不一，从司法实践来看，所有权保留的客体多为动产，如《德国民法典》第449条仅仅对于动产的所有权保留作出了明确的规定，《瑞士债务法》《意大利民法典》《英国货物买卖法》《美国统一商法典》也均针对动产规定了所有权保留制度。而日本学者提出：“不动产买卖的情况下也有所有权保留，但《宅地建筑交易业法》第43条规定，在一定的情况下禁止所有权保留。”[2]

笔者认为，所有权保留是当事人双方的合意，根据合同自由原则，在不涉及第三人时，针对标的物是动产还是不动产，当事人双方合意约定所有权保留均无问题。即使我国不动产变动的方式是登记生效主义，在买受人未付清全部价款前出卖人可以通过不办理权属变更来保障所有权保留，但是也不影响所有权保留的合意。因此不必特别区分所有权保留制度在动产还是不动产上的设置。需要特别说明的是，涉及第三人的所有权保留制度应该如何设置的问题应该明确，即所有权保留未经登记，不得对抗善意第三人。因此，《买卖合同司法解释》第34条存在的意义不大，应当删除。《一审稿》《二审稿》第431条也只是规定了在所有权保留中设立登记对抗善意第三人的规则。

---

〔1〕 王毅：《所有权保留制度研究》，载梁慧星主编：《民商法论丛》（第6卷），法律出版社1999年版，第504页。

〔2〕 [日]近江幸治：《担保物权法》，祝娅等译，法律出版社2000年版，第271页。

3.《融资租赁合同司法解释》第25条

《融资租赁合同司法解释》是2014年实施的，2017年实施的《中华人民共和国民事诉讼法》(以下简称《民事诉讼法》)将普通诉讼时效由两年延长为三年。该条司法解释所规定的“因融资租赁合同租金欠付争议向人民法院请求保护其权利的诉讼时效期间”应当视为普通诉讼时效，应遵循《民事诉讼法》普通诉讼时效的规定，因此在未来的《民法典》司法体系中应当删除。

二、为立法施行而设定的条款需要清理

1.《合同法》总则中涉及的司法解释施行条款

《合同法司法解释一》第1~7条均为原《合同法》的施行条款。施行法的规定是调整法的效力的规范的总称，[1]施行法的目的是如何权衡新法与旧法的实施以及促进新法全面、迅速地施行。但由于我国在颁布原《合同法》的同时并未制定施行法，导致新旧法实施的衔接以及时效计算的问题出现空白，因此在《合同法司法解释一》中运用了一定的篇幅规定了施行条款。由于这些施行条款适用于1999年颁布的《合同法》与之前出台的相关法律之间的衔接，因此在原《合同法》实施二十年后的今天已经没有存在的意义，应当进行清理。

《合同法司法解释二》第30条也是施行条款，是关于该司法解释时间效力的解释。明确该司法解释何时生效、何时失效以及司法解释对其生效以前的事件和行为有无溯及力。

〔1〕 参见陈新民:《德国公法学基础理论》(下册)，山东人民出版社2001年版，第2页。

2.《合同法》分则中涉及的司法解释施行条款

《买卖合同司法解释》第46条[1]涉及本解释的效力和溯及力问题，属于施行法的范畴，主要作用在于明确该司法解释与以往司法解释之间的冲突和适用规则。新法优于旧法是解除法律冲突的基本原则，该司法解释于2012年出台，当然也优先于最高人民法院之前出台的有关购销合同、销售合同等合同的规定，但是随着《民法典》合同编以及新司法解释的颁布，该条施行法应予删除。

此外，与其类似的司法解释条款还有《商品房买卖合同司法解释》第28条，《民间借贷司法解释》第33条，《房屋租赁合同司法解释》第25条，《融资租赁合同司法解释》第26条，《建设工程司法解释一》第1条和第28条、《建设工程司法解释二》第26条，《技术合同司法解释》第46条和第47条，这些司法解释均属于施行法范畴的条款，在民法典的司法解释体系中应当删除。

第二节　合同法司法解释的保留条款

一、《合同法》总则部分的司法解释保留情况

1.《合同法司法解释一》第11条～第13条

《合同法司法解释一》第11条[2]是明确提出代位权的具体条件，第12条[3]

---

〔1〕《买卖合同司法解释》第46条规定："本解释施行前本院发布的有关购销合同、销售合同等有偿转移标的物所有权的合同的规定，与本解释抵触的，自本解释施行之日起不再适用。"

〔2〕《合同法司法解释一》第11条规定："债权人依照合同法第七十三条的规定提起代位权诉讼，应当符合下列条件：（一）债权人对债务人的债权合法；（二）债务人怠于行使其到期债权，对债权人造成损害；（三）债务人的债权已到期；（四）债务人的债权不是专属于债务人自身的债权。"

〔3〕《合同法司法解释一》第12条规定："合同法第七十三条第一款规定的专属于债务人自身的债权，是指基于扶养关系、抚养关系、赡养关系、继承关系产生的给付请求权和劳动报酬、退休金、养老金、抚恤金、安置费、人寿保险、人身伤害赔偿请求权等权利。"

和第 13 条[1]分别针对“专属于债务人自身的”债权和“债务人怠于行使其到期债权，对债权人造成损害的”解释说明。这三条司法解释均是对于原《合同法》第 74 条债权人代位权的技术性解释。笔者建议为了司法裁判的统一理解和适用法律，将这三条司法解释保留在司法解释体系中。

2.《合同法司法解释二》第 1 条、第 2 条、第 6 条、第 7 条

这四条司法解释均是对于合同订立所涉及问题的细化。根据合同自由原则，当事人可以自主决定合同的内容。但实际上，由于当事人存在交易习惯、文化水平和法律素养的差异，订立合同时经常采取不规范的形式，可能遗漏重要条款如标的数量、交款、履行期限等内容。审判实践中经常会对存在重要遗漏的合同效力产生争议，《合同法司法解释二》第 1 条[2]就是对于这一问题认定的指引。

《合同法司法解释二》第 2 条[3]是对于原《合同法》第 10 条第 1 款规定的合同“其他形式”的解释。与合同内容自由一样，合同形式自由也是合同自由原则的体现，若当事人没有采用书面或口头这两种法定方式签约，合同也不能当然视为无效，合同形式的瑕疵可以因为当事人的履行而消除。原《合同法》第 10 条讲的“其他形式”也称为默示合同，当事人没有用言语明确表示订立合同的合意，而是根据当事人的行为或

---

〔1〕《合同法司法解释一》第 13 条规定：“合同法第七十三条规定的‘债务人怠于行使其到期债权，对债权人造成损害的’，是指债务人不履行其对债权人的到期债务，又不以诉讼方式或者仲裁方式向其债务人主张其享有的具有金钱给付内容的到期债权，致使债权人的到期债权未能实现。次债务人（债务人的债务人）不认为债务人有怠于行使其到期债权情况的，应当承担举证责任。”

〔2〕《合同法司法解释二》第 1 条规定：“当事人对合同是否成立存在争议，人民法院能够确定当事人名称或者姓名、标的和数量的，一般应当认定合同成立。但法律另有规定或者当事人另有约定的除外。对合同欠缺的前款规定以外的其他内容，当事人达不成协议的，人民法院依照合同法第六十一条、第六十二条、第一百二十五条等有关规定予以确定。”

〔3〕《合同法司法解释二》第 2 条规定：“当事人未以书面形式或者口头形式订立合同，但从双方从事的民事行为能够推定双方有订立合同意愿的，人民法院可以认定是以合同法第十条第一款中的‘其他形式’订立的合同。但法律另有规定的除外。”

者特定情形推定合同的成立。

《合同法司法解释二》第6条[1]的宗旨在于对原《合同法》第39条所称"合理的方式"作解释。格式条款提供者应当就格式条款中免责条款和限责条款向相对人尽合同提示及说明义务，这种提示及说明必须以合理的方式作出。

《合同法司法解释二》第7条[2]是对原《合同法》中"交易习惯"的解释，规定了法院在审理案件时认定交易习惯的规则，确定了交易习惯的举证责任。

3.《合同法司法解释二》第11条、第13条、第14条

《合同法司法解释二》第11条[3]是关于效力待定合同中"追认"的生效时间及合同生效时间的解释。权利人的追认行为产生使效力待定合同确定有效的法律效力，但合同生效时间从何时算起存在异议，有进一步明确的必要，该司法解释正是明确这一时间点。

《合同法司法解释二》第13条[4]是对表见代理成立而承担合同责任的被代理人损害赔偿请求权的解释。

---

〔1〕《合同法司法解释二》第6条规定："提供格式条款的一方对格式条款中免除或者限制其责任的内容，在合同订立时采用足以引起对方注意的文字、符号、字体等特别标识，并按照对方的要求对该格式条款予以说明的，人民法院应当认定符合合同法第三十九条所称'采取合理的方式'。提供格式条款一方对已尽合理提示及说明义务承担举证责任。"

〔2〕《合同法司法解释二》第7条规定："下列情形，不违反法律、行政法规强制性规定的，人民法院可以认定为合同法所称'交易习惯'：（一）在交易行为当地或者某一领域、某一行业通常采用并为交易对方订立合同时所知道或者应当知道的做法；（二）当事人双方经常使用的习惯做法。对于交易习惯，由提出主张的一方当事人承担举证责任。"

〔3〕《合同法司法解释二》第11条规定："根据合同法第四十七条、第四十八条的规定，追认的意思表示自到达相对人时生效，合同自订立时起生效。"

〔4〕《合同法司法解释二》第13条规定："被代理人依照合同法第四十九条的规定承担有效代理行为所产生的责任后，可以向无权代理人追偿因代理行为而遭受的损失。"

《合同法司法解释二》第 14 条[1]是关于导致合同无效的“强制性规定”的线索性解释。该解释完善了合同无效制度，不但有利于尊重当事人意思自治，而且严格适用合同无效制度能够促进经济发展和创新。

4.《合同法司法解释二》第 15 条

这条司法解释[2]涉及无权处分情形下买卖合同的效力以及违约救济的规定。无权处分被称为“法学上之精灵”，涉及合同法和物权法两个领域和买卖合同、物权变动模式等多项民事法律制度。法学理论界对于无权处分和物权变动理论持续争论，至今未达到统一；司法实务界也被无权处分合同效力问题困扰多年，最高人民法院通过司法解释、批复、指导性案例的多次发布，其认识才逐渐趋同。对于无权处分的认识可以分为三个阶段：第一个阶段以原《合同法》颁布为开端，原《合同法》第 51 条对无权处分做出明确规定：“无处分权的人处分他人财产，经权利人追认或者无处分权的人订立合同后取得处分权的，该合同有效。”当时学术和实务界的主流意见是不区分负担行为和处分行为，特别是司法实践中坚持“债权合同效力待定说”。如《最高人民法院关于中国农业银行大连市分行友好支行诉大连中大集团公司、第三人中国大连国际经济技术合作集团有限公司借款合同抵押担保纠纷一案请示的答复》(〔2003〕民二他字第 26 号)中，最高人民法院明确：以他人房屋为标的物的抵押合同属于无权处分，依据原《合同法》第 51 条为无效合同，但债权人在接受抵押时不知道或不应该知道房屋真实权属的，

〔1〕《合同法司法解释二》第 14 条规定：“合同法第五十二条第（五）项规定的‘强制性规定’，是指效力性强制性规定。”

〔2〕《合同法司法解释二》第 15 条规定：“出卖人就同一标的物订立多重买卖合同，合同均不具有合同法第五十二条规定的无效情形，买受人因不能按照合同约定取得标的物所有权，请求追究出卖人违约责任的，人民法院应予支持。”《买卖合同司法解释》第 3 条规定：“当事人一方以出卖人在缔约时对标的物没有所有权或者处分权为由主张合同无效的，人民法院不予支持。”

可以善意取得抵押权。[1]第二个阶段开始于《物权法》的颁布，其第15条和第23条确立了原因行为与物权变动区分原则，债权行为效力待定说的呼声日渐式微，虽然学者依然争论不休，[2]但是在司法实践中由于“债权行为效力待定说”对于交易相对人保护不周被逐渐抛弃，并且呈现出限制原《合同法》第51条适用范围的趋势。特别是最高人民法院在2009年颁布了《合同法司法解释二》，其第15条明确规定了同一标的物签订的多重买卖合同各个合同均有效，更是明显地表现出司法解释对于原《合同法》第51条的修正和续造。随后，最高人民法院对于无权处分他人财产合同的效力进行明确认定，标志性案件就是“达宝公司”案[3]，判决后又将该案件纳入2012年的公报案件发布。第三个阶段是最高人民法院于2012年颁布《最高人民法院关于买卖合同司法解释理解与适用》(以下简称《买卖合同司法解释二》)，该解释第3条根据合同归原《合同法》调整，物权变动归《物权法》规制的原则，明确买卖合同是物权变动的原因行为，所有权转移是物权变动的结果，出卖人在缔约时对标的物没有所有权或者处分权，并不影响作为原因行为的买卖合同的效力。[4]排除了原《合同法》第51条在买卖合同领域的适用。在立法

---

〔1〕 参见黄泷一:《物权处分:理论实务总结与民法总则制订》，载《东方法学》2015年第5期。

〔2〕 参见宁红丽:《建立物权变动的新模式的思考——以有因的物权行为制度为中心》，载《政治与法律》2005年第5期；刘学东:《论无权处分的效力》，载《政法论丛》2008年第5期；钟维:《论物权变动区分原则在无权处分领域之贯彻》，载《人大法律评论》2009年卷；陈永强、王建东:《论抵押物转让的法律效果——以对我国〈物权法〉第191条的解释为中心》，载《政治与法律》2009年第9期；韩轲友:《无权处分合同效力探略——以物权法为背景》，载《法学杂志》2010年第5期；刘贵祥:《论无权处分与善意取得的冲突与协调——以私卖夫妻共有房屋时买受人的保护为中心》，载《法学家》2011年第5期；孙宪忠:《中国物权法总论》，法律出版社2009年版，第251、270页；李军:《无权处分合同效力与物权变动模式之关联》，法律出版社2013年版，第145~155、197~199页；章正璋:《大陆法系无权处分制度比较研究》，中国政法大学出版社2013年版，第270~271页；肖立梅:《无权处分制度研究》，山东大学出版社2009年版，第135~159页。

〔3〕 在达宝公司案中，中岱公司与达宝公司签订股权转让合同，约定将其持有的部分中珊公司股权转让给达宝公司，但在转让合同签订时，中岱公司未持有中珊公司的股权。本案的焦点就在于该股权转让合同是否有效。最高人民法院审理后认为，“股权转让合同中，即使双方约定转让的股权系合同外的第三人所有，但只要双方的约定只是使一方负有向对方转让股权的义务，而没有实际导致股权所有人的权利发生变化，就不能以出让人对股权无处分权为由认定股权转让合同系无权处分合同进而无效”。

〔4〕 最高人民法院民事审判第二庭编著:《最高人民法院关于买卖合同司法解释理解与适用》，人民法院出版社2013年版，第59~70页。

层面，2018 年发布的《一审稿》和《二审稿》均将原《合同法》第 51 条删除，从这一角度来看立法上也基本否认了“债权行为效力待定说”。

针对《合同法司法解释二》第 15 条和《买卖合同司法解释》第 3 条是否可以纳入立法，笔者认为这两条司法解释不易吸纳入典：首先，《一审稿》对原《合同法》第 51 条删除已经明确了法律对于“债权行为效力待定说”的否认，同时原《合同法》无权代理（第 47 条、第 48 条）内容已整合进了《民法总则》的无权代理规则中，同时《物权法》第 15 条和第 23 条已经确立了区分原则，故运用《民法总则》和《物权法》基本可以确定无权处分合同的效力。其次，从社会共识的角度看，虽然司法实践中由于最高人民法院连续发布司法解释、复函、指导性案例等在裁判上趋于统一，但是在学界依然存在激烈的分歧，尚待达成共识。最后，这两条司法解释条文使用“人民法院应予支持”或者“人民法院不予支持”的表述，而非直接规定合同的效力，此表述乃司法裁判的具体裁定，而非立法表述。因此，笔者建议将这两个条款不纳入立法，而保留在司法解释中更为合适。《民法典》未吸纳《合同法司法解释二》第 15 条，而《民法典》第 597 条将《买卖合同司法解释》第 3 条吸纳入典，笔者认为这样的安排是值得商榷的。

5.《合同法司法解释二》第 19 条

该条司法解释[1]是对原《合同法》第 74 条关于债权人撤销权制度中有偿行为类型的目的性扩张解释以及相关判断基准。对于明显不合理的低价进行判断，需要确立时间基准和空间基准。时间基准为“交易当时”；空间基准为“交易当地”。司法解释确立了“一般判断标准”对于低

〔1〕《合同法司法解释二》第 19 条规定：“对于合同法第七十四条规定的‘明显不合理的低价’，人民法院应当以交易当地一般经营者的判断，并参考交易当时交易地的物价部门指导价或者市场交易价，结合其他相关因素综合考虑予以确认。”

于70%或高于30%并非绝对的界限，解释条文表述为“一般可以视为”。“一般”意味着排除特殊情形；“可以”意味着应视具体情况而定，不作刚性约束；“视为”是法律上使用的拟制用语，若没有特殊反证的情况下看作过高或过低，但债务人可以提出相反事实或证据予以推翻。

6.《合同法司法解释二》第22条

该条司法解释[1]是对违反后合同义务如何承担责任的规定。原《合同法》第92条规定了通知、协助、保护、竞业禁止等后合同义务，违反这些义务自然要承担法律责任，主要有停止侵害、强制履行、损害赔偿等。司法实践中，对于赔偿损失的范围还有争议，司法解释确定了违反后合同义务需要承担的是实际损失，这就不同于原《合同法》“违约责任”中的相关规定——既包括财产的实际损失又包括可得利益损失。该条司法解释明确了违反后合同义务损失赔偿的范围，避免了当事人的争议，应该继续保留在司法解释体系中。

7.《合同法司法解释二》第28条、第29条

理论界和实务界对合同违约金的性质认定众说纷纭，具有代表性的观点有：补偿说、惩罚说、双重说。补偿说[2]认为违约金是双方当事人事先预定的损害赔偿总额，原《合同法》第114条第2款关于“约定的违约金低于造成的损失的，当事人可以请求人民法院或者仲裁机构予以增加”的规定正是反映出违约金系补偿性违约金。惩罚说[3]认为违约金

〔1〕《合同法司法解释二》第22条规定：“当事人一方违反合同法第九十二条规定的义务，给对方当事人造成损失，对方当事人请求赔偿实际损失的，人民法院应当支持。”

〔2〕参见崔建远：《合同责任研究》，吉林大学出版社1992年版，第228页；崔建远：《合同法》，法律出版社1998年版，第268~269页。

〔3〕参见梁慧星：《论合同责任》，载《学习与探索》1982年第1期；王家福、谢怀栻等：《合同法》，中国社会科学出版社1986年版，第489页；梁慧星：《中国民法经济法诸问题》，法律出版社1991年版，第259页；王家福主编：《中国民法学·民法债权》，法律出版社1991年版，第250页。

实质上应以惩罚性为原则，一般理解中，高于损失的违约金即体现出惩罚性质，原《合同法》第 114 条第 2 款对于“过分高于造成的损失的”予以适当减少，那么就是对于不过分高的违约金不必减少。补偿与惩罚双重说[1]认为违约金兼具有补偿性和惩罚性双重属性。违约金作为一种责任形式并且具有担保的作用，其成立方式兼具法定和约定两种，其皆具有补偿、督促、制裁当事人以确保债权实现的作用。补偿性体现了违约金的基本功能，惩罚性体现了违约金的特殊功能。[2]

事实上，司法界采纳了以补偿为主、惩罚为辅的双重性质说。原《合同法》第 114 条虽然以这一原则制定法律，但其中有诸如“低于造成的损失”“过分高于”的程度词需要进一步明确，否则在司法实践中会造成严重的同案不同判问题，因此《合同法司法解释二》第 28 条、第 29 条是针对原《合同法》第 114 条第 2 款约定违约金高低程度的具体化解释。第 28 条[3]是关于增加较低违约金的解释；第 29 条[4]是关于减少过高违约金的解释。笔者认为，一方面由于这两条司法解释属于对立法规则的细化；另一方面其在理论界尚存在一定的争议而未达成共识，如从私法自治的角度，当事人可以自由约定违约金数额，违约金酌减有悖于该原则，从而显失公平，司法又要保护债务人利益。因此这两条司法解释不宜纳入立法，应依然保留在司法解释体系中。

---

〔1〕 参见王作堂、魏振瀛、李志敏、朱启超：《民法教程》，北京大学出版社 1983 年版，第 235 页；苏惠祥主编：《经济合同法学》，辽宁人民出版社 1990 年版，第 206 页。

〔2〕 参见沈德咏等主编：《最高人民法院关于合同法司法解释（二）理解与适用》，人民法院出版社 2009 年版，第 205~208 页。

〔3〕《合同法司法解释二》第 28 条规定：“当事人依照合同法第一百一十四条第二款的规定，请求人民法院增加违约金的，增加后的违约金数额以不超过实际损失额为限。增加违约金以后，当事人又请求对方赔偿损失的，人民法院不予支持。”

〔4〕《合同法司法解释二》第 29 条规定：“当事人主张约定的违约金过高请求予以适当减少的，人民法院应当以实际损失为基础，兼顾合同的履行情况、当事人的过错程度以及预期利益等综合因素，根据公平原则和诚实信用原则予以衡量，并作出裁决。当事人约定的违约金超过造成损失的百分之三十的，一般可以认定为合同法第一百一十四条第二款规定的‘过分高于造成的损失’。”

8.《合同法司法解释一》中的程序性条款

程序性条款是为了实现原《合同法》中的实体权利义务而制定的有关程序方面的规则。这些程序性条款是正确实施原《合同法》的保障，但由于其归属程序规则的范畴，不易纳入原《合同法》中，因此需要保留在司法解释体系中。笔者认为《合同法司法解释一》中需要保留的程序性条款包括几种：(1)时效条款，第 8 条；(2)管辖条款，第 14 条、第 15 条、第 22 条、第 23 条、第 30 条；(3)第三人条款，第 16 条、第 24 条、第 27 条～第 29 条；(4)保全条款，第 17 条；(5)其他条款，第 18 条、第 19 条、第 21 条。

9.《合同法司法解释二》中程序性条款

笔者认为，在《合同法司法解释二》的程序性条款中也有需要保留下来的条款：管辖条款，第 4 条和第 17 条；第三人条款，第 16 条；违约金条款，第 27 条。

二、合同法分则部分的司法解释保留情况

1.《买卖合同司法解释》的保留内容

《买卖合同司法解释》作为合同法分则的司法解释之一，对于落实买卖合同法律的适用具有举足轻重的作用。买卖合同居于 15 种有名合同之首，在分则中占据统帅地位，该司法解释共 46 条，是原《合同法》司法解释中条文比较多的。其中大部分法条属于技术说明类司法解释，有 32 条。这些技术说明类司法解释囊括了买卖合同成立及效力、标的物交付和所有权转移、标的物风险负担、标的物检验、违约责任、所有权保留、特种买卖等领域，对这些领域的规则进一步解释和细化（见表 5-1）。

表 5-1　技术说明类条款中保留的司法解释规则

囊括的领域	具体规则	司法解释条目
买卖合同成立及效力	买卖合同成立的证明与认定	第一条
标的物交付和所有权转移	电子信息产品的交付	第五条
	多交标的物之保管	第六条
	单证和资料的范围	第七条
	发票的证明力	第八条
	普通动产多重买卖的履行顺序	第九条
	特殊动产多重买卖的履行顺序	第十条
标的物风险负担	标的物需要运输	第十一条
	在途买卖出卖人隐瞒风险事实的风险负担	第十三条
	未经特定的标的物风险负担	第十四条
	检验期间或质量保证期间过短	第十八条
	瑕疵异议的效果	第十九条
	异议期间经过后的法律效果	第二十条
违约责任	质量保证金	第二十一条
	修理费用的负担	第二十二条
	减价责任	第二十三条
	逾期付款违约金	第二十四条
	违反从给付义务的合同解除	第二十五条
	违约解除与违约金条款	第二十六条
	调整违约金的释名权	第二十七条
	可得利益损失之赔偿	第二十九条
	混合过错责任	第三十条
	瑕疵担保责任减免特约的效力	第三十二条
	物的瑕疵担保违约责任	第三十三条
所有权保留	取回权的限制	第三十六条
	已取回标的物的再出卖	第三十七条

续表

囊括的领域	具体规则	司法解释条目
特种买卖	分期付款的界定及无效特约	第三十八条
	解约扣款的规制	第三十九条
	样品质量与文字说明不一致的处理	第四十条
	同意购买的推定	第四十一条
	适用买卖的排除	第四十二条
	试用买卖试用费	第四十三条

除了以上32条技术说明类司法解释应当保留以外，还有2条续造类司法解释需要保留，其中一条为《买卖合同司法解释》第12条[1]，该条规则作为法律续造类司法解释在《民法典》第二次审议稿中已经被吸纳，但是在正式公布的《民法典》中又将该规则删除，该条司法规则对于促进买卖合同司法裁判的合法性和统一性具有重要的指导作用，若不能进入法典中，应当将其保留在司法解释中。另一条为《买卖合同司法解释》第31条[2]。该条司法解释虽然属于续造类司法规则，但是并未被吸收到《民法典》中，该条司法解释是损益相抵规则，即"受害人基于损失发生的同一原因而获得利益时，应在其所得的损害赔偿额中，扣除相应所获得的利益"。[3]该规则强调从损害中扣除利益，在罗马法时期就是十分重要的损害赔偿制度，如查士丁尼《法学总论》中规定："一切善意诉权的诉讼，审判员享有全权根据公平原则决定返还原告之数"，即

〔1〕《买卖合同司法解释》第12条规定："出卖人根据合同约定将标的物运送至买受人指定地点并交付给承运人后，标的物毁损、灭失的风险由买受人负担，但当事人另有约定的除外。"

〔2〕《买卖合同司法解释》第31条规定："买卖合同当事人一方因对方违约而获有利益，违约方主张从损失赔偿额中扣除该部分利益的，人民法院应予支持。"

〔3〕王利明：《合同法研究》（第2卷），中国人民大学出版社2003年版，第663页。

含有损益相抵之意。[1]普通法也明确规定了损益相抵规则,《美国统一商法典》第2708条、第2712条规定,在考量赔偿数额时,应当“减去因卖方违约而使买方节约的支出。”[2]《买卖合同司法解释》第31条的规则精神符合民法中的公平原则,与原《合同法》第114条的立法精神一脉相承,体现了民法中损害赔偿责任具有补偿性的要求,尤其体现在当约定的违约金过分高于违约造成的损失时,并不排除损益相抵规则的适用。其对于司法实践具有重要的指导意义,因此也应当保留在司法解释中。

此外,《买卖合同司法解释》还有4条程序类司法解释依然具有指导司法实践的价值,也应该保留在司法解释条文中,涉及的领域为:电子交易合同成立及效力(第4条)、提出异议的合理期间(第17条)、抗辩与反诉(第44条)、权利转让等有偿合同之参照适用(第45条)。

2.《商品房买卖合同司法解释》的保留内容

《商品房买卖合同司法解释》一共有28条条款,其中大部分为技术说明类条款(见表5-2),分别从商品房买卖合同的司法认定、商品房交付的司法认定及处理、商品房买卖合同违约责任的承担以及按揭贷款的司法处理五个方面进行规则细化,绝大部分条款均是针对商品房买卖合同制度的规则,并不能推而广之地规定到原《合同法》中,这些规则依然应该保留在司法解释体系中。值得注意的是,《商品房买卖合同司法解

〔1〕参见最高人民法院民事审判第二庭编著:《最高人民法院关于买卖合同司法解释的理解与适用》,人民法院出版社2012年版,第475页。

〔2〕张英:《论违约可得利益认定的司法会计对策》,载《会计之友》2012年第1期(下)。

释》第3条[1]作为技术说明类条款,《一审稿》审议时将其纳入合同编中,到《二审稿》时又将其删除,存在这一波折。该解释规定的是卖方订立合同前向对方所作的允诺内容具体确定,对合同的订立有重大影响,对方有理由相信其为合同内容的允诺的性质。司法领域将该允诺视为合同条款,但是这一司法规则的适用是有限定场景的,专门用于商品房销售中卖家对于购房者的允诺,而不宜推而广之。因为,一方面在程序法上这种允诺作为口头证据,其效力并不能推翻书面证据,书面证据具有优先性,除非当事人允诺后重新协商修改合同;[2]另一方面,从时间节点上而言,合同在签订过程中会有允诺与推翻、共识与反复,在双方博弈的过程中,最终均以合同签订的文本为准。若双方的认识不一致,以合同签订文本为依据进行裁决,倘若允许合同订立过程中的允诺作为裁判依据,将严重影响合同的效力,增加不确定性。可见,该条规则并不适宜纳入合同编中。然而,《一审稿》第281条将其吸纳,即"当事人一方在订立合同前向对方所作的允诺内容具体确定,对合同的订立有重大影响,对方有理由相信其为合同内容的,该允诺视为合同条款"。好在《二审稿》又将这一条款删除。笔者建议将该条款保留在司法解释中,并且写明其适用范围。

此外,《商品房买卖合同司法解释》中有4条程序施行类司法解释法律适用效果良好应予保留,分别涉及的领域是:诉讼地位条款(第22条)、第三人条款(第25条)、追加当事人条款(第26条、第27条)。

---

〔1〕《商品房买卖合同司法解释》第3条规定:"商品房的销售广告和宣传资料为要约邀请,但是出卖人就商品房开发规划范围内的房屋及相关设施所作的说明和允诺具体确定,并对商品房买卖合同的订立以及房屋价格的确定有重大影响的,应当视为要约。该说明和允诺即使未载入商品房买卖合同,亦应当视为合同内容,当事人违反的,应当承担违约责任。"

〔2〕参见高忠智:《美国合同法:口头证据规则——对我国合同解释的借鉴意义》,载《环球法律评论》2008年第5期。

表 5-2　技术说明类条款中保留的司法解释规则

囊括的领域	具体规则	司法解释条目
商品房买卖合同的司法认定	《商品房买卖合同司法解释》的适用范围	第一条
	未获商品房预售许可所签商品房预售合同的效力	第二条
	商品房销售广告可否视为要约	第三条
	商品房认购协议中定金纠纷的司法处理	第四条
	商品房买卖中预约与本约的区分	第五条
	登记备案手续对商品房预售合同效力的影响	第六条
	被拆迁人有权取得房屋所有权	第七条
商品房买卖合同违约责任承担	恶意违约承担惩罚性赔偿责任	第八条、第九条
	违约金数额的调整	第十六条
	商品房买卖合同中违约金数额的确定	第十七条
	延迟办证的情形	第十八条
	迟延办证的法律后果	第十九条
商品房交付的司法认定	恶意串通订立商品房买卖合同的效力	第十条
	商品房包销合同的法律问题	第二十条
	商品房包销合同的法律问题	第二十一条
商品房交付的司法处理	房屋的交付使用及风险承担	第十一条
	房屋存在质量问题时的法律责任	第十二条、第十三条
	房屋面积误差的处理	第十四条
商品房按揭贷款的司法处理	“按揭障碍”对商品房买卖合同的影响	第二十三条
	商品房买卖合同解除对担保贷款合同的影响	第二十四条

3.《房屋租赁合同司法解释》的保留内容

《房屋租赁合同司法解释》一共有 25 项条款，其中大部分为技术说明类条款（见表 5-3），分别从司法解释的适用范围、房屋租赁合同的效力认定、房屋租赁合同的司法处理、房屋租赁解除权的认定、租赁房屋装饰装修和扩建纠纷的处理、几种特殊情况的司法处理六个方面进行规则细化，对于司法裁判的统一具有重要的实践意义。但由于这些司法解释条文均是对于立法规则的细化和解释，所以不宜吸纳入典，而是继续保留在司法解释体系中。

表 5-3　技术说明类条款中保留的司法解释规则

囊括的领域	具体规则	司法解释条目
司法解释的适用范围	房屋租赁合同司法解释的适用范围	第一条
房屋租赁合同的效力认定	违法建筑物租赁合同无效	第二条
	违法临时建筑物租赁合同无效	第三条
	登记备案与房屋租赁合同的效力	第四条
房屋租赁合同的司法处理	无效合同的处理	第五条
	一房数租的处理原则	第六条
房屋租赁解除权的认定	出租人的合同解除权	第七条
	承租人的合同解除权	第八条
租赁房屋装饰装修、扩建纠纷的处理	合同无效时经同意的装饰装修物的处理	第九条
	合同届满或解除时未形成附和的装饰装修物的处理	第十条
	合同解除时形成附和的装饰装修物的处理	第十一条
	租赁期间届满时附合装饰装修物的处理	第十二条
	承租人擅自装饰装修、扩建费用的处理	第十三条
	房屋扩建费用的处理	第十四条
几种特殊情况的司法处理	次承租人逾期腾房的处理	第十八条
	房屋租赁合同的概括继受	第十九条
	买卖不破租赁的例外情形	第二十条
	侵害承租人优先购买权的损害赔偿责任	第二十一条
	承租人优先购买权的保护	第二十二条

4.《融资租赁合同司法解释》的保留内容

《融资租赁合同司法解释》一共有 26 项条款，其中大部分为技术说明类条款（见表 5-4），分别从融资租赁合同认定及效力、合同的履行、租赁物的公示、合同的解除、违约责任五个方面进行规则细化，对于司法裁判的统一具有重要的实践意义。但由于这些司法解释条文均是对于立法规则的细化和解释，所以不宜吸纳入典，而是继续保留在司法解释体系中。另外，有一条法律续造类司法解释（《融资租赁合同司法解释》第 2 条）在《民法典》的几次审议稿中均被纳入法典中，而在法典的正式稿中并未被吸收，该条司法解释在审判实践中具有指导作用，依然应当保留在司法解释中。还有 1 条程序施行类司法解释（第 24 条）法律适用效果良好应予保留。

表 5-4　技术说明类条款中保留的司法解释规则

囊括的领域	具体规则	司法解释条目
融资租赁合同的认定及效力	法律关系的认定	第一条
	租赁物经营许可对合同效力的影响	第三条
	合同无效租赁物的归属	第四条
合同的履行	出租人处分租赁物	第八条
租赁物的公示	租赁物的善意取得	第九条
合同的解除	承租人解约的情形	第十三条
	解除后果的释明	第十四条
	因租赁物毁损灭失而解决的后果	第十五条
违约责任	出租人瑕疵担保责任	第十九条
	承租人逾期付租的责任	第二十条
	承租人逾期付租时出租人的选择权	第二十一条
	提前解约的损失赔偿	第二十二条
	租赁物价值的确定	第二十三条

5.《民间借贷司法解释》的保留内容

《民间借贷司法解释》一共有33项条款，其中大部分为技术说明类条款（见表5-5），分别从民间借贷案件的受理与管辖、合同效力的司法认定、证据司法认定、几种特殊情况的司法处理、利率与利息的司法规制五个方面进行规则细化，对于司法裁判的统一具有重要的实践意义。但由于这些司法解释条文均是对于立法规则的细化和解释，所以不宜吸纳入典，而是继续保留在司法解释体系中。另外，有8条程序施行类司法解释法律适用效果良好应予保留，分别涉及的领域是：追加共同被告条款（第4条）、民刑交叉条款（第5条至第8条）、举证责任条款（第16条、第17条）、虚假诉讼条款（第19条、第20条）。

表5-5　技术说明类条款中保留的司法解释规则

囊括的领域	具体规则	司法解释条目
民间借贷案件的受理与管辖	民间借贷司法解释的适用范围	第一条
	民间借贷案件起诉条件的司法认定	第二条
	民间借贷合同履行地的司法认定	第三条
民间借贷合同效力的司法认定	自然人之间借款合同生效时间的司法认定	第九条
	其他民间借贷合同生效时间的司法认定	第十条
	企业间民间借贷合同效力的司法认定	第十一条
	企业内部集资效力的司法认定	第十二条
	涉嫌犯罪的民间借贷效力及担保人民事责任的司法处理	第十三条
	民间借贷合同无效情形的司法认定	第十四条
	未明确保证人保证责任的认定	第二十一条

续表

囊括的领域	具体规则	司法解释条目
民间借贷案件证据的司法认定	不真实民间借贷的司法处理	第十五条
	出借人负有举证责任而拒不到庭的司法处理	第十八条
民间借贷几种特殊情形的司法处理	互联网借贷平台民事责任的司法处理	第二十二条
	公贷私用与私贷公用的司法处理	第二十三条
	以买卖合同担保的民间借贷的司法处理	第二十四条
民间借贷利率与利息的司法规制	民间借贷利率“二线三区”规定的司法适用	第二十六条
	民间借贷借款本金数额的司法认定	第二十七条
	民间借贷借款本金数额认定及复利的司法处理	第二十八条
	民间借贷与其利率的司法处理	第二十九条
	民间借贷中逾期利率与违约金、其他费用能否并存	第三十条
	借款人能否要求返还自愿给付的未约定的利息	第三十一条
	借款人提前还款是否构成违约	第三十二条

6. 两部建设工程合同司法解释的保留内容

《建设工程司法解释》一共有 28 项条款，其中大部分为技术说明类条款（见表 5-6），分别从建设工程合同的司法处理、工程价款的认定标准、法律责任的认定三个方面进行规则细化，对于司法裁判的统一具有重要的实践意义。但由于这些司法解释条文均是对于立法规则的细化和解释，所以不宜吸纳入典，而是继续保留在司法解释体系中。另外，有 4 条程序施行类司法解释法律适用效果良好应予保留，分别涉及的领域是：司法鉴定条款（第 23 条）、管辖条款（第 24 条）、共同被告条款（第 25 条）、适格被告条款（第 26 条）。

表 5-6　技术说明类条款中保留的司法解释规则

囊括的领域	具体规则	司法解释条目
违规转包、分包合同的处理原则	建设工程合同的司法处理	第四条
施工中取得资质的按有效处理		第五条
垫资原则按有效处理		第六条
劳务分包与工程转包		第七条
承包人拒绝修改的处理原则		第十一条
质量缺陷的处理原则		第十二条
质量争议期间的处理		第十五条
工程价款的计算标准	工程价款的认定标准	第十六条
工程款利息的计算标准		第十七条
工程款利息的起算标准		第十八条
工程量计算		第十九条
逾期不结算的后果	法律责任的认定	第二十条
“黑白合同”的认定		第二十一条
按固定价款结算		第二十二条
保修责任		第二十七条

此外,《建设工程司法解释一》第 13 条、第 14 条虽然为续造类司法解释,但未被吸纳入典,然而这两条规则对于司法实践具有指导价值。第 13 条司法解释[1]是有关未经验收擅自使用的规则。原《合同法》对于发包人擅自使用未经竣工验收工程的法律后果规定不明,引起司法实践的争议,该条司法解释给以明确。第 14 条司法解释[2]是对于实际竣工时间确定的规定。原《合同法》未将不同情况下实际竣工时间明确规定,在司法实践中引发纠纷,该司法解释条款明确了建设工程实际竣工日期有争议的三种常见情况的认定,促进司法中定分止争。因此这两条

〔1〕《建设工程司法解释一》第 13 条规定:“建设工程未经竣工验收,发包人擅自使用后,又以使用部分质量不符合约定为由主张权利的,不予支持;但是承包人应当在建设工程的合理使用寿命内对地基基础工程和主体结构质量承担民事责任。”

〔2〕《建设工程司法解释一》第 14 条规定:“当事人对建设工程实际竣工日期有争议的,按照以下情形分别处理:(一)建设工程经竣工验收合格的,以竣工验收合格之日为竣工日期;(二)承包人已经提交竣工验收报告,发包人拖延验收的,以承包人提交验收报告之日为竣工日期;(三)建设工程未经竣工验收,发包人擅自使用的,以转移占有建设工程之日为竣工日期。”

司法规则应当保留在司法解释中，指导司法实践。

《建设工程司法解释二》一共有 26 条条款，其中大部分为技术说明类条款（见表 5-7），分别从建设工程合同的效力认定、建设工程合同的司法认定、优先受偿权的行使三个方面进行规则细化，对于司法裁判的统一具有重要的实践意义，但由于这些司法解释条文均是对于立法规则的细化和解释，所以不宜吸纳入典，而是继续保留在司法解释体系中。另外，有 8 条程序施行类司法解释法律适用效果良好应予保留，分别涉及的领域是：合并审理条款（第 7 条）、举证责任条款（第 14 条）、质证条款（第 15 条、第 16 条）、优先受偿条款（第 21 条）、时效条款（第 22 条）、第三人条款（第 24 条）、代位权条款（第 25 条）。

表 5-7　技术说明类条款中保留的司法解释规则

囊括的领域	具体规则	司法解释条目
建设工程合同的效力认定	背离中标合同实质性内容的判断标准	第一条
	未取得建筑工程规划审批手续签订合同的效力	第二条
建设工程合同的司法认定	合同无效损失赔偿的认定	第三条
	出借用资质的责任承担	第四条
	实际开工日期的认定	第五条
	工期顺延的认定	第六条
	质量保证金返还期限的确定	第八条
	非必招标工程进行招标后的建设工程价款结算依据	第九条
	建设工程施工合同与招标投标文件不一致时工程价款的结算依据	第十条
	多份合同均无效时建设工程价款的结算依据	第十一条
	诉讼前对建设工程价款结算达成协议的效力	第十二条
	诉讼前委托造假咨询的效力	第十三条

续表

囊括的领域	具体规则	司法解释条目
优先受偿权的行使	优先受偿权的权利主体	第十七条
	装饰装修工程承包人优先受偿权的行使	第十八条
	承包人优先受偿权的行使条件	第十九条
	未竣工工程承包人优先受偿权的行使条件	第二十条
	优先受偿权事前放弃的效力	第二十三条

7.《技术合同司法解释》的保留内容

《技术合同司法解释》一共有 47 条条款，其中大部分为技术说明类条款（见表 5−8），分别从技术合同相关概念的界定、技术合同的效力认定、技术合同的法律责任、技术合同的司法认定、技术开发合同相关概念的界定、技术开发合同的司法认定、技术转让合同的相关界定、专利转让合同的效力认定、技术咨询合同相关概念的界定、技术咨询合同当事人的权利义务、技术咨询和技术服务合同的司法认定十一个方面进行规则细化，对于司法裁判的统一具有重要的实践意义。但由于这些司法解释条文均是对于立法规则的细化和解释，所以不宜吸纳入典，而是继续保留在司法解释体系中。另外，有 4 条程序施行类司法解释法律适用效果良好应予保留，分别涉及的领域是：案由确定条款（第 42 条）、管辖条款（第 43 条、第 45 条）、第三人条款（第 44 条）。

表 5−8 技术说明类条款中保留的司法解释规则

囊括的领域	具体规则	司法解释条目
技术合同相关概念的界定	技术成果与技术秘密的概念	第一条
	执行工作任务的界定	第二条
	物质技术条件的界定	第三条
	利用物质技术的界定	第四条
	合理分享成果	第五条
	完成技术成果个人的界定	第六条
	不具有民事主体资格科研组织的界定	第七条

续表

囊括的领域	具体规则	司法解释条目
技术合同的效力认定	须经而未经审批或许可的合同的效力	第八条
	欺诈或重复订立研究开发合同的效力	第九条
	非法垄断技术、妨碍技术进步的情形	第十条
技术合同的法律责任承担	技术合同无效或撤销后的责任承担	第十一条
	善意或恶意取得他人技术秘密的法律责任	第十二条
	继续使用技术秘密人的权利和义务	第十三条
技术合同的司法认定	技术合同价格的认定标准	第十四条
	迟延履行中解除技术合同的条件	第十五条
	技术出资约定或未约定权属的认定标准	第十六条
技术开发合同相关概念的界定	新技术、新产品、新工艺、新材料及其系统的界定	第十七条
	技术转化合同的界定	第十八条
	分工参与研究开发与委托开发的界定	第十九条
	当事人均有适用和转让的权利的界定	第二十条
技术开发合同的司法认定	许可他人实施或使用的认定	第二十一条
技术转让合同的相关界定	技术转让合同的定义	第二十二条
专利转让合同的效力认定	专利申请被驳回或撤回后合同转让的认定	第二十三条
	受让人要求让与人停止实施发明的认定	第二十四条
	专利实施许可方式	第二十五条
	专利转让合同当事人的权利义务	第二十六条
	排他实施许可合同让与人不具备独立实施其专利的条件	第二十七条
	实施专利或使用技术秘密的范围认定	第二十八条
	技术秘密转让合同让与人保密义务的认定	第二十九条
技术咨询合同相关概念的界定	特定技术项目的界定	第三十条

续表

囊括的领域	具体规则	司法解释条目
技术咨询合同当事人的权利义务	受托人发现错误缺陷未通知委托人的法律后果	第三十二条
技术咨询和技术服务合同的司法认定	特定技术问题的认定	第三十三条
	进入公共领域的技术转让合同的认定	第三十四条
	技术培训合同的认定	第三十六条
	技术培训中不符合约定情况的责任认定	第三十七条
	技术中介合同的认定	第三十八条
	中介人从事中介活动的费用认定	第三十九条
	中介人对于造成委托人与第三人之间的技术合同无效或撤销没有过错的报酬获得权	第四十一条

第三节 《民法典》框架下保留司法解释条款的重构

在《民法典》框架搭建完成之际，正值思考依托民事立法所制定的司法解释何去何从之时。民法典时代，《民法通则》、原《合同法》以及《物权法》《婚姻法》《继承法》《侵权责任法》即将退出历史舞台，取而代之的是《民法典》的司法适用。在《民法典》编纂中，《民法总则》已经吸纳了一定数量的最高人民法院民事司法解释，《民法典》各分编也吸收了大量在司法实践中运用成熟，符合入典考量因素和标准尺度的司法解释规则或条文，司法解释的功能本来就有作为立法素材的内涵，因此部分续造类司法解释入典也成为《民法典》编纂的应有之义。然而，从功能上来看，司法解释还具有立法漏洞补充、统一司法实践的重要功能，当现行司法解释随着民事法律的失效而趋于无效之际，目前运行的几十部民事司法解释应当如何处理，将是关系《民法通则》及民法分则法律平稳过渡到《民法典》适用的关键环节，即《民法典》框架下司法解释体系的合理安排将直接影响《民法典》适用的质效。

司法解释一直是饱受争议的司法制度，其被部分学者诟病具有“僭越立法权”和“选择性抽象解释”等问题，[1]也有学者指出，“种类繁多、数量巨大的司法解释，已对民事法律构成严重解构之势”，借此《民法典》编纂之机，废除司法解释制度，从根本上清理司法解释带来的弊病。[2]从司法角度考察，也有学者指出“司法解释作为政策的产物所体现的效用与传统法源别无二致，给予其‘准立法’的评论亦不为过，所以视司法解释为我国民法的法源之一已经得到司法的‘默认’”。[3]司法解释作为民事司法裁判的重要发源之一，虽然存在一定的弊端，然而不能因噎废食，不能将其全部清理，民事司法解释将在后民法典时代继续存在。一方面，从此次《民法典》编纂的指导思想来看，第十二届全国人民代表大会第五次会议上所作的关于《中华人民共和国民法总则（草案）》的说明提出，“编纂民法典不是制定全新的民事法律，而是对现行的民事法律规范进行科学整理；也不是简单的法律汇编，而是对已经不适应现实情况的规定进行修改完善，对经济社会生活中出现的新情况、新问题作出有针对性的新规定。”遵循同样的立法思想，民法典分编的编纂将原《合同法》《物权法》《婚姻法》《继承法》《侵权责任法》的体例和主要条款均保留下来，司法解释依然作为司法实践的重要补充和细化，在司法活动中起到不可替代的作用，可以想象，倘若在《民法典》颁

〔1〕 参见赵万一、石娟：《后民法典时代司法解释对立法的因应及其制度完善》，载《现代法学》2018年第4期。

〔2〕 参见朱广新：《超越经验主义立法：编纂民法典》，载《中外法学》2014年第6期。

〔3〕 姚辉、焦清扬：《民法典时代司法解释的重新定位——以隐私权的规范为例证》，载《现代法学》2018年第5期。

布民事法律废止后，司法解释随之失效，而新的民事司法解释体系和效力未衔接的情况下，原本可以依据司法解释判决的民事案件若突然均丧失司法依据，将可能导致大批量民事裁判受到影响。另一方面，法典本身就有不完备性，特别是规范社会生活的民事法典，随着科技的飞速发展，纷繁复杂的新型社会关系和经济关系被催生出来，而具有稳定特征的《民法典》在制定时需要具有原则性才能涵盖变化万千的社会发展，甚至有时面对新型经营模式和社会关系法典还不能面面俱到地回应，但是法官遇到尚未制定规则的新型案件并不能拒绝裁判。由此可见，即使《民法典》实施后，司法裁判依然需要司法解释规则作为重要的补充。

在确定了司法解释非但不能被清理，还应作为民事立法的必要补充之后，我们需要进一步探讨的是，在后民法典时代，现在司法解释因民事立法废止而失效之时，民事司法解释将何以处理？司法解释体系如何搭建更为合理？总体而言，司法解释可以被分为三类，即法律续造类、技术说明类、程序施行类，笔者通过细致梳理发现一些规律，在《民法典》的编纂中，这三类司法解释大体上可以对应不同的处理倾向：或者“入典”，或者“保留”，或者“清理”。其中，“保留”的司法解释条款比例最大，由于民法典体系化，六部民事立法[1]已经统合为1260条的《民法典》，立法条目次序因法典化而重新排序，因此目数更为庞大的司法解释条文无论是从与立法对应的条目还是从各分则司法解释之间衔接等方面考量，都需要重新设计民事司法解释的体系构造。大体上可以分为三种思路：第一种是严密的司法解释体系，根据民法典的条目构造将“保留”的司法解释条款按顺序统合编排在一起，与民法典形成并行的司法解释体系，司法解释的篇章顺序按照民法总则和各分编排布，编

〔1〕 六部民事立法包括《民法通则》《物权法》《合同法》《婚姻法》《继承法》《侵权责任法》。

排统一的序号。这样整合司法解释的优点是具有明显的体系化，逻辑清晰，司法适用时便于查阅。第二种是松散的司法解释体系，司法解释条款依然根据民法总则和各分编的部分进行分别编排，仅仅将总则或某个分则对应的司法解释整合在一起，形成如“民法总则司法解释”“合同法司法解释”等。这样体系编排的优点是具有灵活性，将某部法律的若干司法解释统合以避免其司法解释内条文冲突。第三种是每部司法解释分别整理，不建立司法解释体系，仅仅根据已确定的“吸收”、“保留”和“清理”三种处理方式来调整现有司法解释条文，将整理后的司法解释重新发布。此种处理方式在操纵上简单易行，《民法典》发布后可以快速出台，节省司法解释的制定资源。

笔者通过进一步衡量对比以上三种处理思路可以发现，第一种，即建立严密的司法解释体系虽然从体系完整性上来看，似乎更能够匹配《民法典》体系，但是法律特别是法典注重的是体系化、稳定性，司法解释与立法不同，其是解决法律适用过程中存在的具体问题，会随着科技发展、社会关系和司法政策变化而调整，司法解释作为立法漏洞补充和创新规则适用，可能会不断更新，若将其严格体系化，必将影响其适用性，因此没有必要将其制定成严密的司法解释体系。然而，若按照第三种，即每部司法解释分别整理，仅仅对现行司法解释条文进行增减，则司法解释数量繁多、质量参差不齐且部分司法解释条款之间存在冲突难以清理，如合同法司法解释就有十部，在统一《民法典》体系下存在几十部司法解释，司法适用上尤显凌乱。另外，立法部门也要借助《民法典》编纂之际认真、细致地梳理民事司法解释以促进司法解释条文体系清理工作的完善。因此，笔者认为采用第二种，即松散的司法解释体系较为适宜，以民法总则和各个分编为编制司法解释的主体，将同一主体的司法解释整合在一个司法解释条文中，去除与立法精神、民事法律冲突的条文，总体上，可以整合为八部与民法典对应的司法解释，当这几部分司法解释出现法律适用的新问题时，还可以进行此部分的补充。这样的司法解释体系设计，既将民法典所涵摄的司法解释条文进行体系化，又为后期法律漏洞的补充保留了空间。

附　录

《民法典》已经颁布，依托原《合同法》制定的十部司法解释也随着基础法律的废除面临适当地处理，或者"入典"，或者"清理"，或者"保留"(见附表1)。其中，笔者特别整理了合同法司法解释中入典条款所对应的《民法典》条文序号(见附表2)。

司法解释分为三类，即法律续造类、技术说明类、程序施行类。笔者通过对于司法解释进行类型化研究发现，法律续造类司法解释条文大部分可以吸纳新的立法中，由司法解释上升为立法，如原《合同法》总则部分对应的司法解释为《合同法司法解释一》与《合同法司法解释二》，司法解释条款共有60条，其中法律续造类条款的18条中，有17个条款被《民法典》吸收，仅仅《合同法司法解释二》第15条未被合同编吸收。又如，原《合同法》分则对应的司法解释共八部，总共259条，法律续造类司法解释共54条，其中47条被立法吸收，占比高达87%。其中，全部吸收入典的条款有26条，占续造类条款的48.1%，部分吸收入典的条款有21条，占续造类条款的 38.9%（见附表 3）。

此外，原《合同法》分则司法解释中有技术说明类条款 193 项，笔者通过梳理发现有 192 项应该保留在司法解释中，并应当根据即将出台的民法典合同编将这些司法解释进行系统化整理（见附表 4）。程序施行类条款的处理主要有两种方式，其中具有程序法特性的司法解释条款大部分予以保留，而具有施行法特性的司法解释条款大部分予以清理。合同法司法解释中程序施行类条款共有 72 条，其中程序法特性的条款有 55 条，这些条款中有 53 条可以保留在司法体系中，有 2 条司法解释应当被清理：一是《合同法司法解释二》第 24 条与立法精神相悖；二是《融资租赁合同司法解释》第 25 条涉及诉讼时效的司法解释应该清理。具有施行法特性的条款有 17 条，均应清理（见附表 5）。

本书附录中，笔者通过附表 1~ 附表 5 全面地展现出原《合同法》中最主要的十部司法解释的每一个条款在民法典时代的作用和去向。同时整体列明了 319 条合同法司法解释分别采取哪三种处理方式，并通过比例计算，清楚地展现出三类司法解释分别所占比重，为《民法典》司法解释条款的后续处理提供数据参考。

附表 1　合同法司法解释条文所对应的入典、清理与保留的具体条款

合同法司法解释	入典条文	清理条文	保留条文
《合同法司法解释一》	第九条、第十条、第二十条、第二十五条、第二十六条	第一条～第七条	第八条、第十一条～第十九条、第二十一条～第二十四条、第二十七条～第三十条
《合同法司法解释二》	第三条、第五条、第八条～第十条、第十二条、第十八条、第二十条、第二十一条、第二十三条、第二十五条、第二十六条	第二十四条、第三十条	第一条、第二条、第四条、第六条、第七条、第十一条、第十三条～第十七条、第十九条、第二十二条、第二十七条～第二十九条
《买卖合同司法解释》	第二条、第三条、第十五条、第十六条、第二十八条、第三十五条	第三十四条、第四十六条	第一条、第四条～第十四条、第十七条～第二十七条、第二十九条～第三十三条、第三十六条～第四十五条
《商品房买卖合同司法解释》	第十五条	第二十八条	第一条～第十四条、第十六条、第十七条～第二十七条
《房屋租赁合同司法解释》	第十五条～第十七条、第二十三条、第二十四条	第二十五条	第一条～第十四条、第十八条～第二十二条
《融资租赁合同司法解释》	第五条、第六条、第七条、第十条～第十二条、第十六条～第十八条	第二十五条、第二十六条	第一条～第四条、第八条、第九条、第十三条～第十五条、第十九条～第二十四条
《民间借贷司法解释》	第二十五条	第三十三条	第一条～第二十四条、第二十六条～第三十二条
《建设工程司法解释一》	第二条、第三条、第八条～第十条	第一条、第二十八条	第四条～第七条、第十一条～第二十七条
《建设工程司法解释二》	无	第二十六条	第一条～第二十五条
《技术合同司法解释》	第三十一条、第三十五条、第四十条	第四十六条、第四十七条	第一条～第三十条、第三十二条～第三十四条、第三十六条～第三十九条、第四十一条～第四十五条

附表2 合同法司法解释条文中入典条款所对应的《民法典》条文

合同法司法解释	原司法解释条文序号	入典后对应《民法典》的条文序号
《合同法司法解释一》	第九条	第五百零二条
	第十条	第五百零五条
	第二十条	第五百三十七条
	第二十五条	第五百四十二条
	第二十六条	第五百四十条
《合同法司法解释二》	第三条	第四百九十九条
	第五条	第四百九十三条
	第八条	第五百零二条
	第九条	第四百九十六条
	第十条	第四百九十七条
	第十二条	第六百零四条
	第十八条	第五百三十八条
	第二十条	第五百六十条
	第二十一条	第五百六十一条
	第二十三条	第五百六十八条
	第二十五条	第五百七十一条
	第二十六条	第五百三十三条
《买卖合同司法解释》	第二条	第四百九十五条
	第三条	第五百九十七条
	第十五条	第六百二十三条
	第十六条	第六百二十四条
	第二十八条	第五百八十八条
	第三十五条	第六百四十二条

续表

合同法司法解释	原司法解释条文序号	入典后对应《民法典》的条文序号
《商品房买卖合同司法解释》	第十五条	第五百六十四条
《房屋租赁合同司法解释》	第十五条	第七百一十七条
《房屋租赁合同司法解释》	第十六条	第七百一十八条
《房屋租赁合同司法解释》	第十七条	第七百一十九条
《房屋租赁合同司法解释》	第二十三条	第七百二十七条
《房屋租赁合同司法解释》	第二十四条	第七百二十六条
《融资租赁合同司法解释》	第五条	第七百四十条
《融资租赁合同司法解释》	第六条	第七百四十二条
《融资租赁合同司法解释》	第七条	第七百五十一条
《融资租赁合同司法解释》	第十条	第七百五十八条
《融资租赁合同司法解释》	第十一条	第七百五十四条
《融资租赁合同司法解释》	第十二条	第七百五十三条
《融资租赁合同司法解释》	第十六条	第七百五十五条
《融资租赁合同司法解释》	第十七条	第七百四十八条
《融资租赁合同司法解释》	第十八条	第七百四十三条
《民间借贷司法解释》	第二十五条	第六百八十条
《建设工程司法解释一》	第二条	第七百九十三条
《建设工程司法解释一》	第三条	第七百九十三条
《建设工程司法解释一》	第八条	第八百零六条
《建设工程司法解释一》	第九条	第八百零六条
《建设工程司法解释一》	第十条	第八百零六条
《技术合同司法解释》	第三十一条	第八百八十六条
《技术合同司法解释》	第三十五条	第八百八十六条
《技术合同司法解释》	第四十条	第九百六十四条

附表3　合同法司法解释中续造类条款的处理情况

合同法司法解释	续造类条数（条）	《民法典》吸收条数（条）	占比（%）	全部吸收条数（条）	部分吸收条数（条）	未吸收条款及处理
《合同法司法解释一》	5	5	100	2	3	—
《合同法司法解释二》	13	12	92.3	7	5	第十五条；保留
《买卖合同司法解释》	9	6	66.7	3	3	第十二条；保留 第三十一条；保留 第三十四条；清理
《商品房买卖合同司法解释》	1	1	100	0	1	—
《房屋租赁合同司法解释》	5	5	100	5	0	—
《融资租赁合同司法解释》	10	9	90	7	2	第二条；保留
《民间借贷司法解释》	1	1	100	0	1	—
《建设工程司法解释一》	7	5	71.4	2	3	第十三条；保留 第十四条；保留
《建设工程司法解释二》	0	0	0	0	0	—
《技术合同司法解释》	3	3	100	0	3	—
小计	54	47	87	26	21	—

附表4　合同法司法解释中技术类条款的处理情况

合同法司法解释	技术类条款数（条）	应保留的条款数（条）	占比（%）	《民法典》吸收条款	应清理的条款
《合同法司法解释一》	3	3	100	—	—
《合同法司法解释二》	11	11	100	—	—
《买卖合同司法解释》	32	32	100	—	—
《商品房买卖合同司法解释》	22	22	100	—	—
《房屋租赁合同司法解释》	19	19	100	—	—
《融资租赁合同司法解释》	13	13	100	—	—
《民间借贷司法解释》	22	22	100	—	—
《建设工程司法解释一》	16	15	93.8	—	第一条
《建设工程司法解释二》	17	17	100	—	—
《技术合同司法解释》	38	38	100	—	—
小计	193	192	99.5	—	—

附表5　合同法司法解释中程序施行类条款的处理情况

单位：条

合同法司法解释	程序施行类条款数	其中程序法特性条款数	保留条款数	其中施行法特性条款数	清理条款数
《合同法司法解释一》	22	15	15	7	7
《合同法司法解释二》	6	5	4	1	2
《买卖合同司法解释》	5	4	4	1	1
《商品房买卖合同司法解释》	5	4	4	1	1
《房屋租赁合同司法解释》	1	0	0	1	1
《融资租赁合同司法解释》	3	2	1	1	2
《民间借贷司法解释》	10	9	9	1	1
《建设工程司法解释一》	5	4	4	1	1
《建设工程司法解释二》	9	8	8	1	1
《技术合同司法解释》	6	4	4	2	2
小计	72	55	53	17	19

参考文献

一、中文文献

（一）中文著作

1. 王家福:《中国民法学·民法债权》,法律出版社 1991 年版。

2. 王泽鉴:《民法学说与判例研究》(第五册),中国政法大学出版社 1998 年版。

3. 王泽鉴:《侵权行为法》,中国政法大学出版社 1998 年版。

4. 张文显:《法理学》,高等教育出版社、北京大学出版社 2011 年版。

5. 潘自勉:《论价值规范》,中国社会科学出版社 2006 年版。

6. 沈达明、郑淑君:《比较破产法初论》,对外贸易教育出版社 1993 年版。

7. 梁慧星:《中国民法典草案建议稿附理由(债权总则编)》,法律出版社 2013 年版。

8. 王利明:《合同法研究》(第 2 卷),中国人民大学出版社 2003 年版。

9. 梁慧星:《中国民法经济法诸问题》,法律出版社 1991 年版。

10. 沈德咏等主编:《最高人民法院关于合同法司法解释(二)理解

与适用》,人民法院出版社 2009 年版。

11. 崔建远主编:《合同法》,法律出版社 2003 年版。

12. 韩世远:《合同法总论》,法律出版社 2018 年版。

13. 梁慧星:《裁判的方法》,法律出版社 2012 年版。

14. 胡康生主编:《中华人民共和国合同法释义》,法律出版社 1999 年版。

15. 最高人民法院民事审判第二庭编著:《最高人民法院关于买卖合同司法解释的理解与适用》,人民法院出版社 2013 年版。

16. 孙宪忠:《中国物权法总论》,法律出版社 2009 年版。

17. 李军:《无权处分合同效力与物权变动模式之关联》,法律出版社 2013 年版。

18. 章正璋:《大陆法系无权处分制度比较研究》,中国政法大学出版社 2013 年版。

19. 肖立梅:《无权处分制度研究》,山东大学出版社 2009 年版。

20. 王毅:《所有权保留制度研究》,载梁慧星主编:《民商法论丛》(第 6 卷),法律出版社 1999 年版。

21. 陈新民:《德国公法学基础理论》(下册),山东人民出版社 2001 年版。

22. [德]卡尔·拉伦茨:《法学方法论》,陈爱娥译,商务印书馆 2003 年版。

23. [日]近江幸治:《担保物权法》,祝娅等译,法律出版社 2000 年版。

24. [美]科尔曼:《社会理论的基础》,邓方译,社会科学文献出版社 1999 年版。

25.［英］罗杰·科特威尔:《法律社会学导论》,彭小龙译,中国政法大学出版社2015年版。

26.［英］丹尼斯·罗伊德:《法律的理念》,张茂柏译,上海译文出版社2014年版。

27.［美］约翰·杜威:《公众及其问题》,魏晓慧译,复旦大学出版社2015年版。

28. 刘奇英等:《马克思主义基本原理概论》,高等教育出版社2015年版。

29.［德］克劳斯－威廉·卡纳里斯:《欧洲大陆民法的典型特征》,郑冲译,载孙宪忠主编:《制定科学的民法典——中德民法典立法研讨会文集》,法律出版社2003年版。

30.［美］霍尔姆斯、桑斯坦:《权利的成本——为什么自由依赖于税》,毕竟悦译,北京大学出版社2004年版。

31.［德］卡尔·拉伦茨:《德国民法通论》,王晓晔、邵建东等译,法律出版社2003年版。

32.［美］E. 博登海默:《法理学:法律哲学与法律方法》,邓正来译,中国政法大学出版社2004年版。

33.［日］加藤雅信:《民法学说百年史》,牟宪魁等译,商务印书馆2017年版。

（二）中文论文

1. 许中缘、夏沁:《原〈合同法〉修改:从合同法典回归民法典合同法编》,载《晋阳学刊》2017年第3期。

2. 胡玉鸿:《法律技术的内涵及其范围》,载《现代法学》2006年第5期。

3. 曹守晔:《民法总则的精神、施行和适用》,载《人民法治》2017年第10期。

4. 王庆廷:《新兴权利渐进入典的路径》,载《法商研究》2018年第1期。

5. 姚建宗、方芳:《新兴权利研究的几个问题》,载《苏州大学学报》(哲学社会科学版)2015年第3期。

6. 刘风景:《社会主义核心价值观入典的理据与方式》,载《当代世界与社会主义》2017年第4期。

7. 刘奇英:《社会主义核心价值观入典入规与惩罚性赔偿制度——以自由价值观为分析中心》,载《云南社会科学》2018年第2期。

8. 朱广新:《超越经验主义立法——编纂民法典》,载《中外法学》2014年第6期。

9. 易军、宁红丽:《强制缔约制度研究——兼论近代民法的嬗变与革新》,载《法学家》2003年第3期。

10. 于文轩:《论电力法上的强制缔约制度》,载《法治社会》2018年第1期。

11. 刘春瑞、刘进:《电改背景下〈电力法〉修编的原则和要点》,载《中国电力企业管理》2016年第12期。

12. 谢晖:《论新型权利生成的习惯基础》,载《法商研究》2015年第1期。

13. 菅从进:《权利的防御权能与立法机关的消极义务》,载《内蒙古社会科学》2008年第5期。

14. 菅从进:《论基本权利的受益权能及其主要指向》,载《广西社会科学》2008年第10期。

15. 张翔:《基本权利的受益权功能与国家的给付义务——从基本权利分析框架的革新开始》,载《中国法学》2006年第1期。

16. 菅从进:《权利的救济权能与公权主体的救助性义务》,载《学海》2008年第3期。

17. 姜峰:《权利宪法化的隐忧——以社会权为中心的思考》,载《清华法学》2010年第5期。

18. 王庆廷:《新兴权利渐进入典的路径探析》,载《法商研究》2018年第1期。

19. 李友根:《论经济法权利的生成——以知情权为例》,载《法制与社会发展》2008年第6期。

20. 曹士兵:《最高人民法院裁判、司法解释的法律地位》,载《中国法学》2006年第3期。

21. 周占生:《论事实入典的价值标准——以"见危不救"为例》,载《中州学刊》2014年第5期。

22. 沈红、李益松:《合同解除异议权性质的厘清与定位——兼论原〈合同法〉司法解释(二)第24条的理解与完善》,载《法律适用》2015年第3期。

23. 汤文平:《论合同解除、债权抵销之异议——原〈合同法〉解释(二)第24条评注》,载《东方法学》2011年第2期。

24. 汪渊智:《〈我国民法分则(一审稿)〉合同编总则部分的修改建议》,载《上海政法学院学报》2019年第1期。

25. 张玉敏、周清林:《"入库规则":传统的悖离与超越》,载《现代法学》2002年第10期。

26. 刘承韪:《民法典合同编的立法建议》,载《法学杂志》2019年第3期。

27.［德］卡斯腾·海尔斯特尔、许德风：《情势变更原则研究》，载《中外法学》2004 年第 4 期。

28. 崔建远：《无权处分合同的效力、不安抗辩、解除及债务承担》，载《法学研究》2013 年第 6 期。

29. 黄泷一：《物权处分：理论实务总结与民法总则制订》，载《东方法学》2015 年第 5 期。

30. 宁红丽：《建立物权变动的新模式的思考——以有因的物权行为制度为中心》，载《政治与法律》2005 年第 5 期。

31. 刘学东：《论无权处分的效力》，载《政法论丛》2008 年第 5 期。

32. 钟维：《论物权变动区分原则在无权处分领域之贯彻》，载《人大法律评论》2009 年卷。

33. 陈永强、王建东：《论抵押物转让的法律效果——以对我国〈物权法〉第 191 条的解释为中心》，载《政治与法律》2009 年第 9 期。

34. 韩轲友：《无权处分合同效力探略——以物权法为背景》，载《法学杂志》2010 年第 5 期。

35. 刘贵祥：《论无权处分与善意取得的冲突与协调——以私卖夫妻共有房屋时买受人的保护为中心》，载《法学家》2011 年第 5 期。

36. 高忠智：《美国合同法“口头证据规则”对我国合同解释的借鉴意义》，载《环球法律评论》2008 年第 5 期。

37. 王利明：《关于〈民法典分编（草案）·合同编〉的意见》，载 http://www.civillaw.com.cn/zt/t/? id=34837，2019 年 4 月 1 日最后访问。

二、英文文献

1.Radbruch, Festschrift fur Laun, 1948, S.

2.Coing, Grundzuge der Rechtsphtlosophie, 1950, 4.Aufl., 1986, S.

3.Fechner, Rechtsphilosophie, 1956, S.

4.Esser, Grundsatz und Norm, 1989, S.

5.James Coolidge, *Law: Its origin, Growth*, Function, New York, 1907.

6.Fuller v. Robinson, 86 N.Y.306, 40 Am.Rep.540 (1881).

7.Austin, *The Province of Jurisprudence Determined*, ed.H.L.A.Hart, London, 1954.

后　记

最高人民法院的司法解释作为我国独特的司法适用形式，最为突出的优势在于可以补充法律漏洞、积累立法经验。这两方面的优势在《民法典》颁布和实施中更显突出。

众所周知，《民法典》出台对国民社会是里程碑式的立法大事件，而司法解释在《民法典》编纂中所贡献的立法经验是有目共睹的，在今后的《民法典》实施中其将继续辅助法典适用。司法解释的入典、清理伴随着法典编纂、颁布的全过程，与此同时，而将保留的司法解释条款系统化将是《民法典》实施初期司法适用的重要补充和依据。在民法典时代司法解释条款仍将大量存在，保留的司法解释条款如何与《民法典》进行无缝对接，这将是《民法典》司法适用中需要进一步思考的问题，对于体系庞杂的民法司法解释进行定位和重构，将是《民法典》适用阶段的重要任务。

本书在第一章从理论上将司法解释类型化，根据各类型特征将十部《合同法》司法解释的 319 个条款进行梳理，进而将司法解释条文划分为入典、清理、保留三类。在第二章对《民法典》合同编、原《合同法》与其司法解释进行对比分析，并用表格加以列明。对于入典条款的考量因素分析和标准尺度衡量主要集中在第三章。第四章将司法解释条文区分为全部入典和部分入典，并逐一列明并论述，方便读者查阅、了解《民法典》吸收原《合同法》司法解释条款的详细情况。第五章第一节和第二节分别梳理出《合同法》司法解释中应当清理和保留的条款；在第三节探讨《民法典》框架下保留条款的重构问题，目前理论和司法界没有定论，也是日后需要作者和读者进一步思考和建构的部分。最后增加附录对于合同法司法解释条款进行分类列表，以方便读者查找具体条文并了解其立法现状。

时光荏苒，白驹过隙。经历数月打磨在即将收笔之际，心中百感交集。感谢我的博士后导师曹守晔教授在选题方面对我的指导，在写作和修改中给我提出的宝贵思路和建议，特别是曹教授还为本书贡献了精彩纷呈的序言。真心感谢中国应用法学研究所和最高人民法院研究室的各位老师、同事，他们在我梳理思路和收集资料方面给予了无私帮助，以及国家电网公司的支持，特别是法律部门同仁所提供的建议和帮助。感谢我的家人，在我写作期间给予无微不至的照顾和鼎力支持，以及法律出版社负责本书稿的编者细致入微的帮助和辛勤的工作。最后，特别感谢本人所在单位北京邮电大学对该研究项目的支持，本研究得到了“北京邮电大学中央高校基本科研业务费新进教师项目（2020RC16）”的资助，特致谢忱。

因时间所限和笔者力所不逮，本书文字与思路难免存在漏洞、谬误，敬请司法界和学术界同仁及各位读者批评指正。

图书在版编目（CIP）数据

民法典时代：合同法司法解释的入典、清理与保留 / 潘静著. -- 北京：法律出版社，2020

ISBN 978-7-5197-4441-0

Ⅰ. ①民… Ⅱ. ①潘… Ⅲ. ①合同法—法律解释—中国 Ⅳ. ① D923.65

中国版本图书馆 CIP 数据核字 (2020) 第 064484 号

民法典时代　合同法司法解释的入典、清理与保留
MINFADIAN SHIDAI　HETONGFA SIFA JIESHI DE RUDIAN、QINGLI YU BAOLIU

潘　静 著

责任编辑 朱　峰
责任编辑 苗　婕
装帧设计 乔智炜

出版 法律出版社
总发行 中国法律图书有限公司
经销 新华书店
印刷 三河市兴达印务有限公司
责任校对 王晓萍
责任印制 张建伟

编辑统筹 辞书·融出版编辑部
开本 710 毫米 × 1000 毫米　1/16
印张 19.5
字数 222 千
版本 2020 年 7 月第 1 版
印次 2020 年 7 月第 1 次印刷

法律出版社 / 北京市丰台区莲花池西里 7 号（100073）
网址 / www.lawpress.com.cn
投稿邮箱 / info@lawpress.com.cn
举报维权邮箱 / jbwq@lawpress.com.cn
销售热线 / 400-660-8393
咨询电话 / 010-63939796

中国法律图书有限公司 / 北京市丰台区莲花池西里 7 号（100073）
全国各地中法图分、子公司销售电话：
统一销售客服 / 400-660-8393/6393
第一法律书店 / 010-83938432/8433　　西安分公司 / 029-85330678　　重庆分公司 / 023-67453036
上海分公司 / 021-62071639/1636　　深圳分公司 / 0755-83072995

书号： ISBN 978-7-5197-4441-0　　**定价：** 68.00 元
（如有缺页或倒装，中国法律图书有限公司负责退换）